Technology and Applications of Transportation Big Data
交通大数据技术及其应用

陈艳艳 赖见辉 王 扬 著

人民交通出版社股份有限公司
北京

内 容 提 要

本书从新时期数据源及处理技术发生变迁的背景出发,阐述了大数据技术发展过程中的关键支撑技术,并探索了在出行需求机理、交通运行状态把脉等方面的重要应用,主要内容包括交通大数据采集及分析技术概述、典型交通大数据提取技术、基于大数据的个体出行识别及预测技术、基于大数据的群体出行分析及预测技术和基于大数据的路网运行及预测技术。

本书可供交通工程领域专业技术人员使用,也可供交通工程专业在校研究生参考使用。

图书在版编目(CIP)数据

交通大数据技术及其应用/陈艳艳,赖见辉,王扬著. —北京:人民交通出版社股份有限公司,2021.3
ISBN 978-7-114-17035-5

Ⅰ.①交… Ⅱ.①陈…②赖…③王… Ⅲ.①数据处理—应用—交通运输管理—研究 Ⅳ.①U495

中国版本图书馆 CIP 数据核字(2021)第 018357 号

Jiaotong Dashuju Jishu jiqi Yingyong

书　　名:	交通大数据技术及其应用
著 作 者:	陈艳艳　赖见辉　王　扬
责任编辑:	戴慧莉
责任校对:	刘　芹
责任印制:	刘高彤
出版发行:	人民交通出版社股份有限公司
地　　址:	(100011)北京市朝阳区安定门外外馆斜街 3 号
网　　址:	http://www.ccpcl.com.cn
销售电话:	(010)59757973
总 经 销:	人民交通出版社股份有限公司发行部
经　　销:	各地新华书店
印　　刷:	北京虎彩文化传播有限公司
开　　本:	787×1092　1/16
印　　张:	12.75
字　　数:	312 千
版　　次:	2021 年 3 月　第 1 版
印　　次:	2022 年 6 月　第 3 次印刷
书　　号:	ISBN 978-7-114-17035-5
定　　价:	48.00 元

(有印刷、装订质量问题的图书由本公司负责调换)

前　言

信息技术、通信技术与各行业的深度跨界融合，促使我国城市发展及经济社会发生重大转变。大数据、互联网+、云计算等新技术的蓬勃发展，使得城市交通系统赖以生存和发展的外部生态环境发生了重大变化，传统交通发展模式以及规划理论方法体系面临严峻挑战。

新时期，随着空间和社会的剧烈变迁，"调查—分析—预测—规划"这一传统的交通研究方法和过程存在明显的局限性。同时，信息时代多源数据大量涌现以及大数据技术的快速发展，为人的出行需求精准感知及出行机理发现、交通系统运行态势快速甄别、多模式交通服务水平多维度评价、交通规划与管控科学决策、出行个性化服务及需求有效引导等一系列重大难题的解决提供了良好的契机。

本书从新时期数据源及处理技术发生变迁的背景出发，在作者科研积累的基础上，以大数据关键支撑技术和重要应用实践为主线，阐述了大数据技术发展过程中的关键支撑技术，并探索了在出行需求机理、交通运行状态把脉等方面的重要应用。本书第1章为概述，第2章~第4章主要介绍了大数据基础理论和关键技术、交通大数据采集方法及典型交通大数据提取技术等；第5章~第7章主要介绍作者在交通大数据应用方面的探索性工作。

本书由陈艳艳、赖见辉、王扬著。参与本书撰写的还有贺正冰、路尧以及张政、孙浩冬、贾建林、孟令扬、曹秉新、孙岩等，其中，路尧参与了全书编纂整理工作。此外，本书所介绍的研究工作曾经得到国家重点研发计划《复杂环境下"一带一路"城市智能交通系统构建技术》(项目编号:2016YFE0206800)专项经费的资助，在此一并表示感谢。

由于学识浅薄、水平有限，加之经验不足，文中不乏纰漏与拙见，恳请读者不吝批评指正。

作　者

2020年7月

目 录

第1章 概述 ... 1
  1.1 城市交通变革与机遇 ... 1
  1.2 大数据时代交通数据来源、分类及特征 ... 4
  1.3 交通大数据在求解交通问题中的作用 ... 6
  1.4 交通大数据应用分析框架 ... 7
第2章 交通大数据采集与分析技术概述 ... 9
  2.1 感知技术概述 ... 9
  2.2 大数据分析技术基础 ... 22
  2.3 大数据系统实现技术 ... 28
第3章 典型交通大数据提取技术 ... 34
  3.1 手机信令数据处理技术 ... 34
  3.2 公交一卡通数据处理技术 ... 49
  3.3 浮动车数据处理技术 ... 70
  3.4 交通检测器数据处理技术 ... 77
第4章 基于大数据的个体出行识别及预测技术 ... 87
  4.1 基于时间地理学的个体出行画像 ... 88
  4.2 旅游人群识别与聚类分析 ... 94
  4.3 老年人群识别与分类分析 ... 101
  4.4 公交出行人群分类分析 ... 105
  4.5 公共交通出行路径选择模型 ... 110
第5章 基于大数据的群体出行分析及预测技术 ... 120
  5.1 区域出行时空特性分析方法 ... 120
  5.2 基于贝叶斯网络的城市区域出行需求稳定性分析技术 ... 126
  5.3 基于IC卡群体出行数据的公交网络关键节点识别技术 ... 136
  5.4 基于大数据的机场旅客城市端出行时空分析方法 ... 143
第6章 基于大数据的路网运行及预测技术 ... 150
  6.1 基于轨迹数据的交通动态信息提取方法 ... 150
  6.2 基于轨迹数据网格映射的交叉口拥堵识别方法 ... 158
  6.3 基于多源数据的路网运行状态判别 ... 172
  6.4 基于深度学习的交通流短时预测 ... 177

第7章 结语与展望 ··· 190
  7.1 结语 ··· 190
  7.2 展望 ··· 192
参考文献 ··· 194

第 1 章 概 述

1.1 城市交通变革与机遇

1.1.1 新时期城市交通变革背景

1.1.1.1 社会发展由量往质的转变

根据党的十八大报告,2020年,我国将全面建成小康社会。目前我国正处于经济社会转型变革的关键时期。在转型期间,解决人民日益增长的美好生活需要和不平衡不充分的发展之间的矛盾已成为新时期的主旋律。城市发展模式、社会经济增长模式、科技发展模式以及人们的需求均在转变中。具体体现在以下几个方面:

(1)城市发展模式的变革。《国家新型城镇化规划(2014—2020年)》明确提出推进以人为核心的新型城镇化。新型城镇化战略的实施推进,意味着城市发展将摒弃过去粗放的发展模式,进入以提升质量为主的转型发展新阶段。

(2)社会经济增长模式的变革。经济新常态下,更加注重发挥市场在资源配置中的决定性作用,经济增长模式将从依靠资金、土地、人力等资源型要素驱动向依靠知识创新、科技进步、管理制度变革等创新驱动转变。《关于创新政府配置资源方式的指导意见》的出台,将进一步推进国家社会经济体制的改革,而其着眼点之一就是转变政府职能、强化政府的社会治理能力,这意味着国家行政体制也将面临改革。

(3)科技发展模式的变革。信息技术和通信技术的深度跨界融合,引发科技发展模式革新。大数据、互联网+、云计算等新技术的蓬勃发展促使新业态不断涌现。国家创新体制的改革,首次提出把科技创新的主体界定为市场和企业,改变过去计划经济体制下长期以来以政府为主导的模式。

上述三方面发展模式的变革,重要的共同点在于:经济社会发展,寻求人与自然、人与社会、人与人之间关系的总体性和谐发展;更加关注以质量、效益、品质为核心,以创新驱动的内涵改造,而非以数量、规模为着眼点,以资本(资源)投入为驱动的外延扩充;此外,明确强调市场在资源配置中的决定性作用。

1.1.1.2 新时期城市交通面临的挑战

新时期,随着城市社会、人口、空间与经济的发展,城市交通系统面临的出行需求、交通问题、内在原因、解决方案都在变化,主要有以下几点:

(1)城市综合交通体系服务对象与范围进一步扩展。随着我国城镇化及轨道交通快速发展,城市居民出行从城市、都市圈、城市群多个空间圈层扩展,人口海量,长距离通勤及高频商务出行增加,出行方式多样,对城市(群)综合交通体系规划及建设提出新需求。

(2)城市出行服务注重满足高品质多样化门到门出行需求。随着人们生活品质的提高及对美好生活的向往,新时期人们对出行服务提出了更高的差异化需求;新的时期,公共交通由无差别的基本服务转向了差异化(不同人群、不同目的、不同时间、不同品质)、全链条(门到门)多模式一体化出行服务。

(3)城市交通治理更注重精细化、人性化及可持续。在国家提出"城市交通需以人为本,并扭转过度依赖小汽车交通"的政策背景下,住建部牵头制定了《城市交通设计导则》,明确要求交通规划与设计要精细化、人性化及可持续。精细化交通规划与设计的内涵可以概括为:以"以人为本"为核心,以注重细节、面向实施为导向,以全局统筹、多专业融合为技术特征,以嵌入"交通设计"环节为实施手段。这意味着精细化的交通规划设计原则更多地从交通的实际参与者角度出发,平等地考虑交通的各类参与者,包括行人、非机动车骑行者、机动车驾乘者等的实际通行感受,扭转近些年城市交通建设中"以车为本"的错误倾向,强调增强城市人的可移动性,特别注意在规划和设计方案中体现相对"弱势"的步行和自行车等交通系统使用者的友好和关怀。

(4)城市交通发展将转向供需双向调控阶段。城市交通目标是在有限交通资源供给下安全经济高效地满足及服务多圈层海量人口完成有目的的活动的出行需求。交通问题的根本根源是供需不平衡,早期为需求满足型的设施建设阶段,以及通过信号灯控制局部交通流,新时期会进入基础设施建设与多层次需求管理并重的双向调控阶段;交通供给提升的内涵也由设施通行能力提高延伸为运输服务能力提高,如定制公交、合乘出行等。毋庸置疑,社会经济形态与城市发展模式的转变必然引发城市交通体系的深刻变革。

2014年3月,大数据被首次写入中国中央政府工作报告。2015年10月,党的十八届五中全会正式提出"实施国家大数据战略,推进数据资源开放共享"。这表明中国已将大数据视作战略资源并上升为国家战略,期望运用大数据推动经济发展、完善社会治理、提升政府服务和监管能力。

2015年8月,国务院以国发〔2015〕50号印发《促进大数据发展行动纲要》,指出:加快政府数据开放共享,推动资源整合,提升治理能力;推动产业创新发展,培育新兴业态,助力经济转型;强化安全保障,提高管理水平,促进健康发展。

2016年12月,工业和信息化部印发了《大数据产业发展规划(2016—2020年)》,提出了发展目标:到2020年,大数据相关产品和服务业务收入突破1万亿元,年均复合增长率保持在30%左右;将建设10~15个大数据综合试验区,创建一批大数据产业集聚区,形成若干大数据新型工业化产业示范基地。

信息时代产生大量与交通有关的大数据,通过交通大数据可为交通研究提供新的观测手段与研究基础,通过信息交流与互动,将使交通网络和出行活动更为精明,同时促进交通系统各要素的联系与衔接,使城市交通呈现开放性、自适应性、自组织性、动态性的复杂系统特征,推动城市交通乃至交通行业的发展,为城市交通及交通行业的发展提供新机遇。

1.1.2 解决城市交通问题面临难题与机遇

当前,城市交通面对诸多不确定因素。这种不确定性包括城市空间形态与功能配置、土地利用、社会人文与经济等规划客体,也包括规划编制与实施过程中不同利益主体意志的博弈。在空间和社会剧烈变迁的背景下,传统的调查—分析—预测—规划方法和研究手段存在一定的局限性。在新时期,城市交通出行特征及服务需求发生重大变化的背景下,现有数据与技术局限是城市交通面临的主要难题。解决交通问题面临以下几个瓶颈:

(1)我们了解人的出行需求吗?答案是否定的。我们的传统调查获取的是小样本的、静态的、人工调查数据,不能体现海量人口的多样化组合化动态出行规律。具体体现在以往的交通出行数据获取多限于大间隔(跨度可达数年)的人工小样本调查,通过小样本抽样调查进行出行相关的各类参数估计,进而通过扩样估算整体,不能反映社会转型期间居民活动需求的多样性和复杂性。

另外,随着社会转型,人们出行需求的动态也日益凸显。而大间隔的静态调查难以反映出行的动态变化。

(2)我们了解人的出行选择吗?答案是否定的。出行者所获交通供给条件不同、个体经济收入差异、家庭结构不同以及出行目的、目的地或时间不同,都会影响出行选择。因大样本数据难以获取,目前采用的出行选择模型多假定人是理性的。事实上,人们出行并不能获得全面的信息,而且随着人们需求的改变,出行喜好呈现出多样化的趋势,因此,选择是有限理性的,难以通过数学建模精准预测。

传统的小样本出行调查多是有特定调查目的,信息来源渠道单一,因此,有必要从多渠道获得形式多样的数据,反映不同出行者在不同复杂场景下的出行选择倾向或实际选择。

(3)我们对交通系统的运行态势把握及服务水平评价准确吗?答案是否定的。过去,因个体活动及出行数据有限,服务水平评价偏重基于交通流监测数据,且仅对城市交通运行状态进行实时及确定性评价,缺乏对运行态势演化的动态把握及精准预测,也缺乏考虑活动、出行及服务的随机性。从出行者角度进行活动出行全过程的可达性、便利性及可靠性的评价,缺少对交通与城市协同发展的评价。

传统的固定点交通流监测数据多为局部的断面交通流监测,缺乏较长时间连续的个体追踪数据。而浮动车数据主要是行程车速的获取,且主要来自出租车等特种车辆,无法对交通流全景及全部出行者的服务水平进行感知。

(4)我们能否科学精准决策?答案是否定的。没有大数据支撑及深度学习,难以深刻理解及发现出行机理,无法通过政策及信息服务来有效引导需求。没有大数据驱动的系统仿真预测及决策技术,无法科学优化交通设施布局及服务能力,无法实现对个性化需求相匹配的精准服务。

随着交通数据采集技术的多元化,未来将实现时空数据跨区域长时间大样本动态采集,个体出行"门到门"出行活动链的一体化精准探测,覆盖全网全方式的出行及运行联合监测,将实现出行全过程追踪。传统调查难以实现对个体的连续追踪,难以对个体的空间及时间活动活跃度进行深入分析。通过新时代大数据可以追踪人与车在不同地区、道路不同时段出现频次,也将实现从多种观察角度理解交通出行,因为大数据并不意味着样本绝对数量的大小,更为重要的是体现出信息的全面,来自出行及(或)活动的数据可帮助我们多视角、多层次地分析出行,剖析发生机理,从而增强了信息的有效性。从更大的时空尺度观察交通出行及运行问题,时空尺度越大,更易查看出路网演化规律,比如将不同路段同步出现速度下降或上升作为状态关联的表征,采用不同时间检测得到的路网状态关联系数矩阵,时间测度越长,内在关联性越明显。大数据环境可提供给我们多视角交通观察,一方面通过不同的数据来源,另一方面基于统一数据源头,可获取不同类型的特征信息,再者,不同主体不同类型特征信息,可通过不同的认识观点建立相互联系说明。

基于交通大数据的挖掘,将应用于:个体出行画像及倾向识别,区域动态出行特征提取及模式识别,人口、活动、设施及出行关联关系挖掘,多模式交通运行及服务水平动态多维评价,城市交通系统演化及预测。掌握交通需求机理及运行演变规律,进而将助力于拥堵治理及出行服务的科学决策,包括通过源头治理,即人口活动优化减少出行需求;通过主动治理,引导人口分布与流动;通过精准治理,实现人群特征分类管理;通过参与治理,强化海量主体参与博弈和网络优化;通过过程治理,实现政策的全程评价及实时调控。

1.2 大数据时代交通数据来源、分类及特征

1.2.1 交通大数据来源

21 世纪是数据信息大发展的时代,移动互联、社交网络、电子商务等极大拓展了互联网的边界和应用范围。互联网(社交、搜索、电商)、移动互联网(微博)、物联网(传感器,智慧地球)、车联网、全球定位系统(GPS)、医学影像、安全监控、金融(银行、股市、保险)、电信(通话、短信)都在疯狂产生着数据。

随着城市智能感知与无线通信技术的发展,城市交通系统的人、车、路以及环境等各类基础信息、活动、出行及实时状态信息被广泛采集和动态获取,形成了覆盖交通各领域的大规模海量交通数据。

交通大数据来源有以下几种:
(1)交通流固定检测器:线圈、视频、微波等;
(2)交通流移动检测器:浮动车(GPS、北斗、牌照识别、其他车载终端)等;
(3)交通业务数据:电子收费(Electronic Toll Collection,ETC)、公共交通 IC 卡(Smart Card)、自动收费系统(Automatic)数据等;
(4)其他领域业务数据:通信数据(手机定位)、气象数据、地理数据等;
(5)互联网+交通数据:网约车、导航、定制公交、车辆分时租赁、预约停车、网络购票等;

(6)其他互联网数据:微博、微信、论坛、广播电台、有线电视等提供的文字、图片、音视频等数据。

1.2.2 交通大数据分类

传统交通检测技术主要集中于车辆的监测及在路侧固定点的监测。但随着人们对交通系统的深入了解以及物联网、互联网技术的发展,监测对象已由原先的车辆(车流)逐步扩展并全面覆盖到交通的四个要素:人、车、路及环境,形成全息交通动态大数据。

根据感知对象可将交通动态大数据做如下分类:

(1)人的数据:出行行为数据、付费行为数据、驾驶行为数据及舆情数据等;

(2)车的数据:车况实时数据、车辆实时位置数据、车辆能耗数据、公交车运营数据、出租车运营数据、货运车运营数据等;

(3)路的数据:设施状态、运行状态数据等;

(4)环境数据:气象、排放等。

支撑交通大数据关联分析还需大量的交通静态数据,以城市交通分析为例,包括城市交通的基础空间数据(地表模型、高清正射影像等)、城市及周边基础地理信息(城市路网及城市其他基础交通设施信息)、人员信息(从业人员及出行者)、道路交通客运信息(客运班线、客动票务、市区公交信息、车站线路图、客运企业信息、交通换乘点等)、航班信息、列车信息、水运信息(船次、起终码点、开船时间等)、停车场信息(停车场位置、名称、总泊位数、开闭状态、空闲泊位数等)、交通管理信息(警区界限、安全界限、警力分布、交通岗位、执法站、车管所、检测场、考试场、过境检查站)、交通抽样调查数据[交通出行量(OD)、断面交通流、客流等]、城市背景数据(用地、经济、产业、人口、兴趣点)等。

常见的交通动态大数据分类、内容及规模见表1-1。

交通动态大数据分类、内容及规模　　　　表1-1

动态运行数据分类	数据内容	采样周期及数据规模（以北京为例）
道路检测数据	断面流量、速度、车型	采集:2min,500万记录/天
车辆卫星定位数据(出租车、公交车、长途客车和部分货车)	经纬度、时间、方位角、车辆伪码	采集:60s(将升为12s) 6万辆出租车,15G,9000万记录/天 2万辆公交车,5G,3000万记录/天
电子收费数据(IC卡、ETC)	收费时间、位置、线路、额度	公交IC卡:2500万记录/天,10G/天 ETC:300万记录/天
车辆识别数据[视频、射频识别(RFID)]	检测位置和时间、车牌号(车辆属性数据)	采集:2min 2G,500万记录/天(按检测点存储)
交通事故数据	事故位置、时间、类型	—
伪码移动信令数据	信令发生位置、时间、活动类型	北京移动:1800万样本,10亿条/天
移动互联网众包数据	触发时间、位置、用户	高德:9G/天

交通大数据的典型特征包括:数据量更大,覆盖范围更广,数据内容种类更丰富,实时性更好,准确性更高,费用更低,数据价值密度低,可关联挖掘更多的知识。

1.3 交通大数据在求解交通问题中的作用

大数据时代,数据资源在国家经济和社会发展中发挥着越来越重要的作用,尤其对于交通领域。大数据能帮忙找到交通问题的本质并提供解决方案。

出行机理是主要的交通本质问题之一,包括:人(货)为什么出行?什么时间到哪里出行?选择什么方式出行?选择什么路径出行?该本质问题发现可通过大数据进行个体及区域出行行为的画像,进而进行精准的交通需求研判、预测及引导。

交通运行机理是另一个主要的交通本质问题,包括:交通堵塞如何产生,如何消散?路网运行演化规律是什么样的?交通事故是如何发生的?该本质问题发现可通过大数据挖掘交通拥堵或事故致因,进而进行精准的交通运行状态或安全风险研判、预测及干预。

借助大数据,通过以下综合解决方案的制定与评价,可助力实现交通供需精准调控及服务的目标。

1.3.1 城市空间及交通基础设施布局优化

城市交通的健康发展取决于可持续的发展模式以及健康的城市空间结构。城市中的居住人口与就业岗位的空间分布情况、城市昼夜人口密度的分布情况以及时变情况、某特定城区内的职住比与职住空间匹配情况、流动人口占总人口的比例及其出行特征等这些关乎城市规划的基础数据的获取及定量分析,是进行城市空间及交通基础设施布局优化的基础。而这些数据在传统人工调查中均难以获得。传统的规划模型也因此受限,且多着眼于用交通流运行状态来表征表象结果,并以机动性作为规划目标,难以实现以可达性为目标的城市空间、活动点与交通的有机规划。

1.3.2 交通需求管理政策制定及全过程监测评估

交通需求的精准化调控强调在合适的时间地点,针对恰当的对象,采用恰如其分的对策,从而尽可能将负面影响降到最低。同时还可通过全程效果监测与评估,及时动态地进行政策调整。通过聚类分析等手段,可实现观测对象的活动属性"画像",即根据活动行为特征分析,确定个体的属性类别。例如,将移动通信用户划分为通勤者用户、空间活跃用户、空间静默用户等,将车辆划分为通勤车辆、高强度使用车辆、低强度使用车辆等类型。这种划分为潜在转移交通量、政策敏感人群的时空分布等研究提供了条件,为政策实施效果预测及后评估提供了依据。

1.3.3 道路交通精准化控制与诱导

大数据环境下可获得海量浮动车数据、牌照识别数据,定点检测数据等,为交通流时空统计分析、关联规则挖掘、路网交通状态演化模型构建等提供了必要的技术手段。在此基础上,可进行道路交通精准化控制与诱导。

1.3.4 交通客货运输精细化组织及综合交通的一体化整合

伴随社会的发展,城市客货运服务对象的需求日益多样化,这要求我们建立有效的服务导向的客货运服务体系,即不仅从运输能力上满足需求,而且要从满足客户的需要出发,以客户满意为目标。

1.3.5 "门到门"多模式信息服务及一站式交通出行服务

"门到门"长距离出行往往包含多种交通方式,出行者需要各种模式的行程时间、到发时间、换乘时间、服务水平等多种信息,来自多种出行方式的多源大数据是进行"门到门"出行路径选择等信息服务的基础。

出行即服务(Mobility as a Service,Maas)是典型的"门到门"交通服务模式,其核心思想是:服务提供商考虑到个体的整个移动出行需求并为其提供一站式服务。实质上,其为交通使用者提供了一个面向各种交通出行服务的入口。通过整合各种服务,该种交通服务模式让人们的出行方式变得更为便捷,不再需要大量的基础设施投入,更为低碳环保和出行者提供了更多的选择。来自多种出行方式的多源大数据是提供一站式交通出行服务的前提。

1.3.6 交通行为风险评估及矫正

在交通时空数据中的一些异常数据往往能反映出一些潜在的交通违法行为,如我们所熟知的套牌行驶、伴随行驶、超速、出租车非法停运聚集以及危化品车辆违规行驶等,通过运用已有的理论方法并结合相应的技术手段来解决此类问题,可为保障每个公民的合法权益提供有力的技术支持。

1.3.7 公众参与

在城市交通各种对策设计中,公众应该从被动的治理对象转变为参与治理的主体。首先,从技术角度,需要针对对策建立相应的社会评价方法,系统调查并预测拟实施对策产生的社会影响和社会效益,分析社会环境的适应性和可接受程度。其二是建立相应的舆情分析系统,及时掌握社情、民情,实时适时沟通和正确引导。其三是研究主动需求管理等政策手段和方法。舆情大数据将为公众参与提供有力保障。

1.4 交通大数据应用分析框架

所谓分析框架,是指交通大数据应用的全过程。不管项目的服务领域,项目中涵盖数据分析或数据挖掘的应用,其步骤大多会有些共通的地方。将这些共性的步骤总结并且归纳为一般性的方法,就是数据分析与挖掘的框架。

交通大数据的应用分析框架主要包括感知层、学习层、应用层及目标层,如图1-1所示。

1.4.1 感知层

感知是将数据采集、提取并经融合处理,加工组织成信息的过程。其核心是通过非定制数据对研究对象进行度量和表征。其中的度量分析包括观察角度、度量方法和测度选择等。

大数据分析可以帮助我们发现不知道、不清楚的事情,因此选择合适的观察角度,可避免大面积盲区。

以手机为例,利用移动定位数据,所产生的连续追踪数据,进行针对时空活动属性的聚类分析,实际上是度量其社会属性映射虚象的方法。比如根据时空活动规律来推测社会属性(就业者判断)方法,比如"乒乓"现象影响分区选择。

1.4.2 学习层

学习是将感知层中加工组织成的信息通过理论方法分析与挖掘其内在规律并进行趋势推演。学习层主要包括以下几个方面:

(1)现状研判(统计分析与特征提取)。在统计分析的基础上,如何萃取典型特征是挖掘现象背后规律的基础。

(2)规律发现(关联与致因)。如何在认知过程中探寻现象背后的因果,而不是简单关联,是交通大数据应用的难点。

(3)态势预测(趋势推演)。传统分析技术核心是"建模"过程,大数据分析技术核心是"证析"过程。"证"是以数为据,让决策有据可循。"析"是通过数据产生洞察,既不让复杂的数学模型影响我们的判断能力,也不让表面的数字迷惑了我们的判断能力。我们需要的是一个人机结合的证析工作程序,而不是数学程式化的决策流程。

1.4.3 应用层

基于学习层研判、发现、预测的规律,支撑土地使用与规划、政策、管控、运营调度、信息服务等的综合应用。

1.4.4 目标层

目标层指应用的目标,交通系统的供需平衡及精准匹配。

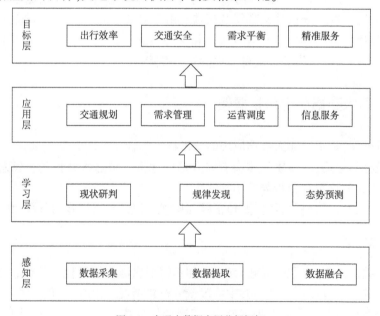

图 1-1　交通大数据应用分析框架

第2章 交通大数据采集与分析技术概述

交通数据采集经历了近百年发展,由最初的人工采集,到半自动采集,演化为现在众包采集方式,数据获取难度逐步降低,精度则逐渐提高。

传统的交通数据分析方法的主要理论基础是统计学,随着交通数据获取的广度和深度不断突破,传统方法越来越难以满足现实需求,而随着数据驱动理论体系的逐步完善,方法也逐渐成熟。本章简要介绍交通大数据的采集方法和基本分析技术。

2.1 感知技术概述

2.1.1 交通大数据感知内容及参数

由于交通环境数据的现有检测技术多应用在路侧,其采集的数据中可能包含非交通领域产生的数据,而且其检测过程庞杂,采集技术复杂,故环境数据的采集将不在本书中涉及。因此,本节重点从交通出行行为和交通运行态势两个方面介绍交通大数据感知与分析的目的、内容和参数,见表2-1。

2.1.1.1 交通出行行为感知

交通行为是指交通参与者在交通活动全过程中发生的各种行为现象和外在表现,它是在一定交通环境下产生的,为了达到某种预定的交通目标,交通参与者表达交通心理活动的行为方式。交通大数据具有独特的分析优势,能够全方位感知交通出行行为。例如,基于移动定位数据的交通信息提取及分析方法,一名带有手机的出行者每天出行的时候,都会通过手机与基站通信的方式上报自己所处的位置区对应的扇区(cell)点,记录其一天的出行轨迹就能得到全天的出行链。要从这个出行链中判别出哪些点是属于O点,哪些点是属于D

点，就需要知道用户在对应 cell 点的停留时间，若停留时间达到一定的阈值，就认为该点为一个停留点，用来把一天的出行链分隔为几个 OD 段，进而得到该用户一天的所有的 OD 数据。

交通大数据感知分析内容及参数　　　　　表 2-1

交通大数据感知目的	感知内容	感知参数
交通出行行为感知	个体出行行为感知	目的
		时间
		起讫点
		方式
		路径
		费用
交通运行状态感知	交通流感知	速度
		流量
		密度
		旅行时间
		占有率

2.1.1.2　交通运行态势感知

城市交通系统是一个复杂的动态系统，由多个静态或动态的有机组成部分构成，状态随时间变化明显，网络中不同的交叉口、路段交通运行状况差异很大。为了使路网得到充分有效的利用，指导交通管理和城市发展管理政策的制定，既需要了解交叉口、路段的交通状态，也要了解城市交通网络的整体运行状况。随着智能交通大数据技术的不断发展，利用交通大数据采集交通动态数据的技术越来越成熟。例如，利用浮动车数据进行交通运行态势识别，得到每辆车的行驶速度后统计分析出路段的平均速度，与区分畅通、拥挤、堵塞等不同状态的阈值进行比较后确定交通运行状态，并将此信息供给交通管理部门和出行者，这种方式与传统判别方式相比，具有操作性强、费用低等优点。

2.1.2　交通出行感知采集技术

随着信息化的迅速发展，传统的交通需求及运行状态采集手段已无法满足对路网全面感知的要求。基于大数据出行感知技术日益成为交通规划及智能交通系统的一个重要发展领域。城市交通出行感知技术按照数据源分类有：无线移动定位技术（手机）、公交信息采集技术、互联网+众包数据等。

2.1.2.1　无线移动定位技术

按定位计算主体的不同，移动定位方法可分为三种：基于移动台的定位方法、基于网络的定位方法以及混合的定位方法。

基于移动台的定位在 GSM 系统（Global System for Mobile Communications）中也被称为前向链路定位。其定位过程是由移动台接收多个已知位置的发射机发出与移动台位置有关的特征信息（如场强、传播时间、时间差等），再由集成在移动台中的位置计算模块根据有关定位算法计算出移动台的估计位置，如全球定位系统 GPS（Global Positioning System）定位。

基于网络的定位在 GSM 系统中也被称为反向链路定位。其定位过程是由多个固定位置的接收机接收移动台（如手机）发射的信息，并将接收到的与位置有关的特征信息传送到网络中的移动定位中心进行处理，计算出移动台的位置，如各种 GSM 网络中的定位方法。

混合定位方法则是以上两种方法的综合，如 A-GPS 定位。

本节重点介绍基于 GSM 无线通信网的 Cell-ID 定位法，即指通过无线移动终端（手机）和无线网络的配合，确定移动用户的实际位置信息（经纬度坐标数据，包括三维数据），进而提取有关交通信息。

为了确认移动台的位置，每个 GSM 覆盖区都被分为许多个位置区，一个位置区可以包含一个或多个小区。网络将存储每个移动台的位置区，并作为将来寻呼该移动台的位置信息。对移动台的寻呼是通过对移动台所在位置区的所有小区寻呼来实现的。如果移动交换中心（Mobile Switching Center，MSC）容量负荷较大，它就不可能对所控制区域内的所有小区一起进行寻呼，因为这样的寻呼负荷将会很大，这就需引入位置区的概念。位置区的标识（LAC 码）将在每个小区广播信道上的系统消息中发送。

发生以下情况时，移动台会上传信息（包括上传的时间、事件编号、所用的基站编号即 Cell-ID）：

(1) 需要使用网络通信时，如接打电话、收发短信等；
(2) 开关机；
(3) 长时间没有上报位置信息时；
(4) 在移动中打电话切换了所使用的基站时；
(5) 在待机状态下跨越了位置区时（位置区包括多个基站），如图 2-1 所示。

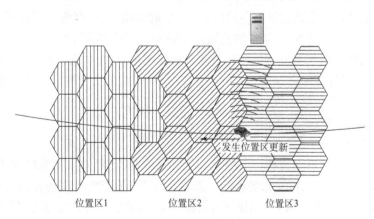

图 2-1　位置更新示意图

采集到终端用户的相关信息，其中最重要的信息见表 2-2。

终端用户的相关信息　　　　　　　　　表 2-2

序　号	字段名称	描　　　述
1	IMSI	手机识别号,IMSI 或由 IMSI 单向加密的结果,唯一标识手机
2	TMSI	TMSI
3	MSISDN	手机号
4	IMEI	手机型号信息
5	TimeStamp	时间戳,由厂商在采集卡上对成功发生的信令过程加上的时间标记,精确到秒
6	LAC	位置区编号
7	Cell ID	小区编号
8	Event ID	事件类型
9	Stat	结束通话的原因
10	Flag	进出小区标示位

以上信息经过采集、清洗、转换等一系列的处理,为后续的各种统计分析提供了基础数据。

基于手机信令数据的特性,经提取扩样可以获取交通所需求的某些信息,例如:区域居住人口数量、工作岗位数量、居民出行 OD、路段流量、路段车速等。

2.1.2.2　公交信息采集技术

公交运行信息包括车辆运行位置、站点停靠时间、上下乘客信息、行驶速度等,这些信息对公交调度、运营和公交线网规划有极为重要的作用,为公交规划提供决策依据。这些信息的采集和获取通常由人工完成,往往采集量大且准确率不高,达不到实时性的要求。为了获得车辆的实时位置信息及各种运行情况,公交信息采集系统中必须有一套硬件设备安装在被监控的公交运营车辆上,这就是车载单元。这套系统要能够实时地获取车辆的地理位置信息、车辆的运行情况等,并将关键信息通过通信网络回传给监控调度中心。但现有的车辆车载调度系统只是监控车辆位置的作用,缺乏车载端对信息的分析处理,传输数据的有效性难以保障。

将日常线路实时运营数据加以存储统计,可生成线路、站点客流量变化规律,车辆行驶速度变化曲线等基本的报表,为调整调度模型相关参数提供直观依据。

IC 卡数据与传统公交调查方法相比存在着数据样本量大、数据连续记录、数据采集费用低、数据处理能够实现自动化等优势。但也存在一些问题:公交卡数据无法获取乘客的个人属性,不能进行公交出行特征与乘客个人属性关联分析;公交卡数据不能实现用户对服务水平的评价,仍然需要同传统问卷相结合。

2.1.2.3　"互联网+"交通众包数据

"互联网+"是互联网与传统行业融合发展的新业态,已经对人们思维模式、行为方式、生活习惯等产生了革命性、颠覆式的影响,"互联网+"正助推传统交通运输行业深刻变革。目前,出行领域移动互联网 APP 应用广泛,滴滴专车、神州专车等产业形态,整合了不同业态资源,改变了传统交通运输行业方式。"互联网+"引领行业转型发展是交通运输行业在新常态下的新亮点。互联网的普及应用形成一个无处不在的社会传感器,从中可以观测舆情走势、社会情感状态,捕获突发事件并预测其发展趋势。随着"互联网+"交通新业态的快速发展,形成了大量基于个体的众包数据,如电信运营商手机信令数据、互联网企业众包数据。

依托"互联网+"的发展,互联网企业,为老百姓提供了大量优质、精准的信息服务内容,如信息查询、城市路况、公交到站预报、多方式路径导航等,深受大众认可;同时受益于广大的用户群体,这些软件产品自身通过用户生成数据,形成了众包数据这种新形态的社会化资源。目前众包数据已经在交通行业开展了大量应用。

2.1.3 交通运行感知采集技术

2.1.3.1 基于传感器的采集技术

传感器多用于交通流相关参数的信息采集。基于传感器的交通信息采集技术具体又可分为路面接触式与路面非接触式两类,其中,最先开始发展的是接触式的交通信息采集技术,代表性的采集技术有压电和压力管探测、环形线圈、磁力式探测等。这些采集装置具有共同的特点,即需要埋藏在路面之下,当汽车经过采集装置上方时会引起相应的压力、电场或磁场的变化,采集装置通过采集力或场的变化并将其转换为电信号输出,通过放大整形等一系列处理后,在所得到的离散型或连续型数据中提取所需要的交通信息。经过多年发展,路面接触式的交通信息采集技术已经相当成熟,其测量精度高,易于掌握,一直在交通信息检测领域占有主要地位。但是这种路面接触式的交通采集装置存在安装维护困难,安装过程中需要中断交通、破坏路面等缺陷;加之随着车辆增多,车辆(尤其是大型货车)对道路的压力增大,而且感应线圈易受冰冻、路基下沉、盐碱等自然环境影响,导致这类装置的使用寿命越来越短,维护成本也显著上升。此外,由于路面的特殊性,有些地段(如桥面、隧道内)不允许或者难以进行路面施工,因而无法安装检测装置。

基于传感器的路面非接触式交通信息采集方式主要有微波、超声波和激光探测几类,在安装维护及使用寿命方面与路面接触式交通采集装置相比具有很大的优势。在微波、超声波和红外检测(又称为波频检测)中,除了超声波检测只能进行单车道交通信息采集外,其余两种检测技术都可进行多车道交通信息采集。由于安装维护简单,路面非接触式交通信息采集技术发展非常迅速。

目前,根据传感器的使用和信息采集方式的不同,大致分为以下几类:

(1)环形线圈传感类。环形线圈感应式检测技术属于接触式检测方法,采用环形线圈作为检测传感器,在检测区域中能检测到车辆通过与否。环形线圈感应式检测器由三部分组成:环形线圈车辆传感器、传输馈线、检测处理单元。当车辆经过检测区域时,车辆进入环形圈检测范围内,车辆的铁质底盘会使环形线圈传感器的电感发生显著变化而产生检测信号,从而进行数据的检测。如图2-2所示,多个环形线圈检测器检测到的交通信息通过控制单元后,经调制解调器载入信息传输系统,并传输到远端的控制中心,这样即组成了一个完整的车辆检测系统。

环形线圈的检测处理单元可以分析线圈的输出信号,从而获得需要的交通参数,该采集技术主要应用于车流量统计、道路占有率统计、车辆分类识别、车速估计等。环形线圈最初应用时,其基本功能为车流量的统计,由于环形线圈能感应到车辆通过,通过在控制单元设置一个计数器就能统计车流量,即单位时间内通过的车辆数。此外,环形线圈检测器还可以检测车速、车型等参数。

环形线圈检测器的主要优点:应用较早且相对成熟、稳定,成本较低、检测精度高,而且可以在恶劣的天气环境下工作;产品的型号丰富,国内外生产厂家较多,采购及维修方便。缺点是环形线圈检测器不能同时监测多个车道,当想了解多个车道的车流量情况时,只能在每个车道都安装一套线圈检测器;安装或维护线圈车辆检测器时,需要封闭车道,甚至破坏路面;当两辆车过于接近时,环形线圈检测器有时难以准确区分;一些特殊路段如立交桥桥体表面,由于厚度限制,不能埋设线圈,如图2-2所示。

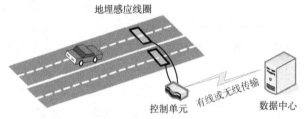

图2-2 线圈信息采集示意图

(2)地磁传感器类。地磁传感器可用于车辆通过与否的检测和车型的识别。地球的磁场在几公里之内是恒定的,但大型的铁磁性物体会对地球磁场产生巨大的扰动,当车辆通过时对地磁的影响将达到地磁强度的几分之一,而地磁传感器可以分辨出地球磁场1/6000的变化,地磁传感器就是通过检测车辆通过时对地球磁场产生的扰动来检测车辆的,这种技术具有极高的灵敏度,在国外应用非常广泛。这种利用车辆通过道路时对地球磁场的影响来完成车辆检测的传感器与目前常用的地磁线圈(又称地感线圈)检测器相比,具有安装尺寸小、灵敏度高、施工量小、使用寿命长、对路面的破坏小(有线安装需在路面开一条5mm宽的缝,无线安装只需在路面打一个直径55mm、深150mm的洞,当在检测点吊架或侧面安装时不用破坏路面)的特点,因此在智能交通系统的信息采集中起到非常重要的作用。

地磁传感器有以下优点:

①安装、维修方便,不必封闭车道,对路面破坏小,维修时只需检查地磁传感器即可;检测点不易遭到破坏,不受路面移动影响。

②地磁传感器是通过检测地球磁场在铁磁物体通过时的变化来获取相关数据的,所以它不受气候的影响。

③通过对灵敏度的设置可以识别铁磁性物体的大小,可大致判断出车辆的类型。

④对非铁磁性物体没有反应,因此可有效地减小误检发生的概率。

(3)红外传感类。红外检测器是利用被检测物对红外线光束的遮挡或反射,通过同步回路电路检测物体的存在。被测物体不局限于金属,所有能反射光线的物体均可被检测。检测时,光电开关将输入电流在发射器上转换为光信号射出,接收器再根据接收到的光线的强弱或有无来对目标物体进行检测。

红外线传感器分为主动式和被动式两类,并都可用于交通信息的采集。主动式红外线传感器,激光二极管在红外线波长范围附近工作,在检测区域内发射低能红外线,经过车辆的反射或散射后返回传感器。其中,使用发光二极管的主动式红外线传感器可测量车速和高大货车的高度。

红外传感器技术不仅可用于机动车流量检测,还可用于枢纽、车站等进出口的客流检测。红外客流检测设备主要由计数传感器、数据记录器、数据传输设备、分析软件四部分组成。通常计数传感器安装在门上或通道上方,数据记录器接收传感器发出的信号并将数据存入内存,数据传输设备将数据记录器中的数据传送到后台工作站中,利用分析软件实现海量数据的存储与分析。

红外检测器安装和维护较方便,但受道路周围环境和气象的影响较大,检测精度较低,误检率较高。

(4)微波传感类。比较常用的微波检测设备有雷达测速仪和交通微波检测器。雷达测速仪主要应用于道路交通巡逻、车流速度检测等方面,利用多普勒原理测量移动车辆的速度。在观察光波、声波、电磁波时,如果波源和观察点之间发生相对运动,其频率便会随之改变,此即多普勒效应,根据测量的频率变化量可以反推得到车速。交通微波检测技术是一种工作在微波频段的雷达检测器,它是 20 世纪 90 年代最先进、最便宜的交通探测器,通过向路面区域内发射低能量的连续频率调制微波信号,处理回波信号后,可以检测出多达 8 个车道的车流量、道路占有率、平均车速、长车流量等交通流参数,并能够对现场采集的交通信息进行实时的分析处理,从而实时、有效地获取用于反映道路交通状态的基本信息,并可检测静止车辆的排队状况。

微波检测传感器有以下特点:
①在恶劣气候下其检测性能出色。
②全天候工作、使用寿命长、安装维护方便。
③既可以侧向安装,同时采集多车道交通信息,也可以正向安装,对单车道车流量、车辆实时速度和车型等进行精确判断。
④但是侧面安装只能区分长车短车,相邻车道同时过车时可能会有车辆数据漏记现象。
可检测信息包括车流量、车速精度、平均车速、车道占有率、车辆类型等,如图2-3所示。

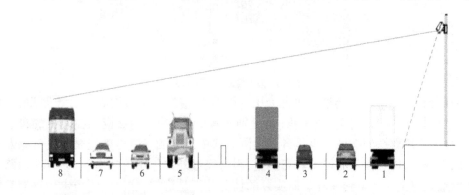

图 2-3 微波检测传感器侧向安装检测 8 车道示意图

(5)超声波传感类。超声波传感器发射超出人耳听觉范围频率的声压波,通过测量从路面或车辆表面反射的脉冲超声波的波形,可确定从传感器到路面或车辆表面的距离,从而将路面行驶车辆的轮廓检测出来。传感器将接收到的声波信号转换为电信号,由信号处理单元进行分析处理后,提供车辆数量、速度及道路占有率等交通信息。

超声波传感器是靠发射某种频率的声波信号,利用物体界面上超声放射、散射检测物体的存在与否。超声波在空气中传播时如果遇到其他媒介,则因两种媒质的声阻抗不同而产生反射。因此,向空气中的被测物体发射超声波,检测反射波并进行分析,从而得到障碍物的信息。

超声波传感器由于信息处理简单、快速并且价格低,在信息采集中得到了广泛应用,但是其固有的一些缺陷仍旧得不到解决:

①探测波束角过大,方向性差,往往只能获得目标的距离信息,不能准确地提供目标的距离信息,也就是说分车型误差极大,在实际应用中,往往采取其他传感器来补偿,或采用多传感器融合技术来提高测量精度。

②超声波受环境温度、湿度等条件的影响以及超声固有的宽波束角,超声波传感器在测距时与实际值的误差较大。

(6)激光类。激光检测技术属于非接触检测技术,是利用激光扫描成像的原理,通过对车辆进行扫描,采集到车辆的长度、高度、速度和位置等数据,将这些信息传给计算机后,采用相关软件分析车辆高度变化的坐标来判断车辆的外形轮廓,从而得出车型等信息。

以美国的 AUTOSENSE Ⅲ 公路交通流量自动采集仪器为例,激光传感器的扫描视野可达 60°,可对多车道进行监测,其标称车辆统计精度可达 99.99%,车辆分类精度为 99%,车辆位置精度为 0.67。

激光检测器的优点是不受天气、车速和交通状况的影响,可以在一个或多个车道简单地使用;其缺点是配套设备非常昂贵,如图 2-4 所示。

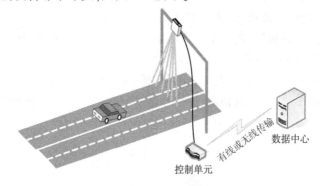

图 2-4 激光信息采集示意图

(7)压力传感类。压力传感器也称为压电传感器,应用在交通流数据检测上能够提供全面的交通数据及轴重、轴组重、整车重、当量轴次等荷载数据,能够应用在恶劣的自然环境下,并且检测重量数据的准确率也是各种检测方式中最高的。压电效应是压电传感器的主要工作原理,压电传感器不能用于静态测量,因为经过外力作用后的电荷,只有在回路具有无限大的输入阻抗时才得到保存。而实际的情况并不是这样,这决定了压电传感器只能够测量动态的应力。同时,压力传感器还存在如下缺点:安装过程对可靠性和寿命影响很大,安装或维修过程中需中断交通,对路面破坏比较大,被重型车辆碾压后易发生损坏。

2.1.3.2 基于视频的采集技术

(1)视频采集技术。视频采集属非接触式的检测方法,是利用视频、计算机以及现代通信等技术,实现对交通动态信息的采集。视频检测技术是目前发展较快的一种检测方式,该检测方式的检测功能较强大,可以实现多车道同时检测,目前应用较多的是对机动车的运行状态信息采集。系统通过安装在路口或路段上方的摄像机采集交通图像,随后进行图像处理,得到车流量、瞬时车速度、指定时间段内的车速统计平均值、车型分类、占有率、平均车距等交通动态信息,并可对监控范围内的交通事件自动报警,从而为交通的信号控制、信息发布、交通诱导、应急指挥提供实时动态信息。通常一台摄像机可观测多条车道,而一个系统能够同时处理多个摄像机拍摄的数据。

视频采集技术对视频交通图像数据处理及特征提取是实时进行的。视频交通信息采集系统的摄像机对车辆及行人进行拍摄,将拍摄到的图像进行存储并数字化,对图像进行初步处理,去掉冗余信息;随后对图像进行分区,对各分区图像进行处理,提取特征信息;根据特征信息进行车辆记数、分类;根据相邻图片计算车速;最后在拍摄区域内跟踪所辨识出的车辆。视频交通信息采集技术中图像处理通常有两种算法,第一种是将摄像机拍摄的区域分成若干小区域,视频交通信息采集系统对各小区域进行图像处理,小区域可以与车道垂直、平行、斜交,由于视频交通信息采集系统的一个摄像机的检测区域可跨多车道,所以一个视频交通信息采集系统可以代替许多环形圈或其他检测器,对更大区域进行车辆检测;另一种是连续跟踪在摄像机拍摄区域内行驶的车辆,通过对车辆的多次图像信息采集确定车辆后图像不变,随后对车辆图像进行记录并计算其速度和车辆排队长度。

视频检测以视频图像为分析对象,通过对设定区域的图像进行分析,可以得到所需的交通信息。而且,视频检测的数据可输入交通信号控制系统,这样电视监控系统和交通信号控制就可以有机地集成到一起。利用视频在线检测,除可以提供一般的交通统计数据外,还可以进行事件识别,如交通阻塞、超速行驶、非法停车、不按车道行驶、逆行等事件。近年来,基于视频的交通信息采集及监控受到国内外众多学者的高度关注,在理论和实践两方面都取得了长足的进展。

视频类采集设备安装方便,摄像机可以覆盖较宽的区域,一台摄像机可最多覆盖6条车道,进行真正意义上的大区域检测。在智能运输系统(ITS)中,将视频法用于公路交通流量、车型分类统计、车速的数据采集是较为适用的,但若用于更多的交通情况调查,如出行信息、OD调查等,就显得无能为力了。

视频采集技术的优点:由于是在显示器视频图像的车道中设置虚拟的检测区域,所以不会因道路的维修和养护而中断交通检测;设备安装简单方便,安装维护过程中无须封闭车道,不用开挖路面,成本相对较低。缺点是易受天气、光线变化、阴影、遮挡等条件的影响,如大雾天气摄像机无法完全捕捉车辆信号时会影响数据的精确率。

(2)基于视频图像的交通参数检测方式。视频检测器一般由摄像头、图像采集单元以及图像处理单元组成。摄像头摄取所要监测路段的图像,将采集到的视频图像传至图像采集单元,图像采集单元将该视频信号进行数字化处理后,图像处理单元则对该数字化图像进行处理分析,提取有关的交通信息。

目前视频车辆检测器可分为三种:点式检测器、线式检测器以及面式检测器。

①点式检测器:在图像上设置一定的检测点,通过检测这些检测点灰度变化情况,推断是否有车通过以及交通流的速度、密度、流量,其缺点主要是容易受环境照明变化和车辆自身阴影的干扰。

②线式检测器:可分为横向线式检测器和纵向线式检测器两种。横向线式检测器是指

在图像的特定位置上划取一条垂直于道路方向的检测线,通过检查检测线上灰度变化来判断通过检测线的车辆数目以及车辆的宽度,并可根据车辆的宽度来判断车型,如果划取两条检测线则可求出车辆速度;纵向线式检测器是在平行于道路方向上划取检测线,根据线上灰度变化情况来判断车辆的长度。纵向线式检测器往往同横向线式检测器一起使用,从而提高车辆分类的准确率。线式检测器在车辆变换车道时容易误判,而在车距过短时容易漏判,但因为其计算量较小,且比较容易得到车型以及车速等信息,所以,目前国外普遍采用的视频车辆检测器大多为线式检测器。

③面式检测器:通过对所摄取的图像进行诸如边缘检测等运算,提取检测区域中车辆的一些特征,如面积、边缘等信息,采用这些信息进行车辆分类,分析方法比较容易,而且精度可大大提高。由于面式检测器提取的是图像灰度的梯度信息,与点式和线式检测器相比较可大大减小环境照明对检测精度的影响。因此,尽管面式检测器的运算量大大增加,但随着微处理器的运算速度的不断提高,面式检测器成为视频车辆检测器研究的主要方向。

从上面叙述可以看出点式检测器和线式检测器都是"过去式"检测器,即模拟环形线圈检测器的工作方式,通过判断前后帧图像中检测点和检测线上灰度的变化情况推断是否有车通过,这种方式易受环境照明变化以及车辆自身阴影的干扰。

面式检测器虽然能降低环境照明对检测精度的影响,但和其他的检测器一样,面式检测器并没有解决车辆阴影以及地面裂纹对检测精度的影响,甚至雨雪天气下路面对车辆产生的倒影,也会造成误检。此外,对一些接近路面颜色的车辆,如在沥青路面行驶的黑色车辆,图像中车辆灰度与道路灰度之差小于事先确定的阈值就可造成漏检。针对这些情况,解决方法通常是利用人工智能和模式识别的办法把车辆的图像与阴影、倒影以及地面裂纹区分开来,但由于路面及其复杂的周围环境,车辆种类的繁多,要找到一种识别车辆所有情况的算法是不可能的。

如图 2-5 所示即(面式)视频检测的应用示意图,图中全景摄像机可覆盖 2~3 条车道,通过控制单元视频软件在每个车道上各设置一个虚拟线圈,控制单元对虚拟线圈区域的图像进行分析,当车辆经过时触发虚拟线圈,控制单元通过对图像进行分析判断出车辆通过信息,从而经过计算统计得到相关交通信息。

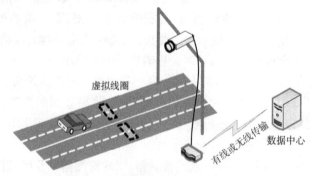

图 2-5 视频检测器(面式)工作示意图

利用视频识别交通流量主要包括两个过程,一是车辆目标物检测,二是车辆连续跟踪。车辆目标物检测方法通常包括帧间差分法、光流法、背景差分法和近几年新提出的深度学习法。车辆连续跟踪包括轮廓追踪、特征追踪、贝叶斯滤波等。

帧间差分法是通过对视频图像序列中相邻两帧作差分运算来获得运动目标轮廓的方法,对光线等场景变化不太敏感,能够适应各种动态环境,稳定性较好;缺点是当物体运动速度存在较大差异时,前后两帧中容易没有重叠或者完全重叠,此外,也无法检测出静止的物体。

光流法根据图像序列中像素强度变化值来判定各自像素位置的"运动",即通过时间上的变化与场景物体来描述共同运动物体,对于静止目标的识别效果较差。利用光流运动点的分布和车辆在路面的占有情况之间的联系,基于交通流理论的车流量统计方法,在正视角度下测试了约40辆车,精度为97.56%。

背景差分法易受光线变化影响,背景更新是关键,不适用于灵活多变的路侧场景。利用单高斯背景模型算法识别车辆,可以提高检测车辆前景区域的完整性;采用统计平均法进行背景建模,通过将视频当前帧与背景帧作差来获取前景目标,在正视角度下的测试精度为96.3%;背景差分法与帧间差分法相结合,在不同天气下不同车道的车速检测精度的均值都可达到95%以上。

近年,深度学习法在不同领域应用中取得了长足进步。它通过建立具有阶层结构的人工神经网络进行目标物检测,基于目标物的位置和类别进行跟踪计数。常见的目标物检测方法有 R-CNN(Regions with Convolutional Neural Network)、Fast R-CNN (Fast Regions with Convolutional Neural Network feature)、SSD (Single Shot Detection)、YOLO (You Only Look Once)。R-CNN 选用选择性搜索方法来生成候选区域,然后每个候选区域输入一个 CNN 模型,预测出候选区域中所含物体的属于每个类的概率值,该方法检测精度高,但计算效率低。Fast R-CNN 主要是为了减少候选区域使用 CNN 模型提取特征向量所消耗的时间,借鉴 SPP-net 思想,在计算效率上较 RCNN 有所提升。SSD 采用了回归方法进行目标检测使得目标检测速度大大加快,采用 archor 机制使得目标定位和分类精度有了大幅度提高。利用 SSD 网络模型对视频中的车辆进行检测,基于重叠率匹配和 SURF 特征提取的运动车辆目标跟踪与计数方法,结合虚拟线圈技术,分车道对跟踪车辆进行计数,在拥堵道路上正视角度视频的测试结果表明,该方法精度约85%。YOLO 在识别精度和效率之间取得平衡,其核心思想是利用整张图作为网络的输入,直接在输出层回归边界框的位置及其所属的类别。YOLO 代表的深度学习技术在图像检测中的水平最高,到目前为止,已经发展到第三代 YOLO_V3,它很好地解决了小目标、遮挡目标识别精度不高的问题,总体而言,它比 R-CNN 快1000倍、比 Fast R-CNN 快100倍。关于YOLO应用,目前有很多学者在不同领域开展了大量研究,包括用于安全帽佩戴检测(精度92.13%)、交通标识检测(精度80.1%)、机场场面飞机检测(精度83.7%)、车辆信息检测、道路拥堵分析(精度80%)等。

2.1.3.3 基于射频的采集技术

(1)射频识别技术。射频识别(Radio Frequency ID, RFID)是一种非接触式的自动识别技术,它通过射频信号自动识别目标对象并获取相关数据,识别工作无须人工干预,可在各种恶劣环境中工作。RFID 技术可识别高速运动物体并可同时识别多个标签,操作快捷方便。

对于 RFID 目前存在两种不同的认识,广义认为 RFID 为低频 RFID,作为身份识别使用,而对于中高频 RFID,则归类于短程通信范畴。本书为了方便读者全面了解射频技术,根据标签种类和频段的不同对射频技术进行介绍。

射频识别技术主要特点如下：

①操作方便,工作距离长,较低功耗,可以实现对移动目标的识别。

②无硬件接触,避免了因机械接触而产生的各种故障,使用寿命长。

③射频识别卡无外露金属触点,整个卡片完全密封,具有良好的防水、防尘、防污损、防磁、防静电性能,适合恶劣环境条件下工作。

④对无线传输的数据都经过随机序列的加密,并有完善、保密的通信协议,卡内序列号是唯一的,在卡出厂前可将此序号固化,安全性高。

⑤设置防碰撞机制,可实现同时对多个移动目标的识别。

最基本的 RFID 系统由三部分组成：

①标签,由耦合元件及芯片组成,每个标签具有唯一的电子编码,附着在物体上标识目标对象。

②阅读器,用于读取(有时还可以写入)标签信息的设备,可设计为手持式或固定式。

③天线,即在标签和读取器间传递射频信号。

(2)电子标签。电子标签由芯片和天线构成。每个芯片都有唯一的序列码和其他信息,根据不同存储器类型,可分为只读、可读写及一次写入多次读出三种类型标签。只读标签具有最小的存储容量,其内部数据被永久写入不能更改,这些标签主要包含识别信息;可读写标签除了存储数据外,还可以更新数据,因此,比只读标签有更大的存储容量,价格也更高;一次写入多次读出标签允许信息存入一次,但不允许数据改动,这种标签既有可读写标签的功能,又具备了只读标签的安全特性。

天线附着在芯片周围,将信息从芯片传递到读写器。一般来说,较大的天线有较远的识读范围。标签是被粘贴在物体表面或者置于物体内部的,可通过读写器发射无线电波扫描识别物体。

电子标签按照能源的供给方式分为无源标签、有源标签、半有源标签。无源标签读写距离近,价格低;有源标签可以提供更远的读写距离,但是需要电池供电,成本要更高一些,适用于远距离读写的应用场合。

(3)RFID 的工作频率。工作频率的选择对 RFID 非常重要。工作频率主要决定了通信速率和标签的识别距离。一般来说,频率越高,识读的距离越远。因为不同频率无线电波的传播特性不同,所以不同频率 RFID 应用于不同的方面。比如,低频无线电波比高频更易穿透墙体,而高频的数据传输速率更高。射频识别应用占据的频段或频点在国际上有公认的划分,即位于 ISM 波段之中,典型的工作频率有 125kHz、133kHz、13.56MHz、27.12MHz、433MHz、902~928MHz、2.45GHz、5.8GHz 等。RFID 按应用频率的不同分为低频(LF)、高频(HF)、超高频(UHF)、微波(MW)。低频段电子标签工作频率范围为30~300kHz,典型工作频率有125kHz、133kHz(也有接近的其他频率,如 TI 使用134.2kHz)。低频标签一般为无源标签,其工作能量通过电感耦合方式从阅读器耦合线圈的辐射近场中获得。低频标签与阅读器之间传送数据时,低频标签需位于阅读器天线辐射的近场区内。低频标签的阅读距离一般情况下小于 1m。中高频段电子标签的工作频率一般为 3~30MHz,典型工作频率为 13.56MHz。该频段的电子标签,从射频识别应用角度来说,因其工作原理与低频标签完全相同,即采用电感耦合方式工作。高频电子标签一般也采用无源方式,即通过电感(磁)耦合方式从阅读器耦合线圈的辐射近场中获得工作能量。标签与阅读器进行数据交换时,标签必须位于阅读器天线辐射的近场区内。中频标签的阅读距离一般情况下也小于1m(最大读取距离为1.5m)。高频标签典型应用包括电子车票等。超高频与微波频段的电子标签,简称微波电子标签,其典型工作频率为433.92MHz、862(902)~928MHz、2.45GHz、5.8GHz。微波电子标签可分为有源标签与无源标签两类。工作时,电子标签位于阅读器天线辐射场的远区场内,标签与阅读器之间的耦合方式为电磁耦合方式。阅读器天线辐射场为无源标签提供射频能量,将有源标签唤醒。相应的射频识别系统阅读距离一般大于1m,典型情况为4~7m,最大可达10m。微波电子标签的典型特点主要集中在是否无源、无线读写距离、是否支持多标签读写、是否适合高速识别应用、读写器的发射功率容限、电子标签及读写器的价格等方面。对于可无线写的电子标签而言,通常情况下,写入距离要小于识读距离,其原因在于写入要求更大的能量。微波电子标签的典型应用包括移动车辆识别、仓储物流应用等。

(4) RFID技术的基本工作原理。系统由一个询问器(或阅读器)和很多应答器(或标签)组成。阅读器根据使用的结构和技术不同可以是读或读/写装置,是RFID系统信息控制和处理中心。阅读器通常由耦合模块、收发模块、控制模块和接口单元组成。阅读器和应答器之间一般采用半双工通信方式进行信息交换,同时阅读器通过耦合给无源应答器提供能量和时序。在实际应用中,可进一步通过Ethernet或WLAN等实现对物体识别信息的采集、处理及远程传送等管理功能。应答器是RFID系统的信息载体,目前应答器大多是由耦合元件(线圈、微带天线等)和微芯片组成无源单元。

以RFID卡片阅读器及电子标签之间的通信及能量感应方式来看,大致上可将其分为感应耦合和后向散射耦合两种,一般低频的RFID大都采用第一种方式,而较高频大多采用第二种方式。标签进入磁场后,接收解读器发出的射频信号,凭借感应电流所获得的能量发送出存储在芯片中的产品信息(无源标签或被动标签),或者主动发送某一频率的信号(有源标签或主动标签);解读器读取信息并解码后,送至中央信息系统进行有关数据处理。

2.1.3.4 基于浮动车的采集技术

(1) 浮动车数据采集原理。浮动车是近年来国际智能交通系统(ITS)中所采用的获取道路交通信息的先进技术手段之一,具有应用方便、经济、覆盖范围广的特点。浮动车利用卫星定位系统,记录车辆的坐标、时间和速度等信息。卫星定位系统是一种使用卫星对目标物进行准确定位的技术,它从最初的定位精度低、不能实时定位、难以提供及时的导航服务,发展到现如今的高精度全球定位系统,实现了在任意时刻、地球上任意一点都可以同时观测到4颗卫星,实现导航、定位、授时等功能,如图2-6所示。

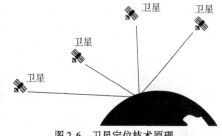

图2-6 卫星定位技术原理

浮动车是安装有车载卫星定位接收机自由行驶在实际路段上的车辆,按照一定的周期通过无线通信向后台回传数据,数据包括车辆ID号、车辆位置坐标、瞬时速度、行驶方向角、回传时间等。后台处理中心将浮动车数据进行汇总,经过特定的模型和算法处理,生成反映实时路段情况的交通信息,如路段平均速度、行程时间、拥堵状态等,为交通管理部门和公众提供动态、准确的交通控制、诱导信息。

(2) 浮动车信息采集系统构成。浮动车信息采集系统主要由安装有车载设备的车辆、无线通信网络和后台处理中心三部分组成,无线通信网络起到承担车载终端和后台处理中心之间的数据传输作用。浮动车利用在车辆上安装的定位装置和车载移动通信设备,例如基于卫生定位系统和无线通信模块,将车辆动态信息(当前所在位置坐标、时间、行驶速度和行驶方向等)实时传送到浮动车信息处理中心,后台处理中心通过对浮动车传回的进行处理分析来获取道路交通实时路况信息,如路段旅行时间、平均速度和交叉口平均延误等。

浮动车技术的数据范围覆盖地域广,能 24h 全天候进行数据采集。利用无线实时传输、中心式处理大大提高信息采集效率;通过测量的车辆瞬时状态数据,能准确反映交通流变化,利用现有的 GPS 和通信网络资源,采集设备维护和安装成本低。但是浮动车技术还存在着地图匹配效率不高、GPS 信号漂移等方面的问题。

2.2 大数据分析技术基础

交通大数据分析中,数学方法的运用是至关重要的,数学是对大量数据展开分析处理工作的基础,是实现从海量数据中挖掘出具有价值数据的关键途径。

交通大数据挖掘的数学理论知识包括概率论和统计,常用方法有分类分析法、聚类分析法、回归分析法和关联规则分析法,不同数学方法在数据挖掘中起到了不同的作用。

2.2.1 分类

本书所指分类是一种基于数据挖掘的方法,它能将类别信息分配给一组数据,从而有助于更加有效地分析和预测。具体地说,当新的观测值到来时,基于样本数据训练得到的分类算法能够自动地将这些新观测值归集到其对应的类别中。举例说明,交通事故可按照生命及财产损失情况,分为轻微、一般、重大及特大交通事故等。

分类是处理和分析大数据集合的一种有效的模式识别方法。然而,从机器学习技术领域的角度来看,分类是一种有监督的学习方法。也就是说,在建立分类器时,需要一定数量的训练样本,且这些样本所对应的类别是已知的。显然,每一个训练样本都必须包括输入对象和输出类别(常被称为类别标签,或简称标签),分类器通过一些学习算法最终能够较为准确地将输入对象与类别自动地一一对应起来。类似于这种将标注过的数据进行函数推导的过程就是有监督学习。与有监督学习相对应的是无监督学习,而第 2 章第二节第二部分中将要阐述的聚类则是无监督学习的一种代表。除了分类,有监督学习还可以用在回归上,分类及回归之间的关系将在第 2 章第二节第三部分进行阐述。

需要注意的是,分类相关的术语在不同的领域中有着不同的定义和解释。例如,与本书所述领域最为接近的便是统计学,而在统计学中分类由于常用 Logistic 回归所实现,因此常有将两者视为等同的趋势,而且常常将观测数据的属性称为解释变量、自变量,或是回归因子等,将所对应的类别标签称之为结果或是因变量可能的值。而在机器学习领域中,观测数据则常被称为实例样本(也常简称为样本),而解释变量则称为特征(或对于一组而言,称为特征向量),类别则称为类。

在分类的过程中,观测样本的一组可量化属性(即特征),是分析和归类的基础。这些属性可以是类别数值(例如,"快速路""主干道"或者是"支路"等),也可以是等级数值(例如,"严重拥堵""轻微拥堵""较为通畅"或者是"通畅"等),甚至可以是整数型数值(例如高峰小时流量)或者是实数(例如某路段在5min内观测的平均行驶速度)。显然,机器学习范畴内所述的分类,较之统计学中更具普遍意义,但也可有着相互继承和发展的关系。

分类器,实际上就是一种能够将观测数据进行分类的算法。一般地,在机器学习范畴内,分类器是需要通过训练而获得的。但广义上讲,分类的算法(尤其是规则)也可以是那些具有较强领域知识的专家人为地设定。本书以机器学习范畴下的分类观点为主,除特殊说明外,所涉及的分类皆指需要通过学习建立分类算法。

之前的研究大多聚焦于分类器及训练算法的创新上,而对于特征的选取常常采用人工选取的方式,尤其是在丰富领域知识的引导下,特征选取具有较强的解释性和合理性。而对于那些缺乏领域认知,或是领域认知存在重大缺陷和空白,或是领域认知非常抽象时,传统的特征选取方法很难奏效。

截至目前,各种分类算法相继提出,典型的分类算法有:线性分类器(例如,Fisher线性判别器、Logistic回归、朴素贝叶斯分类器及感知器等)、支持向量机、二次分类器、K近邻分类器、Boosting分类器、决策树(例如,C4.5决策树、随机森林等)、人工神经网络等。分类算法提出以来,就被广泛地应用于各种领域中,例如计算机视觉、药品开发、图像处理、语音识别、手写识别、地理统计、生物识别、文档归类、网络搜索引擎、自然语言处理、信用打分等。而在众多应用中,分类算法还是主要用于数据挖掘或是更为精细的统计建模。

2.2.2 聚类

聚类也称为聚类分析,并不是一种特殊的算法,而是努力将对象(或事物)聚成不同类的一种任务,从而使得同类内的各对象之间相对于不同类的对象具有更加相似的特征。聚类不仅在统计分析上具有举足轻重的作用,而且也是数据挖掘的一项重要任务。

然而,人们对类的认知并不统一,而且由于依据的角度不同,即便是对同一组对象进行聚类操作,其结果也可能存在着较大的差异,也因此产生了不同的聚类算法。古人云"物以类聚,人以群分",充分说明了属于同类内的对象在某些属性上具有极其相似的特征。由此可知,相似性的定义及其判别则是聚类任务中极为重要的基础。相似性可以从不同的角度来衡量,例如相互之间的距离、数据团簇的密度,或是特定的统计分布,当然也可以从多个不同角度综合考虑来聚类。一旦相似性能够确定之后,聚类算法便可完成聚类任务,而这种聚类算法不需要通过对带有标注信息的样本进行学习而获得。

聚类分析起源于分类学,但不能将二者等同起来,主要是因为聚类的类在聚类操作前是未知的,而分类则是现有各类的基本信息。从另外一个角度来讲,聚类不需要标注的样本及训练过程,因而是一种无监督学习,而分类则需要建立在有标注信息的训练样本之上的。

虽然聚类算法相继提出了许多,但从聚类的结果来看,这些聚类算法可大致分为两大类:硬聚类和软聚类。硬聚类与软聚类的主要区别在于软聚类允许一个对象同时属于不同的类,但其属于不同类的程度有所不同。而硬聚类则恰恰相反,每个对象只能属于一个类别,即数据对象在类别归属上不存在歧义性,只有是或否的概念。k 均值(k-means)聚类算法就是一种十分典型的硬聚类算法,而与之相对的模糊 c 均值(Fuzzy c-means)就是一种典型的软聚类算法。当然,聚类算法也可从其他角度进行划分。例如,可将聚类算法按照其聚类操作的不同划分为:连接聚类模型(例如,层次聚类法)、中心聚类模型(例如,k-means)、分布聚类模型(例如,混合高斯模型)、密度模型(例如,DBSCAN)聚类算法、子空间模型(例如,双聚类算法)以及基于图模型(例如,clique 聚类算法)等。

虽然聚类算法已提出许多,但一个性能良好的聚类算法需要满足下列全部或者是大部分要求:

(1)处理不同类型数据的能力。一种好的聚类算法能够适用于不同的数据类型,例如二元类型、分类/标称类型、序数型数据,或者这些数据类型的混合。

(2)相关参数最少。在聚类操作时,为数不少的聚类算法都要求用户在聚类前能够提供一些诸如类数目或是相似距离阈值等参数。这些参数在许多情况下对聚类的结果起着至关重要的作用,也就是说聚类结果对这些输入的参数较为敏感,而且这些参数需要较多的相关领域知识才能准确地确定下来,尤其是涉及多维数据时更难确定。

(3)不局限于形状的能力。许多聚类算法由于其对相似性的定义较为局限,因此对某些空间形状(例如,球形团状)的类簇较为有效,而对于其他形状(例如,蛇形带状)的类簇具有较低的聚类精度。因此,一种好的聚类算法应能适用于多种不同空间形状的类簇聚类问题。

(4)不依赖于输入记录的顺序。一些聚类算法对于输入数据对象的顺序是十分敏感的,而且当输入数据对象的顺序发生变化时,聚类结果可能存在着较大差别。因此,想要实现一种好的聚类算法,应该不依赖于数据输入的顺序。

(5)"噪声"免疫能力。数据对象中难免含有噪声的数据,这些数据具有误导聚类的功效,严重时可使得聚类分析无法揭示本质的特征。一种好的聚类算法需要具有一定的"噪声"免疫能力,有些聚类算法本身就可识别并剔除孤立点(或称为离群点),或者可作为一种孤立点的识别算法。但孤立点仅是"噪声"数据的一种表现形式。

(6)数据规模可伸缩性。聚类算法不仅在小规模数据对象集上具有较好的表现,而且在对于包含数百万及以上的大规模数据对象集上的聚类表现也应在可接受的范围内。这里所说的聚类表现不仅包括聚类的准确度,而且还包括运算时间、占据的内存空间资源等。

(7)高维度聚类问题。在处理较低维度的聚类问题时,我们往往可以借助一些可视化手段进行聚类质量的判断,而当数据对象的维度很高时,显然无法直观地去检验。高维数据对象的聚类分析往往犹如"盲人摸象"一般会出现片面的结论。除了在聚类的准确性外,一种好的聚类算法在处理高维数据聚类时,也应在可接受的时间内完成。也就是说,聚类运算时间不会随着数据对象的维数呈现出类似于指数增加的趋势。

(8)可解释性和可用性。在实际的数据挖掘中,人们往往更期盼能够从聚类的结果中得到有价值的信息、新发现的规律或是潜在的机理。这些诉求都要求聚类结果具有较好的可解释性,易理解且可以应用。然而,现有的聚类算法往往在聚类之后,相互之间的关系比较抽象,无法充分地给予物理意义上的指导。

(9)聚类约束的适应能力。一种好的聚类算法能够接受并能有效地处理聚类操作中的一些约束条件。例如,在某个城区投放共享单车时,需要对该区域的住宅小区及工作地进行聚类分析,但同时也要考虑这些区域周边的公交站点密度及接驳距离等,这些就构成了聚类的约束,而考虑了这些约束后才能将多模式交通方法有机地协同起来,从而既能满足人们的出行需求,也能较好地避免交通资源的浪费。

虽然,聚类分析的发展还远不及预期,但已在诸如机器学习、模式识别、图像处理、信息提取、数据压缩、计算图形学等方面进行了较为广泛的应用。

2.2.3 回归

回归常作为回归分析的简称,具有较为浓重的统计色彩。"回归"一词是由英国生物学家兼统计学家 Francis Galton 在研究人类遗传问题时提出来的。为了研究父代与子代身高的关系,Francis Galton 搜集了 1078 对父亲及其儿子的身高数据。他发现这些数据的散点图大致呈直线状态,也就是说,总的趋势是父亲的身高增加时,儿子的身高也倾向于增加。但是,Francis Galton 对试验数据进行了深入的分析,发现了一个很有趣的现象,即回归效应:当父亲身高高于平均身高时,他儿子的身高比他更高的概率要小于比他更矮的概率;父亲身高低于平均身高时,他儿子的身高比他更矮的概率要小于比他更高的概率。它反映了一个规律,即这两种身高父亲的儿子的身高有向他们父辈的平均身高回归的趋势。对于这个一般结论的解释是:大自然具有一种约束力,使人类身高的分布相对稳定而不产生两极分化,这就是所谓的回归效应。

在统计学中,回归分析指的是研究一种随机变量与另一组变量之间的关系,而回归则是一些统计分析方法,这些统计方法是用于确定两种或两种以上变量间相互依赖的定量关系。大多数情况下,回归分析可以估计出在给定自变量之后,因变量的条件期望;而在少数情况下,回归分析则关注于在给定自变量下,因变量条件分布的局部参数或是分位数等。无论在何种情况下,估计的目标都是努力建立能够描述因变量与自变量之间的函数关系,而且所建立的函数通常称为回归函数。在大数据分析及数据挖掘中,回归分析是一种具有预测性特征的建模技术,也就是说研究并建立能够较好地反映因变量(目标)和自变量(预测器)之间关系的模型。借助回归模型,不仅有助于人们了解因变量随着一个自变量的改变而变化,并发现它们之间的因果或关联关系,而且也常常用于对事物发展的预测。例如,回归模型可以刻画出疲劳驾驶与道路交通事故数量之间的关系。

回归分析按照涉及的变量的多少,分为一元回归分析和多元回归分析;按照因变量的多少,可分为简单回归分析和多重回归分析;按照自变量和因变量之间的关系类型,可分为线性回归分析和非线性回归分析。

狭义上讲,回归分析仅涉及连续因变量,这一特点正好与分类相反,分类的因变量是离散变量。虽然回归分析可追溯到 19 世纪,但其仍处于积极发展领域,尤其是近年来,在大数据分析的快速发展趋势下,一些鲁棒回归分析方法不断应运而生,而涉及的变量也逐渐扩展到图像、图形或是其他复杂数据类型。

目前,应用比较广泛的回归模型主要有以下几种:

(1) 线性回归模型。线性回归模型是回归模型中最简单的一种,它假设因变量与自变量之间的关系可用一元线性函数表示。当自变量为一元时,则称为一元线性回归模型;而当自变量为多个时,则为多元线性回归模型。

（2）逻辑回归模型。逻辑回归模型通常是用来估计某一事件发生与否的概率。例如，选择私家车出行与否的概率。

（3）逐步回归模型。逐步回归模型是一种能够有效处理多个自变量的回归模型，其通过一些统计值（例如 R 方、t 检验值等）来衡量变量的重要性，并逐步添加或者是删除协变量，直至达到某一要求，从而完成回归函数的建立。显然，逐步回归可根据增加或删除协变量的角度分为两类：一是向前增加变量，即先选取最为显著的变量，下一步再选出次之重要的变量；二是向后删除变量，在每一步选择中，选择模型中影响最不显著的变量进行删除。

（4）多项式回归模型。多项式回归模型是将因变量与自变量之间的关系刻画成自变量的 n 次多项式。由于多项式回归模型刻画了因变量与自变量之间的非线性关系，其曾被用于描述速度与流量、车速与能耗等非线性关系。

（5）岭回归模型。岭回归模型是一种适用于数据之间存在多重共线性（自变量高度相关）时的回归分析问题。当线性回归中输入变量的维数大于所观测数据的数目时，作为线性回归模型参数估计的典型方法，最小二乘法可能会出现高估或低估的问题，从而使得观测值与真实值相差甚远。岭回归模型通过给回归估计值添加一个偏差值，来矫正最小二乘法的标准误差。

（6）LASSO 回归模型。LASSO 回归模型（Least Absolute Shrinkage and Selection Operator，LASSO）类似于岭回归模型，也是通过增加一个惩罚项来矫正标准误差，但其所使用的惩罚函数与岭回归的不同。当预测的一组变量具有高度的相关性，LASSO 回归模型则选出其中一个变量而将淡化其他变量。这就意味着 LASSO 回归模型要比岭回归模型具有更紧凑的结构，即更少的自变量。

（7）ElasticNet 回归模型。ElasticNet 回归模型兼具岭回归模型和 LASSO 回归模型的特点。同 LASSO 回归模型一样，该模型也能起到减少自变量数目的作用，而且当有多个相关的自变量时，试验证明 ElasticNet 回归模型的表现比 LASSO 回归模型要更胜一筹。

2.2.4 关联规则

关联规则挖掘是一种基于规则的机器学习方法，主要是用来发现大量数据中变量之间可能存在的关联关系。这种方法旨在通过一些统计手段来发现数据中蕴藏着的较强的关联规则。那么，关联规则就是形如"75%的共享单车使用者会选择公交出行"这样的一些规则。再举一例，也是非常有趣的故事：美国的一家大型连锁超市，通过对其各门店原始交易数据分析的基础上发现，跟尿布一起购买最多的商品竟是啤酒！经过大量实际调查和分析，揭示了一个隐藏在尿布与啤酒背后的美国人购买行为模式。该购买模式是，一些年轻的父亲下班后经常要到超市去买婴儿尿布，而他们中有 30%～40%的人同时也为自己买一些啤酒。按常规思维，尿布与啤酒风马牛不相及，若不是借助数据挖掘技术对大量交易数据进行挖掘分析是不可能发现这一有价值的关联关系的。

若两个或两个以上变量的取值之间存在某种规律性，那么这种规律就称之为关联。从不同的角度，可对关联规则进行不同的划分。例如，关联规则可分为简单关联规则、时序关联规则、因果关联规则。从处理变量的类型来分，关联规则可以分为布尔型和数值型。如果处理的变量是一些离散的或者是类别的，则提炼出来的规则属于布尔型关联规则；而数值型关联规则主要是针对数值型数据而言,通过对这些数值型数据处理得到的关联规则就是数值型关联规则。从规则中的抽象层次角度来划分,可将关联规则分为单层关联规则和多层关联规则。单层的关联规则比较简单,所关联的变量具有相同等级的抽象程度;而多层关联规则体现出关联的变量具有不同层次的抽象关系,也就是说某一变量所描述的事物较之另一变量具有更抽象的层次。从处理数据的维数角度进行划分,可将关联规则分为单维的和多维的。单维关联规则只涉及数据的一个维,即单个属性;而多维关联规则中,要处理的数据将会涉及多个属性。

简单地讲,如果对于两个不相交的非空集合 X、Y,存在 $X \Rightarrow Y$,则称之为关联规则,且 X 和 Y 分别称之为前件和后件。而对于这样的关联规则,可使用支持度和自信度来描述其的强度。支持度就是指集合 X 和 Y 同时出现的次数与观测数据的总数之比;而自信度则是指集合 X 和 Y 中同时出现的次数与集合 X 出现总数的比例。支持度和自信度越高,说明规则越强。关联规则挖掘就是从事物集合中挖掘出满足支持度和自信度最低阈值要求的所有关联规则,这样的关联规则也称强关联规则。当然,除了支持度和自信度外,还有学者提出了一些其他的衡量指标,例如,收集强度、确信度、提升度等。

关联规则算法中比较典型的有以下几种:

(1) Apriori 算法。Apriori 算法可以说是一种最为典型的布尔关联规则挖掘算法。该算法引入了频繁项集的概念,并定义了最小支持度,即所有支持度大于最小支持度的项集称为频繁项集。Apriori 算法的基本思想就是其利用广度优先的搜索算法和 Hash 树通过迭代来统计候选项集。虽然 Apriori 算法是一种思想简明、实现方便的关联规则挖掘算法,但其效率很低,主要表现在其可能产生大量的候选集,而且可能需要重复扫描数据库。

(2) FP-树频集算法。针对 Apriori 算法的固有缺陷,J. Han 等提出了不产生候选挖掘频繁项集的方法——FP-树频集算法。采用分而治之的策略,在经过第一遍扫描之后,把数据库中的频集压缩进一棵频繁模式树,同时依然保留其中的关联信息,随后再将频繁模式树分化成一些条件库,每个库和一个长度为 1 的频集相关,然后再对这些条件库分别进行挖掘。当原始数据量很大的时候,也可以结合划分的方法,使得一个频繁模式树可以放入主存中。试验表明,频繁模式树对不同长度的规则都有很好的适应性,同时在效率上较之 Apriori 算法有巨大的提高。

(3) Eclat 算法。有别于 Apriori 算法,Eclat 算法采用了深度优先的搜索策略,并加入了倒排的思想,加快频繁集生成速度,其算法思想是由频繁 k 项集求交集,生成候选 $k+1$ 项集。对候选 $k+1$ 项集做裁剪,生成频繁 $k+1$ 项集,再求交集生成候选 $k+2$ 项集。如此迭代,直到项集归一。

除此之外,MRAR(Multi-Relation Association Rules)算法也是一种关联规则挖掘算法,其所挖掘的关联规则允许每项可以有多个关系,且这些关系揭示了事物之间的非直接关系。例如,居住在北京四环外但工作在市中心的年轻人⇒他们通常选择地铁出行,这样的规则中前件就包含了三种关系,即居住地、工作地、年龄。基于背景的关联规则挖掘算法考虑了被称之为背景变量的隐变量,并由此能够获得更加准确的关联规则。例如,五一劳动节期间的工作日,北京市区的交通状态并不像其他工作日那么拥堵。这里的隐变量,即节假日,便阐明了这种突变交通状态的缘由。

在大数据的背景下,关联规则挖掘的应用呈现出与日俱增的态势,已经应用在零售、快消、电商、金融、搜索引擎、智能推荐等领域中。由于许多实际问题往往比超市售卖问题更为复杂,需要研究能将更多的因素集成到关联规则中的挖掘算法,而另一些应用问题则需要考虑属性之间的类别层次关系、时态关系等。

2.3 大数据系统实现技术

2.3.1 分布式处理

分布式处理和并行处理是为了提高处理速度采用的两种不同的体系架构。并行处理是利用多个功能部件或多个处理机同时工作来提高系统性能或可靠性的计算机系统,这种系统至少包含指令级或指令级以上的并行。分布式处理则是将不同地点的,或具有不同功能的,或拥有不同数据的多台计算机通过通信网络连接起来,在控制系统的统一管理控制下,协调地完成大规模信息处理任务的计算机系统。

分布式存储常用方法:Hadoop 分布式文件系统(HDFS)、Google 文件系统(GFS)等;数据处理常用方法:MapReduce、Hadoop、HPCC、Storm 等。

Hadoop 是一个用来处理大规模数据集的分布式计算平台,Hadoop 允许用户在不了解底层实现的情况下,利用分布式系统的计算和存储能力,开发高效的应用程序。

Hadoop 架构自发布之初就广受分布式应用开发者钟爱,现如今已拥有众多分支的生态系统,如图 2-7 所示。

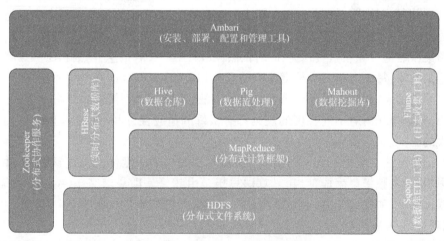

图 2-7 大数据处理平台 Hadoop 生态圈的组成

分布式计算是指将一个庞大的计算任务经过服务器的处理划分为若干个小任务,然后为计算机网络中的计算机分别分配一些小任务,通过并行处理提高处理效率,最后综合并整理计算数据,得到最后的计算结果。

分布式计算是指信息不只分布在一个软件或计算机上,而是分布于多个软件上,可以用多台或一台计算机同时运行若干个软件,通过网络实现信息的共享。与其他算法相比,分布式算法有明显的优势:第一,共享资源更加方便。第二,能够实现计算负载的平衡,用多台计算机同时处理任务。第三,可以根据实际需要,合理选择适当的计算机运行该程序。计算机分布式计算的灵魂是平衡负载和共享资源。

与集中式计算相比,分布式计算的优点十分突出：

(1)分布式网络中的每台机器都能存储和处理数据,降低了对机器性能的要求,所以不必购买昂贵的高性能机器,这大大降低了硬件投资成本；

(2)扩展性极强,在当前系统存储或计算能力不足时,可以简单地通过增加廉价PC机的方式来增加系统的处理和存储能力；

(3)处理能力极强,庞大的计算任务可以在合理分割后由分布式网络中的机器并行处理。

2.3.2 云计算

云计算指的是通过网络"云"将巨大的数据计算处理程序分解成无数个小程序,然后,通过多部服务器组成的系统进行处理和分析这些小程序得到结果并返回给用户,通过互联网来提供动态易扩展且通常是虚拟化的资源。"云"是网络、互联网的一种比喻说法。过去用"云"来表示电信网,后来也用来抽象表示互联网和底层基础设施。因此,云计算拥有强大的计算能力,甚至每秒10万亿次的运算能力,可以模拟核爆炸、预测气候变化和市场发展趋势。用户可以通过计算机、手机等设备接入数据中心,按自己的需求进行运算。

云计算是分布式计算、并行计算、效用计算、网络存储、虚拟化、负载均衡、热备份冗余等传统计算机和网络技术发展融合的产物,智能交通系统云计算平台如图2-8所示。

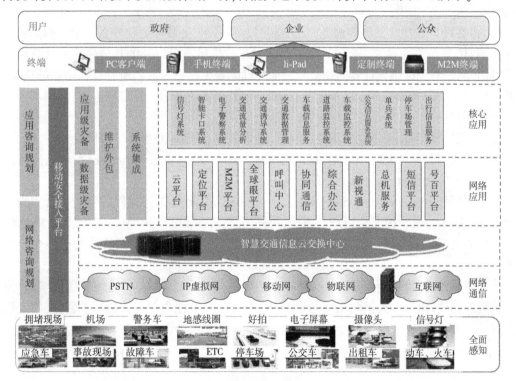

图2-8 智能交通系统云计算平台

云计算特点如下：

(1)超大规模。"云"具有相当的规模,Google 云计算已经拥有 100 多万台服务器,Amazon、IBM、微软、Yahoo 等的"云"均拥有几十万台服务器。企业私有云一般拥有数百上千台服务器。"云"能赋予用户前所未有的计算能力。

(2)虚拟化。云计算支持用户在任意位置、使用各种终端获取应用服务。所请求的资源来自"云",而不是固定的有形实体。应用在"云"中某处运行,但实际上用户无须了解,也不用担心应用运行的具体位置。只需要一台笔记本或者一个手机,就可以通过网络服务来实现我们需要的一切,甚至包括超级计算这样的任务。

(3)高可靠性。"云"使用了数据多副本容错、计算节点同构可互换等措施来保障服务的高可靠性,使用云计算比使用本地计算机可靠。

(4)通用性。云计算不针对特定的应用,在"云"的支撑下可以构造出千变万化的应用,同一个"云"可以同时支撑不同的应用运行。

(5)高可扩展性。"云"的规模可以动态伸缩,满足应用和用户规模增长的需要。

(6)按需服务。"云"是一个庞大的资源池,可按需购买,也可以像自来水、电、煤气那样计费。

(7)极其廉价。由于"云"的特殊容错措施可以采用极其廉价的节点来构成,"云"的自动化集中式管理使大量企业无须负担日益高昂的数据中心管理成本和设备更新维护成本,"云"的通用性使资源的利用率较之传统系统大幅度提升,因此用户可以充分享受"云"的低成本优势,经常只要花费几百美元、几天时间就能完成以前需要数万美元、数月时间才能完成的任务。

(8)潜在的危险性。云计算服务除了提供计算服务外,还提供存储服务。对于信息社会而言,"信息"是至关重要的。云计算中的数据对于数据所有者以外的其他用户云计算用户是保密的,但是对于提供云计算的商业机构而言确实毫无秘密可言。所有这些潜在的危险,是商业机构和政府机构选择云计算服务,特别是国外机构提供的云计算服务时,不得不考虑的一个重要前提。

云计算包括以下几个层次的服务:基础设施即服务、平台即服务及软件即服务。

基础设施即服务(Infrastructure-as-a-Service,IaaS)。消费者通过 Internet 可以从完善的计算机基础设施获得服务。例如:硬件服务器租用。

平台即服务(Platform-as-a-Service,PaaS)。PaaS 实际上是指将软件研发的平台作为一种服务,以 SaaS 的模式提交给用户。因此,PaaS 也是 SaaS 模式的一种应用。但是,PaaS 的出现可以加快 SaaS 的发展,尤其是加快 SaaS 应用的开发速度。例如:软件的个性化定制开发。

软件即服务(Software-as-a-Service,SaaS)。它是一种通过 Internet 提供软件的模式,用户无须购买软件,而是向提供商租用基于 Web 的软件,来管理企业经营活动。例如:阳光云服务器。

2.3.3 数据安全

大数据安全技术体系分为大数据平台安全、数据安全及个人隐私保护三个层次,自下而上为依次承载的关系。大数据平台不仅要保障自身基础组件安全,还要为运行其上的数据和应用提供安全机制保障;除平台安全保障外,数据安全防护技术为数据流动过程提供安全防护手段;隐私安全保护是在数据安全基础之上对个人敏感信息的安全防护。大数据安全技术总体规划如图2-9所示。

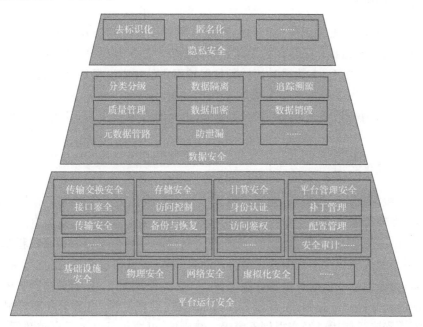

图2-9 大数据安全技术总体规划图

2.3.3.1 大数据平台安全

大数据平台安全是对大数据平台传输、存储、运算等资源和功能的安全保障,包括传输交换安全、存储安全、计算安全、平台管理安全以及基础设施安全。

传输交换安全是指保障与外部系统交换数据过程的安全可控,需要采用接口鉴权等机制,对外部系统的合法性进行验证,采用通道加密等手段保障传输过程的机密性和完整性。存储安全是指对平台中的数据设置备份与恢复机制,并采用数据访问控制机制来防止数据的越权访问。计算组件应提供相应的身份认证和访问控制机制,确保只有合法的用户或应用程序才能发起数据处理请求。平台管理安全包括平台组件的安全配置、资源安全调度、补丁管理、安全审计等内容。此外,平台软硬件基础设施的物理安全、网络安全、虚拟化安全等是大数据平台安全运行的基础。

2.3.3.2 数据安全

数据安全防护是指平台为支撑数据流动安全所提供的安全功能,包括数据分类分级、元数据管理、质量管理、数据加密、数据隔离、防泄漏、追踪溯源、数据销毁等内容。

大数据促使数据生命周期由传统的单链条逐渐演变成为复杂多链条形态,增加了共享、交易等环节,且数据应用场景和参与角色愈加多样化,在复杂的应用环境下,保证国家重要数据、企业机密数据以及用户个人隐私数据等敏感数据不发生外泄,是数据安全的首要需求。海量多源数据在大数据平台汇聚,一个数据资源池同时服务于多个数据提供者和数使用者,强化数据隔离和访问控制,实现数据"可用不可见",是大数据环境下数据安全的新需求。利用大数据技术对海量数据进行挖掘分析所得结果可能包含涉及国家安全、经济运行、社会治理等敏感信息,需要对分析结果的共享和披露加强安全管理。

2.3.4 隐私保护

隐私保护是指利用去标识化、匿名化、密文计算等技术保障个人数据在平台上处理、流转过程中不泄露个人隐私。隐私保护是建立在数据安全防护基础之上的保障个人隐私权的更深层次安全要求。然而,大数据时代的隐私保护不再是狭隘地保护个人隐私权,而是在个人信息收集、使用过程中保障数据主体的个人信息自决权利。实际上,个人信息保护已经成为一个涵盖产品设计、业务运营、安全防护等在内的体系化工程,不是一个单纯的技术问题。

2.3.5 可视化

伴随着大数据可视化的热潮,在交通数据中使用可视化可以帮助人们有效地理解移动车辆的行为、发现交通在时空上变化的模式,从而为交通优化等提供决策信息。当代交通系统每时每刻都会产生大量的数据,比如,出租车上搭载的 GPS 传感器会记录出租车的行驶轨迹;街道监控摄像头会记录车辆的通过情况。而且,伴随着城市越来越大,汽车越来越多,监控越来越多,交通数据的规模有了爆炸性的增长。在这种情况下,直接对交通数据进行分析的传统方法已经变得越来越困难,而且效率越来越低,数据挖掘、机器学习和可视化等智能化技术的深入和广泛使用已经变得刻不容缓。特别地,可视化可以将用户和数据直接相关,支持用户以简单可视的方式与数据进行交互,进而实现用户智慧和机器智慧交融反馈,可以极大地提高分析和决策的效率与精度。

交通可视化被认为是通向未来智慧城市的必由之路,因此逐渐将交通可视化作为一个独立的研究与应用领域展开工作。狭义上来说,交通可视化就是对交通系统中产生的数据进行编码,通过图片、图表的方式向用户展示交通数据。支持用户交互的分析交通数据,主要包括对象轨迹的可视化、监控数据的可视化以及路网路况的可视化。轨迹的可视化一般是将交通系统中的实体(比如出租车、公交车、行人等)的轨迹在地图上用线条的方式进行展示;而监控数据的可视化则可以根据监控的类型分为基于监控事件的可视化和监控视频的可视化;至于路网路况的可视化,则一般是通过热力图等技术可视化实时通行状况和拥堵状况等。

广义的交通可视化,则可以理解为在交通智能分析系统中可以利用的所有可视化技术的总和。一个智能分析系统一般可以大致地拆分成数据采集、数据预处理、数据查询和数据分析四个部分。除了数据采集外,其他三个部分都有可视化技术的施展空间。比如,在数据预处理过程中,采集到的原始交通数据可能存在包括重复、缺失在内的各种各样的问题,可视数据清洗可以帮助用户对原始交通数据进行去重、补全等操作,提高数据的可用性;在数据查询过程中,通过可视化的查询界面,帮助用户优化查询条件,分析查询结果等;在数据分析过程中,可视化技术可以与其他数据分析方法相结合,支持用户干预数据分析流程。

第2章 交通大数据采集与分析技术概述

2.3.5.1 统计热力图

作为最基本和常见的可视化形式之一,统计热力图通常用于表达单一统计维度(如车流量、人数、繁忙程度等)在不同空间位置上的分布。统计热力图能够直观地反映出整体宏观特征,对于了解交通规律的宏观表现起到了良好的可视化作用。

2.3.5.2 时空轨迹

轨迹数据蕴含着丰富的时空信息,我们可以从时间和空间角度对轨迹数据进行可视化。轨迹的时间属性主要有线性时间和周期性时间两种。线性时间可以使用基于时间线的可视化方法编码,时间线的两端编码了数据的起始时间。对于周期性的时间,比如周、天、小时,最常用的可视化方法是环形布局。

空间在轨迹分析中是非常重要的属性,人类的社会活动都和位置密切相关。轨迹的空间属性可以基于线条进行绘制。如果直接绘制大规模的轨迹,屏幕上就会充斥着大量繁杂的轨迹,可视分析系统的使用者就无法进行理解分析。可视化研究者提出了边绑定算法对相似的轨迹进行聚合。

2.3.5.3 多维编码

热力图和轨迹图等可视化形式一般只能编码较少的维度信息。当数据维度较多时,通用可视化形式难以驾驭如此复杂的信息,因此需要针对应用场景和分析任务设计合适的视觉编码。例如,时空立方体(Space-Time Cube,STC)是一种表达时空轨迹的常用方法,其中物体的轨迹使用从地图平面逐渐向上方延伸的线条进行表达。为了展现轨迹不同位置上的多种属性(例如人群类型、车辆类型、发生事件的详细信息等),轨迹线条上还可以在相应位置添加颜色、点、几何图形或是特殊设计的图符等。

第 3 章 典型交通大数据提取技术

交通大数据种类繁多,既有结构化数据,也有非结构化数据,不同类型的数据提取技术差异巨大,本章内容以浮动车数据、手机信令数据和公交一卡通交易数据的提取技术为例,论述典型交通大数据的提取方法。

3.1 手机信令数据处理技术

随着交通建设及机动化的迅速发展,传统的交通需求及运行状态采集手段已无法满足对路网全面感知的要求。基于手机移动定位的新技术手段提取交通出行数据及交通流状态参数日益成为交通规划及智能交通系统的一个重要发展领域。

3.1.1 数据采集原理

手机数据是手机用户在使用过程中产生的大量位置、时间信息和相关用户特征信息。依据数据来源分类,可分为从营运商获取的话单数据、信令数据和通过软件供应商获取的应用数据两大类。由于获取渠道的不同,两类数据具有不同的特征和实用价值。话单数据相比信令数据其数据密度较小,而信令数据在时间上是连续的,即只要用户开机,移动运营商的数据库里就会记录用户连接基站的坐标和连接时长,可以追踪用户在任意时刻的位置。信令数据密度之大为研究城市宏观交通规划问题提供了决策依据。本书中所用来分析群体移动的建模数据为信令数据。如图 3-1 所示,简要介绍了两种类型的手机数据。两者的主要区别是:话单数据通过通信事件才会触发记录位置信息的指令,而信令数据在开机状态下就会上传位置信息。

移动通信定位数据获取原理:用户待机状态的手机通过移动基站与通信网络保持联系,移动通信网络对手机所处的位置区信息进行记录,当用户在接打电话和收发短信时根据所

第3章 典型交通大数据提取技术

记录的位置信息可以通过呼叫路由建立通话连接。手机用户的位置信息则存储在来访用户位置寄存器中。当手机用户在发生主叫、被叫、收发短信、开关机、周期性位置更新(长时间没有上报位置信息时触发)和正常位置更新(待机状态下跨越位置区时触发)等行为时,也会触发移动通信网络记录触发信息。

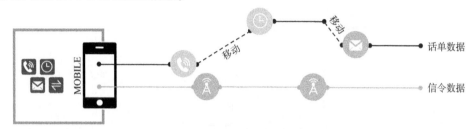

图 3-1 手机数据类型示意图

移动通信网络记录触发的信息见表3-1。该数据库包括区别各用户的ID、通信事件发生的时间、发生动作时所在位置区编号、连接的蜂窝扇区编号以及动作发生的类型。

通信网络记录触发信息数据库   表 3-1

字 段 名	信 息 内 容
IMSI	手机识别号,储存在用户识别卡(Subscriber Identity Module SIM)中,可区别移动用户有效信息
TIME	时间戳,由厂商在采集卡上对成功发生的事件过程加上的时间标记,精确到秒
LAC	位置区编号
LONGITUDE	基站经度
LATITUDE	基站纬度
HLR	手机用户归属地信息
EventID	事件类型(如:1 周期性位置更新;2 关机;3 开机;4 正常位置更新)

3.1.2 数据提取框架

利用移动定位技术提取交通信息需在移动公司接入数据获取原始数据,通过对原始数据分析筛选,提取有效数据,再根据数据特点,通过一定的算法追踪个体,获得个体出行的基本参数,包括起讫点、到发时间、出行次数、出行目的、交通方式,同时可通过使用多源数据进行校核,寻找规律,提高信息提取的准确性。最后,根据应用的需要进行相应的筛选、集计、分析。整个处理分析过程如图3-2所示。

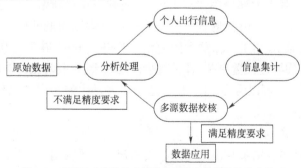

图 3-2 基于移动定位技术提取交通信息及校核的基本流程

其中,提取交通信息及参数的详细流程如图3-3所示。

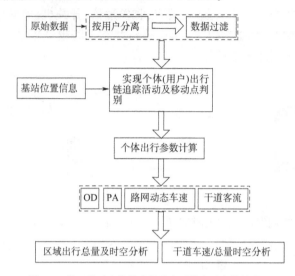

图3-3 基于移动定位技术提取交通信息及参数的流程

3.1.3 数据特征及技术难点

信令数据不同于GPS数据,不能设定固定采集周期并高频率地采集数据,只能触发一定事件之后才能被动地记录。因此,分析移动定位数据采集的频率及分布特征,是研究其在交通中应用首先要解决的问题。基于北京移动的信令数据分析,具有以下特征。

3.1.3.1 数据采集周期不固定,时段差异特征显著

平均每个用户每小时触发的事件约2.1个。但在一天24h中,平均每小时的事件数量差异很大。凌晨到早上6点,平均每小时产生的事件数量不到一个,这是由于用户在晚上休息,使用手机较少,大部分依赖于周期性位置更新事件产生的数据;而在8点至18点,每小时的通信事件数量约3个,即平均20min左右有一条数据信息产生。

从图3-4和图3-5可以看出,不同事件类型的数据,在全天所占的比例及密度特征表现出较大的差异。在工作日[图3-4b)],通信事件发生的密度,白天与夜间相差较大,白天平均6个/人·h,在凌晨之后则不足1个/人·h,其中,以正常位置更新和打接电话事件的密度差异尤其明显,白天由于用户跨区域运动更多,正常位置更新密度约1个/人·h,打接电话密度约4个/人·h,晚上大部分用户居家休息,正常位置更新密度降至约0.1个/人·h,打接电话密度约0.2个/人·h;而通信事件发生的比例则以周期性位置更新和打接电话的比例在一天中的变化较大,在白天,发生的通信事件超过60%属于打接电话,而在夜间约40%的通信事件属于周期性位置更新,开关机事件则白天、夜间均维持着较低的比例。

对比图3-4和图3-5可以看出,非工作日通信事件发生的密度较工作日稍低,而通信事件发生的比例差异较小。

3.1.3.2 普遍存在"乒乓切换"

理想情况下,基站扇区的覆盖范围固定。当用户位置不变时,其所使用的扇区也应当不变。但实际情况中,因各种原因造成用户连接扇区的变化。

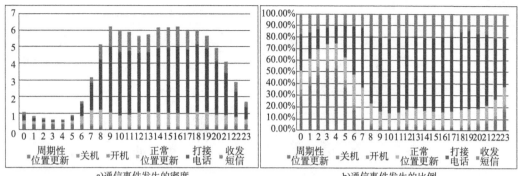

图 3-4　手机用户通信事件类型结构(工作日)

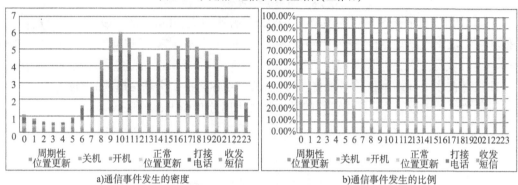

图 3-5　手机用户通信事件类型结构(非工作日)

(1)电磁波传播特性造成同一点的信号强度是一个随时间变化的随机值,因此扇区信号的覆盖范围并不是固定不变的。

(2)同时城市中建筑材料、结构,温度湿度的变化等,都可能对基站覆盖范围及覆盖范围的变化情况产生影响。

(3)基站选择逻辑的参数调整也会影响到处于扇区覆盖范围边界附近的手机选择扇区的行为。

具体表现在原始数据中,即出现手机用户没有移动而上传的数据陆续使用周边两个甚至多个不同经纬度基站扇区,出现用户位置"乒乓切换"的情况。

"乒乓切换"会对用户的状态估计产生较大影响,利用中国移动在北京市的数据,选择 100 个用户对其"乒乓切换"情况进行统计分析,基本方法如下:由人工对每个用户一天的轨迹点进行分辨,排除明显处于出行过程的位置点,将剩下的点归为用户停留点;取出这些停留点的记录,将多个连续停留点组成的停留时段中停留时间最长的定位点作为用户的位置,该停留时段内不同的位置点则作为"乒乓切换"点。

经统计,100 个用户中存在"乒乓切换"情况的有 93 人;其余 7 人全天没有移动,所有上传记录均来自同一点,因此,可以说"乒乓切换"普遍存在于所有用户中。100 个用户停留时段共 269 个,其中出现"乒乓切换"的 248 个,占停留时段总数的 92.2%。对出现"乒乓切换"次数分布见图 3-6,最小值次数为 1,最大值为 8,平均值 3.6,在 3 次和 4 次"乒乓切换"居多。

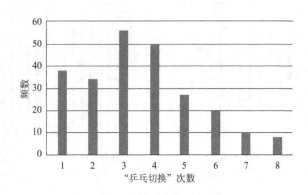

图 3-6 "乒乓切换"点个数分布图

"乒乓切换"点的次数相对理想情况下的设想普遍较大,其可能的主要原因有两点:一是定位精度和数据更新规则的限制,短距离、短时间的出行难与"乒乓切换"区分开,存在部分"乒乓切换"实际上是用户短距离出行造成的误判现象;二是城区通信电波环境较复杂,同一地点往往存在多个基站扇区信号覆盖,导致手机信号容易在多个基站扇区间切换。

对每个停留时段,"乒乓切换"点的平均直线距离分布如图 3-7 所示。

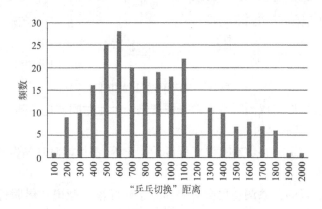

图 3-7 "乒乓切换"平均直线距离分布图

出现"乒乓切换"的停留时段中,"乒乓切换"点的平均直线距离最小 0.14m,最大 2440.22m,均值 1030.54m。"乒乓切换"的平均直线距离和分布情况表明,"乒乓切换"的距离大于城区基站平均约 300m 的间距。其可能的主要原因有:

(1) 近距离出行造成的基站扇区切换由于难以与"乒乓切换"区分被计入统计中,造成统计值偏大。

(2) 基站分布不均,特别是郊区或特殊地形区域,"乒乓切换"可能会导致较大的定位偏差。

(3) 信令数据产生用户群差异性大。

① 上班族(开车、公交):住所和工作地,两点一线,移动轨迹规律,数据量不大,可用于通勤 OD 计算、早晚高峰的道路交通状态计算。

② 出租车驾驶员:活动区域较大,移动轨迹不规律,数据量较大,可用于道路交通状态计算及出租车客流分析。

③业务员：活动区域较大，移动轨迹不规律，数据量大，非常适用于道路交通状态计算及行为挖掘。

④老年人：活动区域较小，移动轨迹不规律，数据量较小，信号漂移。

(4) 乒乓切换等干扰现象。由于信号强度变化等原因导致手机连接基站在周边若干个之间来回切换。

因此，利用手机信令数据进行交通信息提取需解决以下难点问题：

难点1 如何对海量数据进行高效管理及处理？

对海量数据的管理效率直接影响到计算的速度。手机数据量过大，一个城市可能每天产生多达几亿条的记录，若需对路网进行实时监控，则需在现有的计算机硬件条件下，对处理技术提出很高的要求。为此，如何采用合理的分批、分区、分类方法、合理分配系统资源对海量的数据进行高效处理是一个技术难点及需求。

难点2 如何进行异常数据的处理？

为了保证移动通信网络的覆盖，一个地区往往被多个基站所覆盖。这在保证了网络覆盖的同时，也造成了信号漂移的可能。此外，信号反射等原因也能够造成信号漂移。各种交通出行分析都是基于通过无线通信网络数据获取的位置信息的分析，因此必须将信号漂移造成的噪声数据有效过滤，这样才能保证分析的准确性。

另外，由于系统及非系统误差，某些用户上传的数据出现异常。如有一处信息发射台，专用于向外发送信息，表现在手机记录上为一天没有发生任何的移动，却可能上传了成千上万条记录，显然这种用户不是研究需要的，必须予以剔除。

其次，基站覆盖半径大小往往不一致，而且相差悬殊，这给基于位置分析的数据处理带来了很大的挑战。需要采取恰当的技术手段降低这种噪声。再次，单条信令数据包含的信息量非常有限，同时具有一定随机性和离散性的特点，其携带的信息中不可避免地带有噪声，需要聚合与对比分析大量数据，降低噪声对准确性的影响。

难点3 如何有效辨识用户移动与停留状态？

用户的运动状态包括移动和停留，它是大数据环境下研究用户出行行为特征的关键性表征指标，可用于研究用户出行 OD、职住、出行目的、交通方式、出行路径等。但是受手机定位数据采集原理影响，存在数据采集间隔周期大、不固定、定位误差大的特征，精准识别用户移动与停留状态是应当解决的一个重要难点。

难点4 如何精准实现出行路径地图匹配？

如何基于基站的切换信息，进行路径的准确地图匹配，同时根据各种出行方式特征，由单体移动信息获取整个路段的交通统计信息，是基于手机定位信息进行关键路段交通流量及速度实时估计的关键。由于采用 CELLID 定位法获得的定位数据精度不够高，因此进行路网精确匹配是个难题。

难点5 如何实现数据扩样

手机信息产生只源于用户有手机的情况下，但目前仍有部分人没有手机，而即使有手机的用户也会出现上传数据缺失的情况。另外，由于基站空间分布的不同，不同类型的用户（如不同收入、职业等）的上传信息频率不同，使得出行链判断也存在不同程度的缺失。这些不同类型的缺失样本存在年龄、空间、职业的差异，属于不均匀样本，因此如何考虑样本的不均匀性进行全样本扩样是一个技术难点。

难点6 如何基于手机定位信息进行交通出行时空分析？

基于手机定位信息进行交通出行时空分析，有必要根据不同应用部门的需求，明确交通出行时空分析指标，并建立相关统计模型。这也是须解决的问题。

3.1.4 数据基本处理方法

3.1.4.1 移动与停留状态识别方法

利用一定量的已知样本，建立贝叶斯分类器，考虑到用户出行活动模式对特征参数值影响较大，训练分类器时根据用户的活动范围分别建立不同分类器参数。然后分别计算待测数据的特征参数方向夹角和最小覆盖圆直径值，与分类器进行比较，计算任意时刻的移动与停留状态概率，区别用户所处状态，如图3-8所示。

手机定位数据的本质是包含时间信息的空间位置坐标，用数学方法表示是 $R_i^n = (UserI\ D^n , X_i^n , Y_i^n , T_i^n)$，其中 $UserI\ D^n$ 表示第 n 个用户的唯一标识码，X_i^n 表示 n 个用户第 i 条记录所处的位置横坐标，Y_i^n 表示 n 个用户第 i 条记录所处的位置纵坐标，T_i^n 表示 n 个用户第 i 条记录发生的时间点，如图3-9所示。

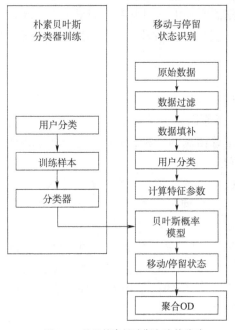

图3-8 基于朴素贝叶斯方法的移动与停留状态判别流程

（1）分类器构建。交通出行过程在不同的群体中存在差异较大，如出行距离远，家庭拥有小汽车，可能选择小汽车作为交通工具；出行距离短，则选择步行或自行车的可能性更高。选择不同的交通工具，意味着出行平均速度存在较大差异，因此，用于建立分类器的训练样本应覆盖不同交通方式、不同出行距离。

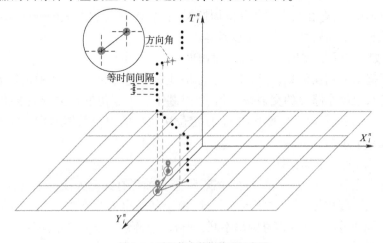

图3-9 手机信令数据轨迹示意图

为了构建分类器,挑选了100个志愿者作为长期追踪调查对象,志愿者的常用出行方式包括步行、自行车、电动车/摩托车、公交车、小汽车5大类,每类出行方式各20人,见表3-2。要求志愿者连续记录一个月每天的活动状态,包括发生相关活动的时间、位置、交通工具等信息,见表3-3。以此为基础对模型开展训练。

数据采集样本　　　　　　　　　　　表3-2

序　号	出行方式	样本量(人)
1	步行	20
2	自行车	20
3	电动车/摩托车	20
4	公交车	20
5	小汽车	20
合计		100

志愿者记录信息　　　　　　　　　　表3-3

序　号	开始时间	结束时间	开始位置	结束位置	状　态	交通工具
1	8:00	8:20	××小区××号楼	××写字楼××室	移动	自行车
2	8:20	11:50	××写字楼××室	××写字楼××室	停留	—

特征参数指标用于描述移动或停留状态的属性,并要求指标相互之间是条件独立,互不干扰,因此特征参数选择对分类器预测结果的精度至关重要。本书以相邻位置点形成的方向向量夹角和每个点周围的最小覆盖圆直径两个参数描述。

①方向夹角

方向夹角是指由相邻时间序列的点构成向量 $\vec{P}_m^n = (x_m^n, y_m^n, t_m^n)$ 与标准向量 $\vec{P}_{stm}^n = (0,0,1)$ 的方向夹角 A_m^n,其中 $x_m^n = X_{m+1}^n - X_m^n$, $y_m^n = Y_{m+1}^n - Y_m^n$, $t_m^n = T_{m+1}^n - T_m^n$,变量意义同前。

$$A_m^n = 180 \cdot \arccos\left[t_m^n / \sqrt{(x_m^n)^2 + (y_m^n)^2 + (t_m^n)^2}\right]/\text{PI} \quad (3-1)$$

式中:PI——圆周率常数。如图3-10所示,A 处点在移动状态方向角为45°,B 处点在停留状态,方向为0°。

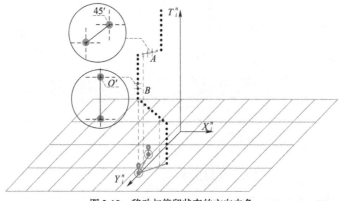

图3-10　移动与停留状态的方向夹角

方向夹角可以从时间维度较好地反映用户的移动、停留状态。志愿者数据的统计结果（图3-11）表明：方向角越小，处于移动状态的比例越低，停留状态的比例越高；方向角越大，处于移动状态的比例越高，停留状态的比例越低。

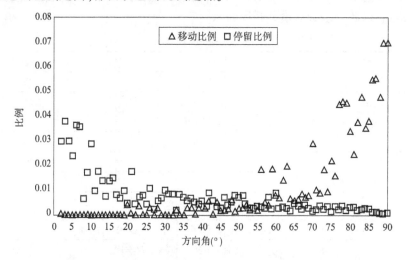

图3-11　公交出行用户移动/停留状态的方向角

②最小覆盖圆直径

由前面介绍可知，手机定位数据普遍存在"乒乓切换"问题，单纯以移动速度大小指标表征用户移动或停留状态，无法真正切实情况。本书提出以最小覆盖圆直径$\Phi_{\min m}^n$用于表征用户的移动速度，它是指R'^n_m为中心、$T^n_m \pm \lambda \cdot T_I$时间范围内的记录所构成的空间点集$C_{P^n_m} = \{(X^n_m, Y^n_m), (X^n_{m\pm1}, Y^n_{m\pm1})\cdots(X^n_{m\pm\lambda}, Y^n_{m\pm\lambda})\}$的最小覆盖圆的直径，$\lambda$称为敏感系数，取整数。如图3-12所示，$\lambda$取2，覆盖4个点，经1.2的步骤数据填补后，$A$处用户处于移动状态，最小覆盖圆直径$\Phi_{\min m}^A$，$B$处用户处于停留状态，最小覆盖圆直径$\Phi_{\min m}^B$，显然，移动状态下$\Phi_{\min m}^A > \Phi_{\min m}^B$，即移动状态下的最小覆盖圆直径通常大于停留状态。

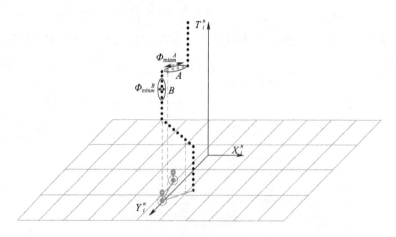

图3-12　移动与停留状态的最小覆盖圆直径

相较于移动速度，最小覆盖圆直径可以减小"乒乓切换"造成的局部误差，该误差与敏感系数取值有关,值越大时,对短距离出行的敏感性越低,越不容易识别,取值越小,"乒乓切换"容易误识别成出行。统计厦门20个公交出行志愿者一个月的数据可以看出,如图3-13所示,停留状态的用户最小覆盖圆直径81.7%在200m内,93.7%在500m以内,随着直径的增大,占比显著减小;移动状态用户随着直径增大占比呈现先增大后减小的趋势,直径200m内时,移动状态占比小于停留状态,直径大于200m时,移动状态占比大于停留状态,这些显著的差异化特征有利于模型辨识移动/停留状态。

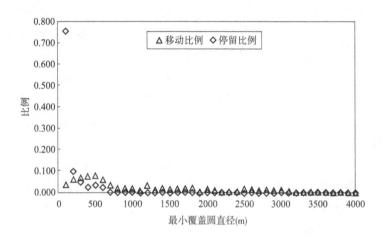

图3-13 用户移动/停留状态的最小覆盖圆直径

(2)移动与停留状态识别模型。对同一用户的手机定位数据按时间先后顺序排序,第n个用户的第i条手机数据记为$R_i^n=($UserI D$^n,X_i^n,Y_i^n,T_i^n)$,其中UserI D^{n}表示第n个用户的唯一标识码,X_i^n表示第n个用户第i条记录所处的位置横坐标,Y_i^n表示第n个用户第i条记录所处的位置纵坐标,T_i^n表示第n个用户第i条记录发生的时间点,对排序数据进行降噪处理,任意记录点与前后时间相邻点的速度V_i^n大于阈值V_T,且距离D_i^n大于阈值D_T时,去掉该记录点,V_T和D_T取值可根据经验选择,通过分析移动的手机信令数据,V_T阈值取160km/h,距离D_T阈值取1.5km合适。

考虑数据在时间和空间距离上数值的一致性,把用户的记录按一定的时间间隔T_I进行聚合与填补,T_I的取值由数据的稀疏程度定,参考取值范围在5~30min,将一天24小时按等时间间隔T_I均匀划分,形成集合$C_I=\{c_1,c_2\cdots c_m\}$,$c_1,c_2,\cdots,c_m$表示集合$C_I$的各元素,$m$表示从0点开始,以时间间隔$T_I$均匀递增,处于第$m$个时间间隔的时间戳,把用户的任意记录$R_i^n$的时间值$T_i^n$与集合$C_I$进行比较,按时间距离就近原则建立对应关系,即$c_m$中对应多条$R_i^n$或没有一条对应;建立标准间隔用户记录$R_m'^n=($UserI D$^n,X_m^n,Y_m^n,T_m^n)$,用于表示用户$n$在第$m$个时间间隔处的记录,其中$m$、$n$意义同前,$R_m'^n$计算过程如下:

①当存在多条R_i^n对应c_m时,进行数据聚合,X_m^n和Y_m^n取对应的多个X_i^n、Y_i^n的平均值,T_m^n表示第m个时间间隔处的时间戳c_m。

②当不存在一条R_i^n对应c_m时,进行数据填补,根据c_m前后邻近的$R_{m+h}'^n$、$R_{m-s}'^n$记录,由线性插值计算得到X_m^n和Y_m^n,T_m^n仍由第m个时间间隔处的时间戳c_m表示,当前后邻近的

R'^n_{m+h}、R'^n_{m-s}时间大于阈值T_E时，T_E取值通常大于 24 小时，认为用户数据缺失严重，不宜填补。

建立面向不同类别的朴素贝叶斯分类器，分类器的关键指标计算过程如下：

①假定有一定样本量的R'^n_m数据，用于训练分类器，已先验掌握其处于移动或停留状态，记为$R'^n_{T_m}$，该数据能够通过人工跟踪调查或者判断得到，定义特征属性集合 M，它包括方向夹角 A 和周围点最小覆盖圆直径 Φ 两个变量。

②把$R'^n_{T_m}$中的数据按用户进行分类，针对同一类别的数据，分别计算处于移动状态的概率$P_{move} = Q_{move}/Q$，Q_{move}表示移动状态的记录数量，Q 表示训练样本的总数量；处于停留状态的概率$P_{stay} = Q_{stay}/Q$，Q_{stay}表示停留状态的记录数量。

③计算移动状态下不同方向夹角值 A 发生的离散概率 $P(A|move) = Q^{A_i}_{move}/Q_{move}$，$Q^{A_i}_{move}$表示训练样本中，处于移动状态下方向夹角值为$A_i$的样本量；计算移动状态下周围点最小覆盖圆直径 Φ 发生的离散概率 $P(\Phi|move) = Q^{\Phi_i}_{move}/Q_{move}$，$Q^{\Phi_i}_{move}$表示训练样本中，处于移动状态下周围点最小覆盖圆直径为Φ_i的样本量。

④计算停留状态下不同方向夹角值 A 发生的离散概率 $P(A|stay) = Q^{A_i}_{stay}/Q_{stay}$，$Q^{A_i}_{stay}$表示训练样本中，处于停留状态下方向夹角值为$A_i$的样本量；计算停留状态下周围点最小覆盖圆直径 Φ 发生的离散概率 $P(\Phi|stay) = Q^{\Phi_i}_{stay}/Q_{stay}$，$Q^{\Phi_i}_{stay}$表示训练样本中，处于停留状态下周围点最小覆盖圆直径为Φ_i的样本量。

计算R'^n_m归属于移动或停留状态的概率，其中移动状态概率$P^n_m(move|A^n_m, \Phi^n_{\min m})$，表示用户 n 的第 m 条记录，在方向夹角为A^n_m，最小覆盖圆的直径$\Phi^n_{\min m}$的条件下，用户处于移动状态的概率，同理，处于停留状态概率用$P^n_m(stay|A^n_m, \Phi^n_{\min m})$表示，计算过程如下：

$$P^n_m(move|A^n_m, \Phi^n_{\min m}) = P(\Phi^n_m|move) \cdot P(A^n_m|move) \cdot P_{move}/P_M \quad (3\text{-}2)$$

$$P^n_m(stay|A^n_m, \Phi^n_{\min m}) = P(\Phi^n_m|stay) \cdot P(A^n_m|stay) \cdot P_{stay}/P_M \quad (3\text{-}3)$$

式中：$P(\Phi^n_m|move)$表示在移动状态下周围点最小覆盖圆直径为Φ^n_m时发生的概率，通过从步骤 4 建立的朴素贝叶斯分类器中的 $P(\Phi|move)$ 寻找与Φ^n_m相同的概率值表示，$P(A^n_m|move)$、$P(\Phi^n_m|stay)$、$P(A^n_m|stay)$的计算过程与此类似，P_{move}、P_{stay}意义同前，P_M对于所有类别为常数。

比较$P^n_m(move|A^n_m, \Phi^n_{\min m})$和$P^n_m(stay|A^n_m, \Phi^n_{\min m})$值的大小，若$P^n_m(move|A^n_m, \Phi^n_{\min m})$大于$P^n_m(stay|A^n_m, \Phi^n_{\min m})$，则判断用户处于移动状态，反之处于停留状态。

3.1.4.2 居住人口、工作岗位识别方法

居住人口及就业岗位是交通出行的重要影响因素。基于手机上传信息，可提取居住人口、工作岗位的相关参数。

从通信网络采集后通信事件数据，经过预处理后，根据工作与居住时段分布，结合通信事件数据特性和用户停留时间特性，对用户工作、居住数据特征进行特征指标抽取，建立隶属度函数，在此基础上，构建标准特征向量，形成标准特征向量与待测数据之间的判决规则，最后得到用户的工作和居住地信息，如图 3-14 所示。

（1）居住、工作时间分布特征。上午上班时间有 8:00、8:30、9:00，而中午大部分 12 点下班；下午上班时间一般为 13:30，下班时间有 17:00、17:30、18:00。因此，为能将绝大部分人

群包括在覆盖时段内,取工作时段与居住时段(表3-4),全天工作时长取5.5小时,家里居住时长取6小时。

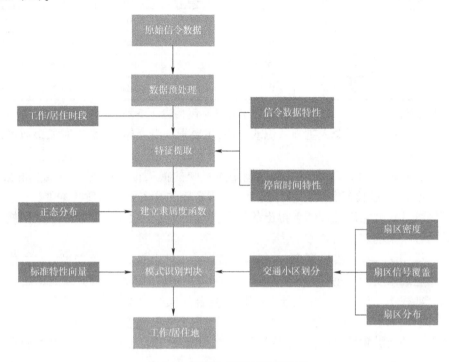

图3-14 居住地、工作地判别流程图

居住与工作时段划分　　　　　表3-4

居住时段	工作时段		居住时段
T_1时段	T_2时段	T_3时段	T_4时段
0:00—5:00	9:00—11:30	14:00—17:00	23:00—24:00

(2)通信事件分布特征。在工作时段与休息时段,居民的通信事件特性存在较大差异,当差异越大时,越容易区分工作或者非工作,选定下列指标用于表征这种差异:打接电话密度ρ_c、打接电话比例p_c、正常位置更新密度ρ_{nu}、周期性位置更新比例p_u、收发短信密度ρ_m。

(3)停留时间特征。而用户在区域的停留时间也是一重要特征,以统计周期内实际停留的时长与最大可停留时长的比值,用μ_{t_i}表示,由于用户社会活动的偶然性,仅通过一天的数据确定其居住和工作地是不合理的,因此可以联合多天进行比较。例如,以n个工作日为分析对象,工作时段连接到CI_1的总时长为T_{CI_1},则$\mu_{t_i}=T_{CI_1}/n\cdot(T_2+T_3)$。

工作地的识别,其论域表示为:$U_R=\{\rho_c,p_c,\rho_{nu},p_u,\rho_m,\mu_t\}$,居住地的论域表示为:$U_W=\{\rho_c,p_c,\rho_{nu},p_u,\rho_m,\mu_t\}$,各特征指标分别表示在工作时段和居住时段的统计值,如工作地识别中,统计T_2与T_3时段的内的各特征值,居住地统计T_1与T_4时段内的特征值。

定义两个标准模糊向量集合族:$X_R=\{x_{\rho_c},x_{p_c},x_{\rho_{nu}},x_{p_u},x_{\rho_m},x_{\mu_t}\}$和$X_W=\{x_{\rho_c},x_{p_c},x_{\rho_{nu}},x_{p_u},x_{\rho_m},x_{\mu_t}\}$。通过分析中国移动在的通信事件数据,抽取约1万个有效用户,周期性位置更新时长约120min,对特征值取平均值和方差,见表3-5。

标准模糊向量集合族 表3-5

特征指标		x_{ρ_c}	x_{p_c}	$x_{\rho_{nu}}$	x_{p_u}	x_{ρ_m}	x_{μ_t}
X_R	$\bar{x}$	2.75	14.2	1.066	0.089	1.70	0.82
	σ	9.09	0.138	3.32	0.099	11.74	0.16
X_W	$\bar{x}$	6.28	27.2	1.48	0.05	1.987	0.53
	σ	9.37	0.164	2.12	0.06	4.97	0.14

(4)建立隶属度函数。隶属函数确定方法主要包括以下5种:

①专家确定法。根据个人主观认识或经验,主要根据专家经验,给出对象隶属度的具体数值。

②借用已有的"公认"尺度。有些模糊集所反映的模糊概念已有相应成熟的公认"指标",这种"指标"经过长期实践检验已成为对客观事物的真实而又本质的刻画。

③模糊统计法。它以统计结果得出的经验曲线作为隶属函数,可以采用集值统计——模糊统计的方法来确定隶属函数。

④对比排序法。有些模糊概念,人们很难直接给出其隶属函数,但却可以较方便地比较两个元素相应隶属度的大小,此时可以先排序,再用一些数学方法处理其隶属函数。

⑤综合加权法。对于一个由若干模糊因素复合而成的模糊概念,可以先求出各个因素的模糊集的隶属函数,再用综合加权的方法复合出这个模糊概念的隶属函数。

通常采用的几类隶属度函数,包括矩形分布、梯形分布、正态分布等。这里假定隶属函数服从正太分布 $\mu_x = \exp\left[-\left(\frac{x-\bar{x}}{\sigma}\right)^2\right]$,$\bar{x}$ 和 σ 的取值见表3-5。

(5)模式识别判决。通常用于识别判决的方法有三种:最大隶属度原则、择近原则、阈值原则。下面对几种判决方法进行简单介绍。

①最大隶属度原则。

设 $A_i(i=1,2,\cdots,c)$ 是论域 U 上的模糊集,这里每个模糊集 A_i 表示一个模糊模式类 ω_i。设论域中各个元素 x 对每个 A_i 的隶属度为 $\mu_{A_i}(x)$,如果对于给定的 $x_j \in U$:

$$\mu_{A_k}(x_j) = \max_i [\mu_{A_i}(x_j)] \qquad (3-4)$$

则判 $x_j \in A_k$,即判 x_j 属于 ω_k 类,或说 x_j 相对地属于 ω_k 类。该方法称为最大隶属度原则。

②择近原则。

设 $A,B \in F(U),(i=1,2,\cdots,n)$,若存在 i_o,使:

$$N(A_{i_o},B) = \max_i [N(A_1,B),N(A_2,B),\cdots,N(A_n,B)] \qquad (3-5)$$

则认为 B 与 A_{i_o} 最贴近,即判 B 与 A_{i_o} 为一类,该原则称为则近原则。

③阈值原则。

假设条件同最大隶属度原则,令 λ 为阈值,若 $\max_i [\mu_{A_i}(x_j)] \geq \lambda$,则认为识别可行。

为了将待识别的特征向量与标准模糊向量进行比较,同样利用隶属函数,计算标准模糊向量的隶属值。可得居住地的标准向量隶属度:$\mu_{X_R} = \{1,1,1,1,1,1\}$;就业地标准向量隶属度:$\mu_{X_W} = \{1,1,1,1,1,1\}$。

计算待识别的特征向量与标准模糊向量之间的距离,现有的研究中,采用海明距离、欧

氏距离,本书采用加权欧氏距离:

$$d(X,x_i) = \sqrt{\sum_{j=1}^{6}\alpha_j(1-\mu 2_{x_{i,j}})} \tag{3-6}$$

其中,$\sum_{j=1}^{6}\alpha_j = 1$,$\alpha_j$为待标定值,实际应用中可以通过多次经验测算得到。计算$d(X,x_i)$最小值,表明待识别的特征向量与标准模糊向量最接近值,当该值小于λ_1时,认为用户就业或居住地属于此区域。λ_1为待标定值。

$$\begin{cases} d(X,x_L) = \min\{d(X,x_1),d(X,x_1),\cdots,d(X,x_n)\} \\ d(X,x_L) \leq \lambda_1 \end{cases} \tag{3-7}$$

则x_L对应 CI 所在的小区为就业/居住所在地,该过程称为改进方法1。

用户连接的基站并非其真实位置,以上面的方法判决得到用户的工作地必属于CI_i中的一个,而根据手机选择基站连接的最强信号原则,用户处于CI_i构成多边形中的概率要远高于多边形外。因此,本书提出以多边形的加权中心点作为判别位置点,称为改进方法2。步骤如下:

步骤1 取待识别的特征向量与标准模糊向量距离小于λ_2的集合,$A = \{x \mid d(X,x_n) < \lambda_2\}$,$\lambda_2$是待估计的定值。

步骤2 计算 A 中各元素的权重,权重值ω_n由对应的μ_{t_n}决定,$\omega_n = \dfrac{\mu_{t_n}}{\sum_{i=1}^{n}\mu_{t_i}}$。

步骤3 计算工作/居住的加权中心,$x_L = \sum \omega_n x_n$。

3.1.4.3 出行速度分析方法

用户在道路上行驶时,触发通信事件,形成 LAC 序列,通过与预定道路的 LAC 序列比较,实现移动通信数据与道路的匹配,以事件发生的时间及基站的位置分布,实现移动速度估计,本书将该方法称为 LAC 序列法。实现过程如图 3-15 所示,主要分为三大部分内容。首先将用户在道路上可能捕捉到的基站扇区构建为集合,沿道路方向形成预定的 LAC 序列;其次将原始通信数据构建预匹配序列;最后将预匹配序列与预定的 LAC 序列比较,进行匹配识别,估计个体移动速度。

(1)构建道路 LAC 序列。根据道路周边基站扇区数据库,筛选出在道路周边的基站扇区。利用过滤基站扇区所在的位置编码号(Cell-ID),构建目标道路覆盖的位置区编号集合正向分布序列$L_{1,n}\{x_1,x_2,\cdots,x_n\}$和逆向分布序列$L_{n,1}\{x_n,x_{n-1},\cdots,x_1\}$。其中,正向分布序列由目标道路覆盖的所有位置区编号组成,排列顺序为由目标道路起点沿目标道路至目标道路终点,逆方向分布序列由目标道路覆盖的所有位置区编号

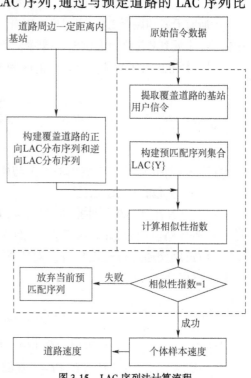

图 3-15 LAC 序列法计算流程

组成，排列顺序为由目标道路终点沿目标道路至目标道路起点，如图 3-16 所示。

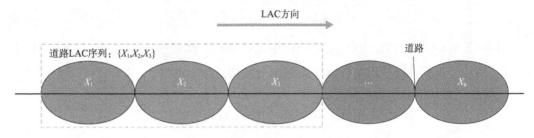

图 3-16　目标道路 LAC 序列

（2）构建预匹配序列。提取覆盖目标道路的所有基站的用户通信事件记录，其中第 i 个用户的记录为 $R_i =($ UserID$_i$, lac$_i$, CellID$_i$, $T_i)$，其中 UserID 表示用户编号，lac 表示位置区编号，CellID 表示基站编号，T 表示时间。

在提取出的所有用户记录中，对每一个用户的记录按时间进行排序，采用替换记录取代位置区编号连续相同的所有记录，替换记录的建立方法为：首先找出位置区编号连续相同的所有记录中的最大和最小时间；然后计算最大和最小时间对应的中间时间；最后选取位置区编号连续相同的所有记录中距离中间时间最近的记录作为替换记录，若存在多条距离中间时间最近的记录，则任选一条作为替换记录；然后对排序后的记录，分别以各条记录作为起点，m 为长度，沿时间增大的方向取记录，生成序列，共得到 n 个序列，n 个序列构成一个预匹配序列集合 lac$\{Y\}$。

（3）LAC 序列与道路匹配识别。在 $L_{1,n}\{x_1, x_2, \cdots, x_n\}$、$L_{n,1}\{x_n, x_{n-1}, \cdots, x_1\}$ 中按 LAC 位置前后关系不变的方式分别取 C_n^m 组序列，形成路径 LAC 序列集 $C = \{c_1, \cdots, c_{2c_n^m}\}$，计算 LAC$\{Y\}$ 中所有元素与路径 LAC 序列集中所有元素的相似性指数 λ；其中预匹配序列集合 LAC$\{Y\}$ 中的第 j 个元素 Y_j 与路径 LAC 序列集中的第 i 个元素 C_i 的相似性指数 $\lambda_{Y_j C_i}$ 计算方法如下：

当 Y_j 中任意相邻两条记录之间的时间差均小于 60min 时：

$$\lambda_{Y_j C_i} = \frac{M}{m} \tag{3-8}$$

否则，

$$\lambda_{Y_j C_i} = 0 \tag{3-9}$$

式中：M——Y_j 中 LAC 的位置前后关系与 C_i 中 LAC 的位置前后关系一致的元素数量；

m——Y_j 包含记录的数量。

对于所有计算的相似性指数，当 $\lambda = 1$ 时，道路匹配成功，此 λ 对应的 c_i 作为匹配成功路径，c_i 覆盖的路段记为 Link，用于表征 Y_j 匹配的路段。

（4）道路交通运行速度估计。对匹配成功的 Y_j，分别计算 Y_j 中位置区编码覆盖的路段 Link 用户移动速度 $V_{Y_j, \text{Link}_{\text{LAC}_l, \text{LAC}_{l+1}}}$：

$$V_{Y_j, \text{Link}_{\text{LAC}_l, \text{LAC}_{l+1}}} = \left| \frac{D_{\text{Cellid}_l, \text{Cellid}_{l+1}}}{T_{l+1} - T_l} \right| \tag{3-10}$$

式中：$V_{Y_j, \text{Link}_{\text{LAC}_l, \text{LAC}_{l+1}}}$——手机用户在 $\text{LAC}_l, \text{LAC}_{l+1}$ 覆盖的道路上的移动速度；

$D_{\text{Cellid}_l, \text{Cellid}_{l+1}}$——基站 l 与 $l+1$ 在路段 Link 上投影坐标间的距离；

l——Y_j中记录的顺序位置,$l<m$,m意义同上;

T_l——Y_j中第l条记录对应的时间。

预匹配序列集合 $LAC\{Y\}$ 均完成 LAC 序列与道路匹配识别后,计算道路各路段手机用户的平均速度 $\overline{V}_{\text{Link}_{LAC_l,LAC_{l+1}}}$:

$$\overline{V}_{\text{Link}_{LAC_l,LAC_{l+1}}} = \frac{\sum V_{Y_j,\text{Link}_{LAC_l,LAC_{l+1}}}}{n} \quad (3-11)$$

式中:$V_{Y_j,\text{Link}_{LAC_l,LAC_{l+1}}}$——意义同上,

n——在 LAC_l,LAC_{l+1} 覆盖的道路路段上,匹配成功的预匹配序列数量。

该方法通信数据应用效率高,不仅是通话过程中发生的切换数据,或者是跨越多个位置区触发的事件,甚至是用户在移动过程中发生收、发短信,开、关机,周期性更新等事件,均可作为数据源。缺点是计算速度精度易受 LAC 大小影响,须针对不同 LAC 大小进行速度修正。

3.2 公交一卡通数据处理技术

3.2.1 数据采集原理

定义公交乘客完成一次出行目的的公交出行路径为一次公交出行过程,公交出行过程涉及出行起点、乘车线路、中途站点、换乘站点、换乘线路、出行终点等。如图 3-17 所示为一个完整的公交出行过程。

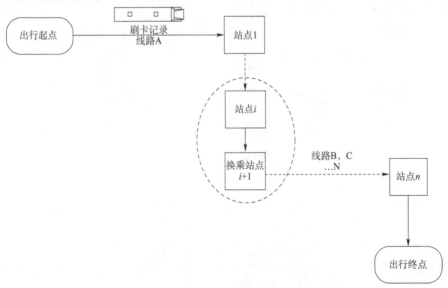

图 3-17 公交出行过程

如图 3-17 所示,乘客由出行起点刷卡上车,乘坐线路 A 到达站点 i 下车;接着该乘客在站点 $i+1$ 刷卡上车,乘坐线路继续出行:经过若干次换乘,最终到达出行终点。图中椭圆形圈出部分表示换乘过程,乘客一次出行可以有若干次换乘,也可以不换乘,通常公交乘客愿意选择直达线路,无直达线路往往选择换乘最少的路线,因此乘客一次出行换乘次数通常在

1~2次,3次很少,4次或4次以上换乘的情况几乎没有。

在乘客整个公交出行过程中,对单次刷卡的线路,有刷卡数据的站点是出行起点和换乘站点,对双次刷卡线路,出行两端站点均有刷卡记录。对出行起点、换乘站点、出行终点的判断为本节要研究的重点。

3.2.2 数据提取框架

分析一卡通数据的目的是为了使决策者掌握更加详细、准确的数据与相关指标,为决策提供可靠依据。其主要需求来自公共交通管理者和规划者这两个主体。公共交通管理者注重线路运营管理效率的高低,需要掌握线路与站点的日客流量、客流时空特性、线路车辆运营速度、满载率等指标,以此为依据,制订、修改线路车辆发车、工作人员排班计划、车辆购置、维修等各项运营管理决策;作为公共交通规划者,需要掌握全市或某区域公共交通客流总量随时间的变化以及客流出行起讫点,通过对未来年进行客流预测,结合其他必要因素,完成公交线网优化、站点布设等工作。因此,管理层面需要的数据指标包括:线路、站点日客流量,高峰小时客流量,换乘客流量,乘客出行时间,车辆周转时间,线路不均匀系数,满载率,运营速度等;规划层面则需要线路、站点季度/年度客流量,站点换乘流量,出行时间,乘客出行起讫点等。

一卡通数据需经过提取、分析、处理等步骤,才可得到相应的需求信息,从而对相关指标进行统计分析,考虑海量数据的流程化处理及在数据库中存储、调用的便利性、统一性,有必要对其提取、存储数据格式进行规范。

一卡通数据提取分析流程如图 3-18 所示。

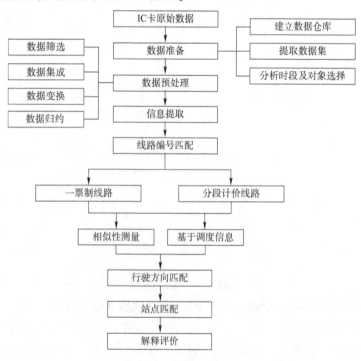

图 3-18 数据提取分析流程

一卡通数据预处理过程：数据预处理是从大量的数据属性中提取出对目标有重要影响的属性来降低原始数据的维数，或是处理一些不好的数据，从而改善实例数据的质量和提高数据分析的速度。数据预处理的内容包括数据筛选、数据变换和数据归约等。通过开发数据预处理程序，可对公交一卡通原始数据进行筛选、集成、转换、归约等操作，删除无效、异常数据。

下面介绍公交一卡通数据预处理各环节的具体方法。

(1) 数据筛选。数据筛选主要是为了滤除不希望包括进来的数据，去除数据中的噪声并纠正其不一致。一卡通数据的不一致性，常表现在各类数据之间相同属性数据之间的定义，例如一卡通刷卡数据中的线路编号与公交线路基础数据中的线路编号，这在建立数据仓库的同时应加以统一。

以一卡通数据的字段"交易日期"为例，交易日期的字段数为八位，前四位表示年，五、六位表示月，最后两位表示交易日，如：20080403 表示 2008 年 4 月 3 日。当交易日期中年份数据出现异于当前年、月份位数大于 12、日期位数大于 31 时，视为异常数据。

对一卡通数据初步预处理后，诸如客流总量等特征量也可以得到，其中存在一些客流异常数据。如某地铁站点客流，统计全天的客流量小于 100 时，明显与实际情况有较大偏差，即把该天该站点的客流记录数定为异常数据。根据各站点统计出的总体客流规律，视偏差较大的数据为异常数据。

一卡通原始数据中存在许多用于管理、监控的数据，对于客流、线路运营数据分析没有太大意义，可视为冗余数据。如：一卡通数据中测试标志的记录数，这些记录数只是起到测试机器的作用，对一卡通数据分析没有意义，因此在预处理数据时，可以剔除。

一卡通数据分析要求数据的完整性，如发生数据缺失，可能会导致统计结果产生较大误差。公交 IC 刷卡数据缺失的情况很少，公交调度资料由于人工统计容易发生缺失，这种情况可以根据经验和已知连续数据进行推测。

公交 IC 数据中的公交调度信息、公交线路信息、公交站点信息等是由人工输入，难免会有拼写错误，例如站点名称打字错误，则会对分析过程产生阻碍。当交易日期中出现字母时，也视为输入错误。

(2) 数据集成。数据集成主要是将多文件或多数据库运行环境中的异构数据进行合并处理。数据集成方法对于一卡通数按日期或时间段进行挖掘时有重要的作用。如数据集中记录了一段时间内乘客的刷卡记录，对该数据集的聚集方法可以是按各条线路和各个站点分类汇总，也可以是对数据对象按月份、按日期、按时刻统计，照此方法聚集后的数据对象大大降低了数据量。

(3) 数据变换。数据变换涉及噪声去除技术及聚集技术，例如，可以聚集日刷卡数据，计算月和年客流量。

(4) 数据归约。对一卡通数据进行挖掘时，将数据库中的数据分组会涉及两个问题：一是数据应该分为哪几组；二是如何根据数据属性进行分组。这就需要数据分析者对分析对象有充分的认识，必要时需要采取实地调查，通过经验以及调查结果找到分组的标准，确定分组的方法。

3.2.3 数据特征及技术难点

公共交通刷卡数据主要指通过 IC 卡收集回来的客流刷卡数据，包括常规地面公交 IC

卡刷卡数据和地铁 AFC 数据，两套数据结构不同。公交数据来自一卡通公司，地铁客流刷卡数据主要来自地铁运营公司。各类数据介绍如下：

(1)公交双次刷卡数据：记录乘客上下车刷卡的公交站点位置及时间信息；

(2)公交单次刷卡数据：记录乘客上车刷卡的公交站点位置及时间信息；

(3)地铁 AFC 数据：记录乘客地铁进出站线路及站点信息。

一卡通数据记录的信息具体包括：交易类型、交易序号、交易日期、交易时间、实收余额、卡内余额、TAC 码、SAM 卡号、CSN、城市号、行业号、卡发行号、卡交易计数、卡类型、卡物理类型、月票类型、应收金额、线路号、车辆号、上车站、下车站、驾驶员号、监票员号。其中，除上车站与下车站内容，单、双次刷卡储存的其他信息形式均相同，单次刷卡数据的上车站和下车站编号分别为 0、1；双次刷卡数据中的上车站和下车站分别储存是站点编号。如图 3-19 所示为单次刷卡的一卡通记录信息示意图。

交易类型	交易序号	交易日期	交易时间	实收余额	TAC码	卡发行号	卡交易计数	卡类型	应收金额	线路号	车辆号	上车站	下车站	司机号	监票员
06	01000000	20071231	71309	0.20	E713CFFA	14449514	2002	13	1	21	00014141	0	1	01001248	0100499
06	02000000	20071231	71427	0.40	473D499C	05230578	F200	01	1	21	00014141	0	1	01001248	0100499
06	03000000	20071231	71431	0.40	3C886EFF	18133357	3900	01	1	21	00014141	0	1	01001248	0100499
06	04000000	20071231	72129	0.20	3B64BD7B	15780922	D204	13	1	21	00014141	0	1	01001248	0100499
06	05000000	20071231	72331	0.40	DCFD3697	15199195	CC00	01	1	21	00014141	0	1	01001248	0100499
06	06000000	20071231	72713	0.20	E4265A13	14517986	E300	13	1	21	00014141	0	1	01001248	0100499
06	07000000	20071231	72714	0.40	8AB4D5EB	02374329	5204	01	1	21	00014141	0	1	01001248	0100499
06	08000000	20071231	72716	0.40	4214F0E3	18081788	7700	01	1	21	00014141	0	1	01001248	0100499
06	09000000	20071231	72723	0.40	B578EA5C	13788000	CF00	01	1	21	00014141	0	1	01001248	0100499
06	0A000000	20071231	72725	0.40	748DD774	05472031	0102	01	1	21	00014141	0	1	01001248	0100499
06	0B000000	20071231	72729	0.40	2C1548BD	06961380	BA01	01	1	21	00014141	0	1	01001248	0100499
06	0C000000	20071231	73226	0.40	28B44D67	10175123	6402	01	1	21	00014141	0	1	01001248	0100499
06	0D000000	20071231	73228	0.20	2F2AD712	16039052	D000	13	1	21	00014141	0	1	01001248	0100499
06	0E000000	20071231	73247	0.40	A4A693E5	10088639	2600	01	1	21	00014141	0	1	01001248	0100499
06	0F000000	20071231	73545	0.40	7A1C0C59	02125381	4001	01	1	21	00014141	0	1	01001248	0100499
06	10000000	20071231	73547	0.20	29D257E9	15538136	D401	13	1	21	00014141	0	1	01001248	0100499
06	11000000	20071231	74127	0.40	E000B276	07194479	3002	01	1	21	00014141	0	1	01001248	0100499
06	12000000	20071231	74129	0.40	C2B2577D	20314959	6100	01	1	21	00014141	0	1	01001248	0100499
06	13000000	20071231	74550	0.40	F872AB22	15060658	7B01	01	1	21	00014141	0	1	01001248	0100499
06	14000000	20071231	75008	0.40	8467A23B	13145053	F403	01	1	21	00014141	0	1	01001248	0100499
06	15000000	20071231	75011	0.40	C314C82B	01109759	4106	01	1	21	00014141	0	1	01001248	0100499
06	16000000	20071231	75013	0.40	DCD08A31	17603606	9901	01	1	21	00014141	0	1	01001248	0100499
06	17000000	20071231	75918	0.40	8BB737A3	10213391	FC00	01	1	21	00014141	0	1	01001248	0100499
06	18000000	20071231	80259	0.20	FDC58F5E	13405122	0D02	13	1	21	00014141	0	1	01001248	0100499
06	19000000	20071231	80829	0.40	44338896	15271624	FC00	01	1	21	00014141	0	1	01001248	0100499

图 3-19　一卡通记录信息(单次刷卡)

刷卡日期、刷卡时间、刷卡对应的线路号、车辆号等信息是进行一卡通数据处理分析的重要基础信息。表 3-6 中每一行代表一次刷卡记录，表中各列则代表刷卡记录的各类信息。

市政交通一卡通数据同样适用于地铁，但其一卡通数据信息与地面公交有所区别。地铁收费系统分为简易系统和 AFC 系统。简易系统记录的信息包括：交易类型、SAM 卡号、交易金额、交易顺序号、卡内余额、交易日期、交易时间、卡序列号、卡交易计数、城市编码、行业编码、卡发行号、TAC、交易前余额、卡类型、卡物理类型、记录序号、应收余额、入口线路号、入口站号、检票口编号、进站时间、出口线路号、出口站号、检票口编号、联乘线路号、联乘站号、联乘金额、月票类型；AFC 系统则相对复杂，所包含的信息也更多。除了简易系统所包含的信息，还包括多种运营信息，如延误操作模式、延误站点、延误日期、旅程原始站点、旅程上一站点、旅程是否结束、旅程总金额、定票期的最后有效日期等信息。建立地铁一卡通数据库的处理方法，与地面公交相同。

表 3-6 为各类刷卡数据的主要字段。

各类刷卡数据的主要字段 表 3-6

字 段	IC 卡数据 （一票制）	IC 卡数据 （双次刷卡）	AFC 数 据
1	线路编号	线路编号	线路编号
2	车辆编号	车辆编号	车辆编号
3	交易序号	交易序号	交易序号
4	IC 卡编号	IC 卡编号	IC 卡编号
5	交易时间 （上车时间）	上车站点编号	进站时间
6		下车站点编号	进站线路编号
7		交易时间 （下车时间）	进站站点编号
8			交易时间 （出站时间）
9			出站线路编号
10			出站站点编号

利用公交一卡通数据进行交通信息提取时,需解决以下难点问题:

难点 1 一卡通单次交易数据在缺乏下车站点信息时如何实现出行全过程特征挖掘?

一卡通单次交易数据通常缺乏下车站点的时间和站点信息,上车信息有时也不完整,经常缺少站点信息,导致无法有效直接地获取乘客的出行 OD 及相应的时间信息,进而影响整个公交出行链全过程数据的不完整。为此,如何采用科学、实用的方法高精度地实现乘客公交出行过程的特征挖掘,是实现一卡通数据应用的一个技术难点。

难点 2 一卡通交易场景多样的条件下如何实现公交出行链全过程的追踪?

一卡通数据通常可以覆盖公共交通出行全过程交通工具,如地面公交、地铁,甚至公共自行车,但一卡通在交易时面临的环境差异大,如地面公交有单次刷卡交易和双次刷卡交易,地铁相当于双次刷卡交易,地铁与公交之间的换乘时间阈值如何选取,如何判断为一次 OD 出行还是换乘行为等,是实现公交出行链全过程追踪的关键,也是技术难点。

3.2.4 数据基本处理方法

3.2.4.1 单次刷卡数据基本处理方法

单次刷卡过程,是指乘客搭乘公交车时不考虑其乘坐的里程,采用相同的收费价格,因此乘客只需要在上车的时候刷卡交易,因此通常而言,系统只记录有乘客上车的时间和站点信息。

(1)车辆行驶方向匹配方法。

在市政交通一卡通数据的匹配工作中,确定线路车辆运行的方向是不可缺少的环节。保证车辆上、下行方向信息准确,站点匹配与客流统计等工作才有意义。而一卡通数据中并没有记录车辆行驶方向的信息,根据首末站点客流量判断车辆行驶方向的方法只适用于首末两端站点客流量差别较大和潮汐性较强的线路,不具有普遍适用性。因此准确地确定出线路车辆行驶方向,仅依靠一卡通数据目前还难以实现。

随着公交车辆智能化的发展,通过车载 GPS 也可以获取车辆行驶方向,但受到公交车辆 GPS 设备覆盖率限制,且容易出现首班次数据丢失情况,不能保证 IC 卡数据中每个班次的方向都能被获取。

在车辆行驶方向匹配方面,公交一票制线路与分段计价线路有所不同。分段计价线路记录乘客上下车站点编号,可根据乘客上下车站点及站点编号方向规律来获得车辆行驶方向。一票制线路未记录乘客上下车站点,因此需要借助其他数据如调度信息或数据挖掘手段等来辅助判断车辆行驶方向。

下面介绍两种方向匹配方法:

①基于调度信息的方向匹配方法。将车辆调度信息表中的各班次车辆号与 IC 卡数据中的车辆号进行匹配,是判断车辆行驶方向的简便方法。在公交线路行车计划表中,一般都详细记录着每个车辆的发车时间和起始站点,尤其是每天首末三个班次的车辆,一般情况下都严格按照行车计划发车。其他时段内,若某车辆在运营过程中出现较大延误而不能按时到达终点站时,该事件将被记录在调度运营信息表中,临时调整发车的班次、驾售人员工号、时间、起始站点等信息也被记录,形成完整的事件数据库。因此,利用线路行车计划表以及调度运营信息表中的车辆编号、驾乘人员编号的信息,与一卡通数据中车辆编号、驾售人员编号信息进行匹配,可进一步确定车辆的起始站点,从而确定车辆的行驶方向。具体分可为四个步骤:

步骤1　匹配驾驶员编号;
步骤2　匹配售票员编号;
步骤3　根据发车计划表、调度运营信息表确定起始站点;
步骤4　增加一卡通数据中车辆行驶方向的属性。

具体流程如图 3-20 所示。

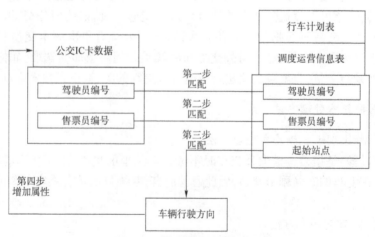

图 3-20　车辆行驶方向匹配流程

上述匹配方法只针对地面公交线路,轨道公交线路的运营情况相对地面公交更稳定,到站准点率很高,实际运营中车辆一般情况下能够按照行车计划发车,可直接参照行车计划表来确定车辆行驶方向。

②基于时间序列相似性的方向匹配方法。有时车辆调度信息表无法获得,可通过其他自动识别的方法进行方向匹配。公交 IC 卡数据记录了乘客的如交易时间等乘车信息,具备时间序列的特征,因此可借助时间序列相似性测量方法来分析不同班次的 IC 卡站点客流数据,根据数据序列相关性的高低来判断判断车辆行驶方向。

时间序列是指随时间变化的序列值或事件,单车单日公交 IC 卡数据可看作由多个时间序列组成,每个班次的数据都是一组时间序列,记录记作 $\{r_j\}_{j=1}^N$,N 为交易记录的个数,每个交易记录为 $m+1$ 维数据,即 $r_j = \{a_1, a_2, \cdots, a_m, t_i\}$,$t_i$ 为交易时间。a_i 为特性值,表示每条交易记录中包含的字段,如 IC 卡号、交易序号、站点编号等。时间序列的相似性测量主要针对某个重要的动态特性值,即与时间有关的特性值,但在公交 IC 卡数据中,除交易时间外,其余字段都是静态特性值,无法进行相似性测量。通过对 IC 卡数据聚类分析可得到近似的站点客流,该数据与交易时间相关,符合动态特性值特点。因此,单个班次 IC 卡数据相似性测量问题,可转化为对比单个班次站点客流数据序列的问题。

时间序列的相似性测量,主要包括欧几里得距离测量方法、相关性测量以及动态时间扭曲法等方法。由于两个不同班次的站点客流数据序列长度不等,且在时间轴上并不一致,欧几里得距离测量方法在此处并不适用。本书介绍相关性测量但方法进行计算。

相关性测量方法能够将相似性作为位置的函数,而且不必对时间序列产生所有长度为 n 的子序列。设目标班次站点客流数据序列为 $\{x_i\}$,长度为 n,经验站点客流数据序列为 $\{y_i\}$,长度为 N,则其线性相关可定义为:

$$c_i = \frac{\sum_{j=1}^n x_j y_{i+j}}{\sqrt{\sum_{j=1}^n x_j^2} \sqrt{\sum_{j=1}^N y_j^2}} \tag{3-12}$$

其中,$i = 1, 2, \cdots, N+n-1$,由于乘客到站是离散分布的,故不同班次站点客流数据序列长度并不相等,且对于 $\{x_i\}$ 比较长的序列计算耗时较长。根据傅里叶变换的卷积定理,需要在 $\{x_i\}$ 和 $\{y_i\}$ 末尾补充 0,使得两个序列都变成长度为 $l = N+n-1$ 的新序列 $\{x'_i\}$ 和 $\{y'_i\}$,对新序列进行离散傅里叶变换生成 $\{X_i\}$ 和 $\{Y_i\}$,通过二者逐点相乘得到相关系数,变为如下形式:

$$c_i = \frac{F^{-1}\{X_j \cdot Y_j\}}{\sqrt{\sum_{j=1}^n X_j^2} \sqrt{\sum_{j=1}^N Y_j^2}} \tag{3-13}$$

相关性因子 c_i 在 $[-1,1]$ 范围内,若为 1 则说明两组站点客流序列完全匹配,当有干扰信号时,相关因子一般小于 1,且序列值 $\{c_i\}$ 的峰值位置就是 $\{y_i\}$ 与 $\{x_i\}$ 匹配的可能位置。

公交 IC 卡数据记录了单车单日所有乘客的交易记录,每个班次包含交易数据从几十到几百不等,逐一计算代价较大。因此在进行相似性测量之前,需要对公交 IC 卡数据进行聚类处理,找出用于比较的对象班次交易数据,再对对象班次交易聚类,得到对象班次内的近似站点客流数据,将长度为上百条的单人交易数据序列简化成只有十几条或几十条(一般小于线路站点数)的站点客流数据序列,如图 3-21 所示。

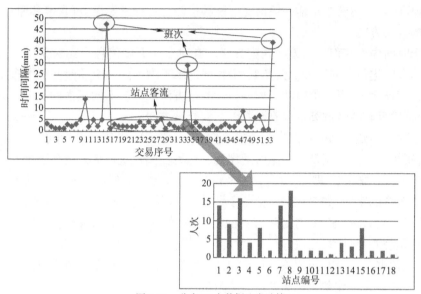

图3-21 公交IC卡数据聚类计算

公交IC卡交易时间具有明显的团聚特征，即同一站点刷卡上车的乘客交易时间距离近，不同站点上车乘客交易时间距离较远，聚类处理比较容易实现。本书选取简单聚类方法对公交IC卡进行聚类，根据相似性阈值和最小距离原则对IC数据中的交易时间进行聚类。设IC卡数据中的交易时间为t_i，判断班次的聚类相似性阈值T，一般大于900s，判断站点客流的相似性阈值T'，一般大于30s。聚类时计算相邻交易时间差值即曼哈顿距离，如果$d(t_i,t_{i+1})=|t_i-t_{i+1}|\leq T$，则$t_i,t_{i+1}$隶属同一类。如果$d(t_i,t_{i+1})=|t_i-t_{i+1}|>T$，则$t_{i+1}$属于其他类。

选取北京市53路2010年1月中抽取5个单日单车IC卡数据进行处理，每组单车数据选择前两个班次数据进行处理。上下行方向站点客流调查曲线根据人工调查结果求得，如图3-22所示，时段为7:00~8:00am。

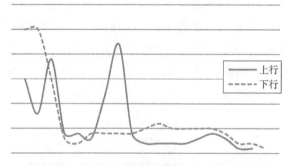

图3-22 站点客流调查曲线(7:00~8:00am)

根据相关性测量方法计算聚类后的近似客流曲线与调查曲线的相关性，获得班次运行方向与人工调查结果完全一致。从计算结果可以看出，同一班次序列与两个方向经验序列的相似系数差别较大，表明该线路上下行方向客流差别较为明显，与调查曲线所示结果吻合。从车辆角度分析，单车的前两个班次行驶方向相反，符合单车运行方向交替出现的运营规律，也证明了聚类的有效性。

利用相似性测量方法对公交IC卡班次数据序列进行处理，可得到以下结论：

①在基于公交 IC 卡数据的车辆运行方向判断中,首先对数据进行聚类分析,可大幅度提高相关性测量与动态时间扭曲法的运算效率,使其具备处理海量数据能力。

②两种方法在计算精度上表现大致相近,且较依赖于线路客流规律。对于存在一定客流规律的时段(如早高峰时段)或班次,计算精度较高,反之则误差较大。因此,相似性测量方法适用于存在方向性客流特征差别的线路,如市区郊区联络线,乘客出行目的以工作、学习居多的线路。

(2)站点匹配方法。

下面介绍两种站点判断方法:

①基于聚类分析的上车站点判断。由于双次刷卡线路的一卡通数据记录了上、下车站的站点编号,使得客流上、下车站信息十分便于统计并能相对保证精确,而单次刷卡线路数据没有站点编号,需要采用相关方法进行处理,下面建立聚类分析方法,对单次刷卡线路车站号进行模糊识别,为各类客流指标特征统计提供精确、全面的数据。

通过在车站刷卡上车的实际情况可以得知,乘坐同一车次乘客的刷卡数据在时间上具有集中性,可以运用时间聚类方法将乘坐同一车次乘客的刷卡记录聚合成为一组。如果线路上每一个站点均有乘客刷卡,则产生的各组数据与公交线路沿途站点一一对应。但是实际中公交线路基本不可能每个站点均有乘客上车刷卡,所以通过聚类分析一卡通数据只能统计到有刷卡乘客站点的刷卡数据,而不能通过一一对应判断各组数据对应的公交站点。

根据一卡通数据的刷卡时间记录,线路编号、车辆编号与公交调度信息表发生多对一的关系。根据公交调度信息中的发车时间、到达时间即可推算公交车辆在所有公交站点停靠的时间,同时,根据不同站点间刷卡时间差对刷卡数据进行聚类分析。选取合适的时间差阈值,将小于阈值的归为上游站点,大于阈值的记录归为下游站点。对于阈值的选取,可根据实际调查的数据判定。依据阈值的选取,可以对上车站点进行识别,而刷卡时间可近似认为是公交车辆在公交站点的停靠时间,通过这两个时间的匹配,结合一卡通数据的聚类结果,即可较为准确地判断各上车站点。上车站点识别流程如图 3-23 所示。

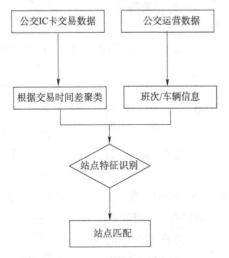

图 3-23　上车站点识别流程

下文主要介绍市政交通一卡通数据聚类分析,车辆停靠时刻推算以及时间匹配方法。

②聚类分析概述。公交 IC 卡数据记录了每辆公交车全天的交易记录,数据按交易时间由早到晚依次排列,且交易时间具有明显的团聚特征,即同一站点刷卡上车的乘客交易时间距离近,不同站点上车乘客交易时间距离较远。基于数据的自身特征,简单聚类方法、最短距离法、快速聚类法(k-means 法)理论上都适用于公交 IC 卡数据聚类分析。

简单聚类方法是基于相似性阈值与最短距离来对数据样本进行聚类,计算模式特征矢量到聚类中心的距离并和门限阈值比较而决定归属该类或作为新的一类中心。该方法计算简单,但聚类结果很大程度上依赖于距离门限的选取。

最短距离法是在模式特征矢量集中以最短距离原则选取新的聚类中心,以最小距离原则进行模式归类。由于最短距离法每次合并分类后都是将该类与其他类中距离最近的两个样本之间的距离作为该类与其他类的距离,随着步骤进行类与类之间的距离一般来说可能越来越小,因此该方法有连接聚合的趋势,容易使大部分样本被聚在一类中,形成一个大类。

k-means 聚类法是把 n 个对象分成 k 个族,按最小距离原则将对象分配到其中的某一族,不断地计算族的中心或平均值,最终使得每个对象的特征矢量到其所属族的距离平方之和最小,也称作误差平方和准则函数收敛。误差平方和准则函数计算如下:

$$E = \sum_{i=1}^{k} \sum_{p \in T_i} \| p - m_i \|^2 \tag{3-14}$$

式中:m_i——聚类中心,即每个类中交易时间的平均值;

p——数据集中的点。

k-means 算法在对大规模数据进行聚类时被广泛应用,效率较高。本书以该方法为例,对公交 IC 卡数据进行聚类,算法流程如下:

步骤1 任意选择 k 个对象作为初始的簇中心;

步骤2 重复步骤1;

步骤3 根据簇中对象的平均值,将每个对象(重新)赋予最类似的簇;

步骤4 重新计算每个簇中对象的平均值;

步骤5 直到不再发生变化。

城市公交具有定线、定站的运营特征,公交乘客需要在公交站点乘车,当公交车到达站点,上车乘客连续进入公交车辆。因此,对于一趟公交车,乘客上车客流具有很强的时间群集特性。一卡通数据中的刷卡时间字段描述了刷卡乘客上车时间,因此也具有时间群集特征。对刷卡时间数据进行聚类分析,以间隔时间长短作为聚类的相似性依据,即两次刷卡时间间隔较短的刷卡记录作为一组或一类。由于存在有些公交站点无上车刷卡乘客,因此对刷卡时间进行聚类的分类数量不能确定,需要对聚类算法进行适当调整,获得初始聚类个数。

通过计算相邻交易时间差,可得到如图 3-24 所示曲线,纵轴表示相邻交易时间点的差值。根据相邻交易时间差值曲线特征,可直观得到两类突变点。一类突变点差值较大,一般在 30s 以上,可初步确定为相邻站点首末交易时间的差值,即后一站点首位交易时间与前一站点末位交易时间的差值。二类突变点差值相对较小,既可能为相邻站点的首末交易时间差值,如相邻两站点间距小,站间运行时间短;也可能为相同站点内相邻交易时间的差值,如车辆在站内停留时间较长,导致相邻的交易时间间隔较大。

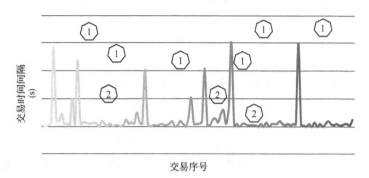

图 3-24　公交站点交易时间差示意图

在聚类开始时,以一类突变点的个数可作为聚类初始数,能够有效减少聚类循环次数,节约计算空间,调整后的聚类步骤如下:

步骤 1　计算交易时间差,以一类突变点的个数作为初始聚类个数;

步骤 2　计算初始聚类中心,将交易时间数据赋予聚类子集中,计算准则函数;

步骤 3　增加聚类个数 k,并重复步骤 2,直到准则函数 E 收敛。

需要说明的是,受站点数量约束,聚类个数 k 是有范围的,由于公交线路至少在末端站点无人上车,因此聚类个数要小于线路站点数。

(3)站点匹配。聚类结果产生后,需要与对应的站点匹配。由于中途部分站点会出现无客流的情况,若简单地按照聚类子集与途经站点的先后顺序匹配,误差较大,因此需要根据公交运营规律来辅佐站点匹配,本书介绍下面两种方法:

①基于站点客流量特征匹配。通过对公交线路站点客流调查统计可知,特定时段内的线路站点客流是有规律可循的,如图 3-25 所示。受城市区域功能定位及土地使用的影响,不同站点所服务的乘客数量和范围不尽相同,因此站点客流量曲线也呈现出具有规律的峰值,将具有客流峰值的站点作为线路的特征站点,可在站点匹配过程中作为标志点,以保证标志点和相邻站点的匹配结果精确。

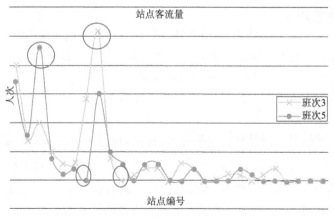

图 3-25　站点客流量曲线

设聚类子集 k_i 的客流量为 p_i,客流峰值站点个数为 n,$D_{q-1,q}$ 为站点 $q-1$ 与 q 的站间距离,$\bar{V}_t$ 为站点间车辆运行平均速度,t 为交通时间段,$\overline{RT_{(q-1,q)}}$ 为站点平均运行时间,则站点匹配步骤为:

步骤1 根据客流统计规律特征,确定线路客流峰值站点个数,可以为一个或多个。

步骤2 按照聚类子集中心 m_i 由大到小的交易时间,按由先到后顺序排列,取与客流峰值站点个数相等的前几个聚类子集 k_i,与客流峰值站点匹配。

步骤3 计算相邻聚类子集之间的时间距离与站点间平均运行时间,以客流峰值站点为基准点,根据相邻站点平均运行时间与聚类子集时间距离的大小关系匹配其余站点。

步骤4 所有聚类子集与站点匹配完成后,对无匹配结果站点插入零值。

②换乘站点特征匹配。当线路客流存在换乘行为时,换乘站点可作为特征站点,与换乘客流匹配。如图3-26所示,对象公交线路 A 的换乘站点客流来源有两类,一是其他线路换乘到线路 A(模式1),二是由线路 A 换乘到其他线路的乘客(模式2)。在获得聚类结果后,选取可能为换乘站点客流的聚类子集,根据子集中交易记录的 IC 卡号,搜索出行交易记录,判断是否为换乘客流。

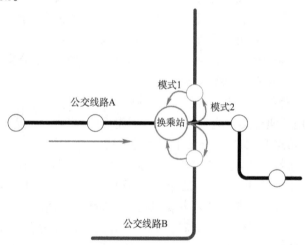

图3-26 公交乘客换乘示意图

换乘站点匹配步骤如下:

步骤1 确定换乘站点编号,线路换乘站点选取枢纽节点或换乘客流较大的站点。

步骤2 计算相邻聚类子集之间的时间距离与站点间平均运行时间,根据相邻站点平均运行时间与聚类子集时间距离的大小关系匹配其余站点。

步骤3 根据站点初次匹配结果,对换乘站点以及相邻站点的交易记录进行搜索,获得乘客出行交易记录。

步骤4 根据乘客刷卡记录判断换乘行为,有换乘行为的 IC 卡号所属的聚类子集,与换乘站点匹配。设线路 A、B 乘客交易时间为 t_{Ai},t_{Bj},站点平均运行时间为 $\overline{RT_{(i-1,i)}}$ 换乘站点编号为 r,δ 为判断阈值。当乘客出行 IC 卡交易记录中包括线路 A、B 时,若 $t_{Ar}-t_{Bj}-RT_{(Bj,Br)}<\delta$,则该位乘客为换乘客流,$t_{Ar}$ 所属的聚类子集即可与换乘站点匹配。

根据站点客流峰值与乘客换乘特征将站点与聚类子集匹配,两种匹配方法可以同时使用,流程图如图3-27所示。

第3章 典型交通大数据提取技术

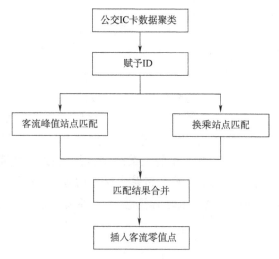

图 3-27 公交 IC 卡数据与站点匹配流程

（4）基于站点吸引的下车站点判断。由于单次刷卡线路的一卡通数据没有关于下车站点的记录，不能像判断上车站点一样，通过刷卡时间判断下车站点。但是由于公交定线定站的运营特征以及城市居民的出行特点，决定了公交出行在路线的选择和客流的分布上具有一定的规律性和稳定性。利用这些特性，本书采用基于站点吸引的下车站点判断方法。

①下车站点判断基本公式。基于站点吸引的下车站点判断方法，首先引入公交下车概率矩阵的概念。用 P_{ij} 表示某乘客在公交站点 i 上车，那么其在站点 j 下车的概率，若某线路有 m 个停靠站（包含首末站），则可以建立下车概率矩阵：

$$P = (p_{ij})_{m \times m} \tag{3-15}$$

以一条公交线路单向运行一趟的数据分析为例。用 D_i 表示 i 站点下车人数，S_i 表示 i 站点上车人数。上车站点已进行过判断，因此 S_i 可运用统计方法得到。

根据公交单向运行的特性，起始站点没有下车乘客，因此 $D_1 = 0$。

在第 2 个站点下车的乘客来自起始站上车的乘客，因此：

$$D_2 = S_1 \cdot p_{13} + S_2 \cdot P_{23} \tag{3-16}$$

依次类推得到下车人数计算公式：

$$D_i = \sum_{k=1}^{i-1}(S_k \cdot p_{ki}) \quad (i = 1, 2, \cdots, m) \tag{3-17}$$

带入公式即可求得各站点下车人数。

②下车概率确定方法。根据已有的城市公交客流调查数据，决定站点下车概率主要有两个因素，一是下车站点与上车站点的站距，二是下车站点附近的土地利用性质。

居民公交出行距离分布具有一定的规律，近似服从正态分布。公交出行属于中长距离出行，出行距离在 5～10km 范围内的出行比例最大，出行距离过长或过短的居民很少采用公交出行方式。这主要是因为，如果居民出行距离过短，居民会采用步行方式或者自行车方式；如果出行距离过长，居民会倾向于选择私人汽车、公车等出行。居民公交出行的距离特征反应在公交出行的途经站点数量上，表现为途经站点数量在某一个范围内，下车人数为最大，即下车概率最大，当途经站点较少或较多时，下车概率较小，可以看出，下车概率随途经站点数量服从泊松分布。因此，只考虑途经站点数量得到下车概率为：

$$F_{ij} = \frac{e^{-\lambda}\lambda^{(j-i)}}{(j-i)!} \qquad (3\text{-}18)$$

式中：F_{ij}——i 站点上车乘客在 j 站点下车的概率；

λ——平均公交出行途经站点数量，当 i 站点以后的站点数量小于平均出行途经站点数时，$\lambda = m - i$，其中 m 为线路单向站点数量。

同时，居民公交出行也受用地性质影响。有购物休闲娱乐等设施在附近的站点与普通站点相比，该类站点的吸引半径更大，吸引力更强，而且附近多有交通枢纽，在这类站点上下乘客通常最多。由站点看来，某站点上车的人数越多，说明该站发生量越大，而公交出行具有很强的往返性，因此站点发生吸引客流总量基本保持均衡，也就是说站点发生量同时可以反映站点的吸引量。根据统计各站点上车客流总量，计算各站点吸引强度。定义 W_i 为公交线路各站点吸引权：

$$W_i = \frac{S_i}{\sum_{k=1}^{m} S_k} \qquad (3\text{-}19)$$

下车概率 P_{ij} 与居民公交出行途经站数与站点吸引强度相关，即：

$$P_{ij} \propto F_{ij} \qquad (3\text{-}20)$$

$$P_{ij} \propto W_j \qquad (3\text{-}21)$$

$$P_{ij} = \begin{cases} \dfrac{F_{ij} \cdot W_j}{\sum_{k=i+1}^{m} F_{ik} \cdot W_k} & (i < j) \\ 0 & (i \geq j) \end{cases} \qquad (3\text{-}22)$$

上式代入公式(3-20)和公式(3-21)，即可求得各站点下车人数。

③方法优缺点。基于站点吸引的下车站点判断方法，是根据站点上车人数和站点间的下车概率来计算各站点的下车人数。因此该方法不能判断单个公交乘客下车站点，不能通过其结果把握单个乘客的出行路径。但是该方法约束条件较少，运算简单，得到的结果较为准确。而且目前常用的公交规划及运营决策方法，只需要了解公交客流总量数据，因此该方法是目前条件下比较好的下车站点判断方法。

3.2.4.2 双次刷卡数据基本处理方法

双次刷卡，也称为分段计价收费，通常根据乘车的里程进行收费，乘客上车和下车的时候分别刷卡交易，交易系统将记录乘客的上下车站点和时间信息，相比于单次刷卡交易产生的数据，它可以更清晰地反映乘客出行过程。

(1) 公交数据处理。双次刷卡交易，从原始数据中可以直接获取有效字段，包括：

①GRANT_CARD_CODE：IC 卡卡号；

②DEAL_TIME：交易时间(下车刷卡时间)；

③LINE_CODE：线路号；

④ON_STATION：上车站点编号；

⑤OFF_STATION：下车站点编号。

原始数据中可用字段有限，而且不能表征客流真实上下车站点等特征，因此需要采用一定方法获取以下字段来完善常规公交刷卡数据：

①ON_STATION：上车站点名；
②OFF_STATION：下车站点名；
③ON_STATION_TIME：上车时间；
④BANCI：车辆班次；
⑤LOC_TREND：运行方向。

本书在处理过程中采用调查的方式获取了包含公交线路/站点名称与代号的对应关系表，在剔除一辆车数据量小于50之后利用该对应表即可真实匹配客流的上车/下车站点名称。匹配流程如图3-28所示。

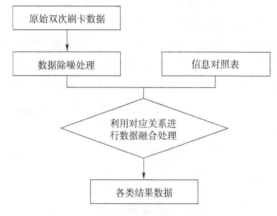

图3-28 常规公交数据匹配流程

其他三个字段的补全工作介绍如下。
①上车时间匹配。
客流上车时间用客流下车时间来匹配，主要包括三种情况，具体如图3-29所示。

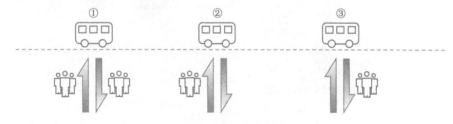

图3-29 公交客流上下车类型

上下车客流均有：本站上车时间取下车时间中位数；
无下车人员：本站上车时间取前后相邻两站上车时间中位值推测；
无上车人员：本站到站时间取前后相邻两站下车时间中位值。
首站上车人员时间：情况 a. 计算两站之间距离与公交平均行驶车速之间的比值，根据下一站下车乘客时间向前推测；情况 b. 情况 a 无法计算时，时间赋固定值，处理过程中将其滤掉。
②方向匹配。公交客流方向匹配流程如图3-30所示。客流刷卡数据中包含了ON_STATION和OFF_STATION两个字段，并同时有代号表征，此代号与数据匹配用表中的REAL_NUM字段对应如图3-31所示。

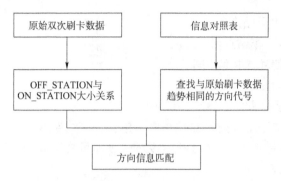

图 3-30 公交客流方向匹配流程

具体匹配过程为:若刷卡数据中代号为增加,如图 3-31 中从代号为 1 的站点上车,从代号为 10 的站点下车。查看匹配用表数据(图 3-32),发现呈现递增趋势的为 LOC_TREND 为 2 的方向,即五路居—北京站西方向。因此,最终匹配该条原始刷卡数据为客流乘坐 104 路五路居—北京站西方向公交车,上车站点为五路居,下车站点为王府井路口北。同理,从代号为 10 的站点上车,代号为 2 站点下车匹配结果为客流乘坐 104 路北京站西—五路居方向公交车,上车站点为王府井路口北,下车站点为安贞里。

LINE_CODE	VEHICLE_CODE	ON_STATION	OFF_STATION
104	00150722	0	6
104	00150722	0	9
104	00150722	1	10
43011	00150722	20	10
104	00150722	11	3
104	00150722	8	3
104	00150722	10	2
104	00150722	1	12
104	00150722	9	6
104	00150722	10	2
104	00150722	3	9
104	00150722	5	9
104	00150722	3	10
104	00150722	6	11
104	00150722	10	5

图 3-31 原始刷卡数据样例

③班次匹配。公交车一个班次指一辆公交车从始发站点到终到站点的一次过程。本书中识别班次主要利用原始数据中的车牌数据(VEHICLE_CODE),客流交易时间(DEAL_TIME),上车代号(ON_STATIONID),下车代号(OFF_STATIONID)。流程图如图 3-33 所示。

具体步骤为:

①利用方向匹配方法识别各条刷卡记录所处的公交车方向。

②循环遍历每个车牌数据,对各个车牌信息的数据分别处理识别,将数据按公交车车牌、公交车行驶方向、乘客交易时间排序。

第3章 典型交通大数据提取技术

ROUTE_NAME	station_NUM	STATION_NAME	REAL_NUM	LONGITUDE	LATITUDE	LOC_TREND
104	1	北京站西	12	116.418123	39.903264	1
104	2	北京站西街西口	11	116.414702	39.900671	1
104	3	台基厂路口东	11	116.407132	39.899647	1
104	4	王府井路口北	10	116.405305	39.908576	1
104	5	新东安市场	9	116.406503	39.914151	1
104	6	灯市西口	8	116.404859	39.918513	1
104	7	美术馆北	7	116.404666	39.924143	1
104	8	大佛寺	7	116.402966	39.926365	1
104	9	宽街路口南	6	116.402833	39.929621	1
104	10	北兵马司	6	116.402592	39.934805	1
104	11	交道口南	6	116.402456	39.93827	1
104	12	方家胡同	5	116.402298	39.942969	1
104	13	安定门内	5	116.402198	39.9452	1
104	14	地坛西门	4	116.401965	39.952337	1
104	15	蒋宅口	3	116.401793	39.958627	1
104	16	安外甘水桥	3	116.401654	39.963103	1
104	17	安贞里	2	116.401426	39.970625	1
104	18	五路居	1	116.399555	39.973942	1
104	1	五路居	1	116.39956	39.973942	2
104	2	安贞里	2	116.401255	39.970624	2
104	3	安外甘水桥	3	116.401486	39.96339	2
104	4	蒋宅口	3	116.401627	39.958526	2
104	5	地坛西门	4	116.401838	39.950957	2
104	6	安定门内	5	116.402056	39.945063	2
104	7	方家胡同	5	116.402171	39.94247	2
104	8	交道口南	6	116.402327	39.937408	2
104	9	北兵马司	6	116.402443	39.934599	2
104	10	宽街路口南	6	116.402606	39.931195	2
104	11	大佛寺	7	116.402827	39.92614	2
104	12	美术馆北	7	116.404556	39.92351	2
104	13	灯市西口	8	116.404782	39.918021	2
104	14	新东安市场	9	116.406253	39.91415	2
104	15	王府井路口北	10	116.405189	39.908451	2
104	16	台基厂路口东	11	116.40713	39.899537	2
104	17	崇文门西	11	116.410412	39.899624	2
104	18	北京站西	12	116.418609	39.903343	2

图 3-32 数据匹配用表

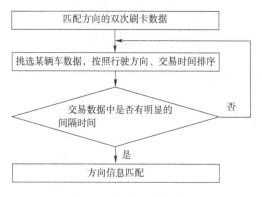

图 3-33 公交班次信息匹配流程

③循环遍历选中公交车两个方向数据,公交车行驶轨迹为上下行两个方向循环往复且中间必会有一定休整时间,即发车间隔。因此两个方向的客流刷卡数据中势必会有一个较为明显的刷卡时间间断,本书则主要利用此刷卡时间间隔将各个公交班次之间进行隔断划分并顺序排序。最终数据处理结果如图 3-34 所示。

经过上述关键处理流程之后,主要输出的常规公交数据类型包括:

站点客流数据:记录每辆公交车到达公交站点的时间以及上下车客流人数,掌握每个公交站点不同时刻对于公交客流的重要程度,为站点布设合理性、站点设施评价及改善提供精确的数据支持。

GRANT_CARD_CODE	LINE_CODE	VEHICLE_CODE	BANCIID	ON_STATIONID	ON_STATIONNAME	ON_STATION_TIME	OFF_STATIONID	OFF_STATIONNAME	OFF_STATION_TIME	LOC_TREND
89555917	1	00620138	1	3	地铁八宝山站	2015/8/13 8:30:58	8	翠微路口	2015/8/13 6:51:25	2
06470983	1	00620138	1	4	玉泉路口西	2015/8/13 8:27:01	8	翠微路口	2015/8/13 6:51:45	2
82364883	1	00620138	1	1	老山公交场站	2015/8/13 8:36:32	8	翠微路口	2015/8/13 6:51:51	2
36506396	1	00620138	1	4	玉泉路口西	2015/8/13 8:27:01	10	军事博物馆	2015/8/13 6:55:02	2
44144989	1	00620138	1	6	五棵松桥东	2015/8/13 8:22:03	11	木樨地西	2015/8/13 7:02:17	2
03607495	1	00620138	1	2	老山南路东口	2015/8/13 8:30:58	12	工会大楼	2015/8/13 7:05:36	2
82180012	1	00620138	1	6	五棵松桥东	2015/8/13 8:22:03	13	复兴门内|南礼士路	2015/8/13 7:05:49	2
78126933	1	00620138	1	3	地铁八宝山站	2015/8/13 8:30:58	13	复兴门内|南礼士路	2015/8/13 7:05:50	2
82869685	1	00620138	1	3	地铁八宝山站	2015/8/13 8:30:58	13	复兴门内|南礼士路	2015/8/13 7:05:52	2

图 3-34　用户起讫点数据示例

断面客流数据:即断面客流,记录各线路每两个公交站点之间的客流量,感知公交断面客流量,发现客流拥堵点,对每辆公交车服务水平的评价,公交线路以及发车频次的优化,疏散拥堵客流提供科学的理论支持。

用户起讫点数据:记录每个乘客的上车地点、上车时间、下车时间、下车地点。可以精细了解到常规公交乘客的起讫点以及出行特性,感知到乘客的出行需求,为公交线路的优化及相关决策的制订提供数据支持。

客流路径数据:记录每个乘客在常规公交系统内部的出行路径,感知乘客的出行链路,感知公交走廊客流的时空特性。

(2)地铁数据处理。北京市地铁由京港地铁和北京地铁共同运营管理,其现状地铁线路详细信息见表 3-7。

北京市地铁线路　　表 3-7

线路名称	起点站	终点站	车站数	长度(km)	定员(人/列)
1 号线	苹果园	四惠东	23	31	1356
2 号线	环行		18	23.1	1356
4 号线	公益西桥	安河桥北	24	28.2	1440
5 号线	宋家庄	天通苑北	23	27.6	1440
6 号线	海淀五路居	潞城	26	42.8	1920
7 号线	北京西站	焦化厂	19	23.7	1920
8 号线	南锣鼓巷	朱辛庄	18	26.6	1440
9 号线	郭公庄	国家图书馆	13	16.5	1440
10 号线	环行		45	57.1	1440
13 号线	西直门	东直门	16	40.9	1356
14 号线西	张郭庄	西局	7	12.4	1860
14 号线东	北京南站	善各庄	19	31.4	1860
15 号线	清华东路西口	俸伯	19	41.4	1440
八通线	四惠	土桥	13	19	1440
昌平线	西二旗	昌平西山口	12	31.9	1440
大兴线	公益西桥	天宫院	11	21.8	1440

续上表

线路名称	起点站	终点站	车站数	长度(km)	定员(人/列)
房山线	郭公庄	苏庄	11	24.7	1440
亦庄线	宋家庄	次渠	13	23.2	1440
机场线	东直门	2号航站楼	4	28.1	896

北京市轨道交通由京港地铁和北京地铁共同运营管理,截至2016年4月11日,共有18条运营线路(17条地铁线和1条机场线),组成覆盖北京市11个市辖区,拥有278座运营车站(换乘车站不重复计算)、总长554km运营线路的轨道交通系统。具体线路及站点分布如图3-35所示。

图3-35 线路站点分布

2014年12月28日之后,北京市轨道交通改制为分段计价收费,根据不同里程收取不同的出行费用。从原始地铁AFC数据中可以直接获取有效字段:

①GRANT_CARD_CODE:卡发行号;
②DEAL_TIME:交易时间(出站刷卡时间);
③ENTRY_TIME:进站时间;
④ENTRY_LINE_NUM:进站线路号;
⑤ENTRY_STATION_NUM:进站站点号;
⑥EXIT_LINE_NUM:出站线路号;
⑦EXIT_STATION_NUM:出站站点号。

原始数据中可用字段有限,不能表征客流真实上下车站点等特征,因此需要采用一定方法获取以下字段来完善地铁 AFC 数据:

①ON_STATION:上车站点名;

②OFF_STATION:下车站点名。

与常规公交处理方法类似,本书在处理地铁数据过程中同样利用调查到的对应关系表,在剔除时间异常值之后利用该对应表即可真实匹配客流的上车/下车站点名称。匹配流程如图 3-36 所示。

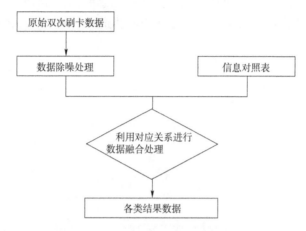

图 3-36　地铁客流匹配处理流程

经过以上处理流程之后仅能输出地铁进出站客流 OD 数据,未能知道客流在地铁内部的走行路径。因此本书借用 TransCAD 最短路分配路径对站点 OD 数据进行客流分配,可以得到客流在地铁系统内部的换乘节点数据,从而能够极大丰富地铁客流数据类型。具体流程图如图 3-37 所示。

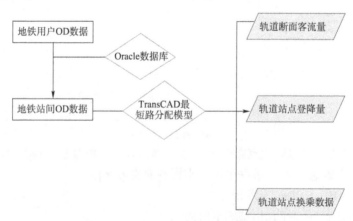

图 3-37　地铁数据二次处理流程

处理之后得到的数据类型包括:地铁 OD 数据,地铁断面客流数据,地铁站点登降量数据,地铁站点换乘数据。

①地铁 OD 数据:匹配站点线路信息后的客流数据,包含乘客进出站时间以及位置信息,从而对轨道站点进出站客流时空特性进行感知,为评价轨道站点以及线路的重要程度提

供数据支持,为轨道站点制定限流等运营组织策略提供数据支持和建议。

②地铁断面客流数据:将客流量分配到各条轨道线路相邻两个站点间断面上,感知轨道交通断面客流,从而发现轨道交通客流拥堵点,为调整轨道交通运营组织、发车频次以及疏解客流拥堵点等提供科学依据。

③地铁站点登降量数据:表征乘客真正乘坐的轨道交通线路,是对轨道交通线路客运量的真实感知,可以为轨道交通线路或站点的重要度以及运力运量的评价提供支持。

④地铁站点换乘数据:包含客流的换乘节点信息,比如换乘前线路、换乘后线路等。可以精准感知乘客在轨道交通内部的换乘时空特性,为换乘站点的客流运营组织提供数据支持。

(3)出行链数据处理。上述公交、地铁两种数据经过处理之后,可以掌握客流在两种交通方式内部各自的出行特征,在此基础上进一步匹配出行链之后可以掌握客流在公共交通系统内部的出行特征。

匹配过程主要利用的为乘客的 IC 卡卡号,在确定两次交通方式之间的换乘时间和换乘距离在一定阈值之内后,可以判定该出行属于一次出行,也就是一条出行链。在得到出行链数据的同时,可以同时得到客流换乘数据和客流路径数据。具体处理原理和过程如图 3-38、图 3-39 所示。

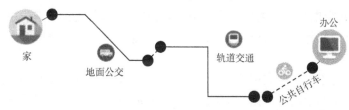

图 3-38 出行链数据处理原理

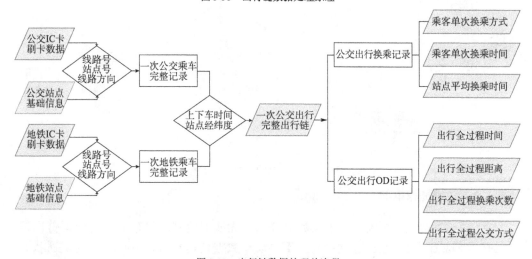

图 3-39 出行链数据处理总流程

经过上述处理方法处理之后可以得到以下三种主要数据其具体包含信息:

①公共交通出行链数据:包含客流在公共交通内部的全部出行链路(地铁、公交均包含

在其中),每个出行一个代号,可以精准掌握客流在公共交通内部各条路径上的出行负荷度,为客流积聚点的压力疏解提供决策支持。

②客流公共交通全过程 OD 数据:包含客流在公共交通系统内部的起讫点以及时间特性信息,感知乘客的出发与到达时空特性,精准感知公共交通的客流发生吸引量,为定制化公交班车、公交快线、公交发车班次等策略的制定提供决策支持,结合用地性质可以为个性化的信息发布提供数据支持。

③客流换乘数据:包含客流在公共交通系统出行时的换乘位置以及时间信息,对换乘客流时空特性的感知,换乘节点重要性的评价,为接驳组织优化策略的提出提供数据支持。

3.3 浮动车数据处理技术

3.3.1 数据采集原理

浮动车是指安装了车载卫星定位装置并行驶在城市主干道上的公交汽车和出租车。根据装备车载全球定位系统的浮动车在其行驶过程中定期记录的车辆位置、方向和速度信息,应用地图匹配、路径推测等相关的计算模型和算法进行处理,使浮动车位置数据和城市道路在时间和空间上关联起来,最终得到浮动车所经过道路的车辆行驶速度以及道路的行车旅行时间等交通拥堵信息。

其核心设备是车载卫星定位数据采集设备,记录车辆的实时位置、方向和速度信息,利用无线通信网络传输模块将数据传输至后台中心,后台中心经过计算后返回道路的交通运行状态信息,如图 3-40 所示。

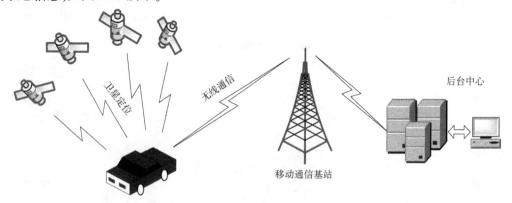

图 3-40 浮动车数据采集技术原理

3.3.2 数据提取框架

目前,浮动车通过定位装置等采集数据并通过无线通信网络将车辆运行数据传回信息中心的技术相对已经比较成熟。然而,基于浮动车数据处理技术计算推测出的交通状态准确性仍不高,是浮动车技术中必须解决的关键问题。因此运行于后台的信息处理子系统是浮动车系统的核心,浮动车数据处理过程主要包括数据预处理、地图匹配、车辆行驶路径推测、路况信息计算、状态评估及显示 5 个过程。浮动车信息处理流程如 3-41 所示。

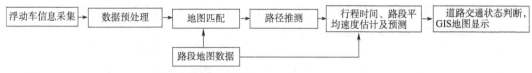

图 3-41　浮动车信息处理流程图

3.3.2.1　车载 GPS 数据接收

城市浮动车系统中的浮动车通常主要由城市出租汽车组成，出租车辆具有行驶时间长和行驶范围大的特点，非常适合作为城市交通实时信息采集车，每辆车载 GPS 设备按照一定的周期向后台信息中心上传一个 GPS 点数据包，包括车辆编号、上传时间、位置坐标、瞬时速度、行驶方位角、运行状态等内容。

3.3.2.2　浮动车数据预处理

由于受到各种原因如 GPS 信号失真、漂移，浮动车自身运营原因如上下客等的影响，造成数据中存在大量的不能正确反映道路交通状态的数据，这些数据不能正确反映当时道路的交通状态，不能用于交通状态的推测计算，而且加大了计算处理的工作量和难度，干扰影响计算结果。因此需要在数据处理前将这些无效数据采取一定的规则进行剔除，从而减小后续计算的工作量，提高计算的精度。

3.3.2.3　地图匹配

浮动车回传的 GPS 坐标只能反映车辆的位置，而不能直接与路网路段相关联，因此，车辆在道路网中行驶的情况下，必须依赖地图匹配算法完成车辆位置与路网弧段的关联。地图匹配的目标是通过一定的算法弥补 GPS 卫星定位的误差，把车辆坐标修正定位到准确的路段上，即主要完成车辆坐标数据点投影的工作，通过将浮动车不同时刻的车辆定位数据向周围道路进行匹配投影，最终获得其可能行驶道路和相应投影点的信息。

3.3.2.4　路径推测

路径推测位于地图匹配之后，主要是综合每辆浮动车在某一时间段（通常是几分钟）内的所有车辆点数据，根据时间和道路的连续性，最终确定该车辆在本周期内的行车路线，然后进一步可以获得路线上每个定位点对应的唯一的投影点和道路信息。

3.3.2.5　路况计算

路况计算处理的对象是推测出的行车路线数据，主要是路段运行速度、行驶时间数据。计算每辆车相邻两个定位点之间途经道路的拥堵状况和旅行时间，对横跨相邻路链的路线在交点处进行分割，依次完成所有浮动车所行驶道路的路况信息计算。最后对每条路链上所有车辆产生的路况信息做进一步的融合处理，生成以路段为单位的实时动态交通信息。

3.3.3　数据特征及技术难点

3.3.3.1　数据特征

浮动车采集技术能够通过少量装有车载设备的汽车获得大范围的道路实时交通信息，成本低且效率高，相比固定地点检测，其主要优势如下。

(1)灵活性强、覆盖范围广，使用方便。由于浮动车可以在路网中自由行驶，因此浮动车数据的采集具有很大的灵活性和广域覆盖性，且使用方便。

(2)信息量、数据量大。浮动车不仅可以提供速度、时间和位置三方面信息，还可以推算流量等相关信息。

(3) 成本低，因不需架设路侧设备，浮动车技术相对于固定检测设施具有低成本的优势。
(4) 相比其他定位技术，定位精度高。

3.3.3.2 技术难点

浮动车信息处理需要两个必不可少的要素：路网结构表示的电子地图及浮动车 GPS 位置点数据。目前的技术条件下以及基于成本的控制，浮动车 GPS 数据质量难以满足实际需求，突出表现在以下几个方面：

(1) 可采集的参数有限，不能采集到判断车辆行驶特征的关键参数；目前主要是车辆空间定位信息和车速等信息。

(2) GPS 定位精度有限，浮动车普遍装备的 GPS 接收机一般存在一定的定位误差；GPS 系统虽然具有全球性、连续性，定位精度较高、误差有界、成本较低等优点，可以解决车辆的导航和定位问题，但缺点是易受峡谷效应和多径效应的影响，目前商用 GPS 存在一定的误差，具体体现在数据可靠性、准确性不足。其致因主要来源于：

① 卫星定位信号较弱。
② 定位精度有偏移（<10m）。

信号容易受遮挡、信号出现漂移，如高楼、高架桥和树木等地物的遮蔽和反射。

设备或网络原因，如高峰时段 GPRS 传输的浮动车数据丢包严重，和平峰时段相差很大，每分钟数量相差大概 5 倍。另外，存在数据回传延时的原因。

③ 人为因素。

(3) 采样间隔大，连续两个定位点跨越了较长距离，存在多条可能的车辆行驶路径。采样大间隔导致了部分路段样本较少，上传频率周期标准不统一，时空覆盖不足。

以北京为例，北京市有 6 万~7 万辆出租车，数据同一时段仅可覆盖 45% 的路段。

(4) 出租车运营特征影响真实路况反映。比如，车辆上下客和路边待客，数据不能正确反映当前路段交通状态；空车行驶"扫活"，速度较慢、行驶轨迹非常规；行驶路径选择有倾向性，车辆避开拥堵路段，造成样本量不足等。

(5) 复杂的城市路网也制约了浮动车信息处理准确性的进一步提高。例如，北京市普遍存在的主辅路并行路网结构，主辅路之间的间隔一般在 15m 以内，现有 GPS 定位精度很难将定位点准确匹配到主路或是辅路上，影响后续路况信息的计算。

如图 3-42 所示为浮动车数据质量的时空示意图，包括偶发、常发及系统性三类误差。

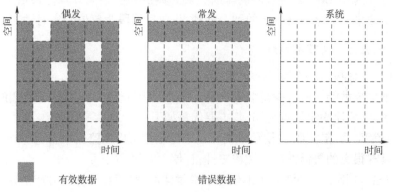

图 3-42 浮动车数据质量的时空示意图

浮动车数据分析的可靠性及运算效率,可从数据过滤合理性、GPS 数据地图匹配的速度与精度、路网覆盖率与结果可信度 4 个方面进行测试。

3.3.4 数据基本处理方法

3.3.4.1 数据预处理

一般情况下,GPS 数据的精度约为 15m。由于车载 GPS 信号被建筑物遮挡等客观原因,个别 GPS 数据会产生漂移错误。另外,在实际应用中,通常选择出租车或公交车等运营车辆作为浮动车,而这些车辆所具有的某些特殊行驶特征往往给路况计算的准确性造成消极影响。如出租车超过 40% 的时间处在停驶状态或在道旁及宾馆等地待客或上下客,系统会根据此时车辆的行驶速度而做出该区域交通拥堵的误判。鉴于采集的 GPS 定位数据中充斥着大量的上述干扰数据,在进行进一步处理之前,对浮动车的行驶状态进行预处理和分析,甄别并剔除干扰数据,可以提高路况信息计算的准确性并提升系统处理的整体效率。因此,在计算前对接收到的车辆 GPS 数据进行预处理十分必要。

目前常用的数据预处理主要包括对原始数据的两类过滤措施:自身错误数据的过滤和根据浮动车行驶状态的数据过滤。自身错误的数据过滤指位置坐标和速度的极值控制;根据出租汽车状态的数据过滤指过滤掉处于非载客状态的出租汽车泊于路边或沿路缓慢行驶待客的信息,因为车辆在这些状态下采集的数据并不能真实反映当时的路况。以出租车为主体的浮动车系统为例,通常认为浮动车存在三种行驶模式:①正常行驶模式;②停驶及待客模式;③拥堵及缓慢模式。根据浮动车记录包含的即时速度信息可以较准确地辨别正常模式,但由于浮动车 GPS 定位数据具有一定的误差,在低速情况下区分模式 2 和模式三具有一定的困难,需要结合浮动车的经纬度坐标变化、事件触发等其他数据特征,设计适当的分类器来判断。

此外,电子路网底图也需要采取一些必要的预处理措施,主要包括:

(1) 地理范围及详细程度的确定。

(2) 地图投影变换。

(3) 建立路网拓扑以保证路网的连通性和方向性。

(4) 路网的双向显示以展示道路运行状况成果图。

(5) 路网格网分层以提高路段检索效率。

3.3.4.2 地图匹配

(1) 地图匹配技术概述。地图匹配(Map-Matching,简称 MM)是一种基于软件技术的定位修正方法,其基本思想是将车辆定位轨迹与数字地图中的道路网信息联系起来,并由此确定车辆在地图上的位置。

在车辆导航、浮动车数据采集处理等涉及车辆位置信息采集系统中定位的准确性是非常关键的,只有准确地知道车辆所处的位置、所在的路段,才能进行下一步路径引导或计算道路上的交通流状态。因此,如何得到实时、准确的车辆位置就成了车辆移动位置采集及处理的重点和难点。然而,无论是哪种定位技术都有其无法克服的局限性,得到的实时定位数据仍然存在一定的误差,往往使得车辆的定位信息与电子地图中的道路信息不一致,车辆位置偏离了当前所行驶的道路,造成系统不能识别车辆实际所在的路网位置。

为了解决这个问题,可以采取提高GPS定位精度以及电子地图精度的方法,但是这种方法成本高,也不可能完全消除定位点与电子地图之间的误差。地图匹配这一基于软件的定位修正方法,在接收到车辆当前时刻的有关信息后,从电子地图数据库中获取相关信息,然后通过匹配算法得到车辆位置的偏差信息,并对其进行实时修正,从而准确显示车辆的位置。它一方面减少了系统在硬件上的投入,节省资源和成本,另一方面又避免了其他定位技术无法克服的局限性。可以说,地图匹配算法的效果直接关系到车辆定位的精度,地图匹配技术是位置采集处理技术最终效果的关键技术。

(2)常用地图匹配方法。地图匹配是将车辆GPS位置数据和电子地图相匹配,从而得到车辆所在的路段位置。由于GPS数据和电子地图均存在一定程度的误差,车辆能否准确定位对行程时间、速度估计的影响很大,因此地图匹配是数据处理算法的核心,也是算法评价的关键标准。地图匹配算法有很多种,但根据利用信息不同,大体上可以归结为两大类:基于几何信息的地图匹配方法;基于拓扑关系的地图匹配方法。其中,基于几何信息匹配法逻辑简单,实现较为容易,但在复杂道路条件下匹配准确率较低;基于拓扑方式的地图匹配方法匹配准确率较高,但是算法比较复杂,计算量偏大,影响匹配速度。

①基于几何信息的地图匹配方法。

a.点到点的地图匹配。将定位点匹配到与定位点几何距离最近的节点或形状点上。算法的关键是节点和形状点的存储方式。即使估计点在正确道路附近,但若估计点附近的正确道路上没有节点或形状点,会将估计点匹配到附近有节点的错误路段上。可以通过增加道路节点和形状点的存储个数来提高匹配精度,但将大大增加路网的存储量。

b.位置点匹配方法。常规的地图匹配方法是基于位置点的匹配方法,通过投影距离和车辆行驶方向与路段矢量方向差值加权的方法来进行地图匹配,判断出车辆行驶的路段。这种方法需要用车辆行驶的位置和方向角作为主要参数。

c.点到曲线的匹配。算法将定位点直接投影到距其几何距离最近的路段(分段线性化后的道路的一段)上,若A为定位点附近一条路段且通过$a(a_1,a_2)$,$b(b_1,b_2)$两点,$c\{c_1,c_2\}$为定位估计点。则定位点c到直线A的距离$d(c,A)$由式(3-23)计算,匹配点$P\{x,y\}$的位置由式(3-24)计算,其中k为路段A的斜率。

$$d(c,A) = \sqrt{\frac{[(a_2-b_2)c_1 + (b_1-a_1)c_2 + (a_1b_1-b_1a_2)]^2}{(a_2-b_2)^2 + (b_1-a_1)^2}} \quad (3\text{-}23)$$

$$\begin{cases} x = \dfrac{k(c_2-a_2)+c_1-a_1}{k^2+1} + a_1 \\ y = k\left[\dfrac{k(c_2-a_2)+c_1-a_1}{k^2+1} + a_2\right] \end{cases} \quad (3\text{-}24)$$

因为没有用到历史轨迹,在估计点离两条曲线距离较小或相同时易产生误匹配。

d.曲线到曲线的匹配。考虑由连续的定位点$P^0,P^1,\cdots,P^m$构成的定位轨迹曲线被匹配到附近"最近"的道路上去。定位轨迹A与道路B之间的"距离"有多种定义方法,最简单的定义为A、B之中任意两点的最小距离,但容易产生误匹配,只要任意一个定位点距离任意错误的候选道路距离最近,就会匹配错误。另一种定义为A、B中所有点之间的平均距离$\|A-B\|_2 = \int_0^1 \|a(t)-b(t)\| \, \mathrm{d}t$,这种定义更为合理,但由于没有考虑方向和路网拓扑信息,有时

会产生无法预料的错误匹配。

②基于拓扑关系的地图匹配方法。

基于拓扑关系的地图匹配方法是在道路层数据建立了网络拓扑关系的基础上进行的。空间拓扑关系反映地理实体之间的相互关系,在 GIS 中一般表示为结点、弧段、面域三者之间的拓扑关系,网络拓扑关系则是结点和弧段之间的相互关系。基于网络拓扑关系的方法通过对前一次匹配结果和车辆前进方向的分析,利用道路层的空间网络拓扑关系,确定当前 GPS 数据待匹配路段的范围并计算出当前 GPS 数据的匹配点。与基于几何信息的地图匹配方法类似,该方法也仅利用了数字地图的单一信息,同时其匹配效果有时也会受到空间拓扑关系质量的影响,因此,该方法不能保证在任何情况下得到正确的匹配结果。

在实际操作中,要根据数据资源情况确定适合的匹配算法。目前浮动车系统上传数据时间间隔较大,前后两点差距会达到 1~2km,往往无法获取完整的轨迹曲线作为匹配样本。因此考虑在点匹配的基础上,可利用路网拓扑关系选择前后两点间的最优路径作为匹配结果。

3.3.4.3 路径推测

路径推测是浮动车数据处理过程中的关键技术之一,即利用浮动车在不同路链上连续运动的轨迹点来搜寻车辆的真实行驶轨迹。经过路径推测过程,浮动车数据就可以在时间和空间上同道路关联起来,由车辆 GPS 定位点信息得到车辆在具体城市道路上的行驶状态,从而反映出车辆所在道路的路况信息。

路径推测在本质上是路径搜索的过程,即将当前定位点的候选匹配点作为起点,搜索车辆可能经过的下一条或下几条路链,直到找到下一个定位点所在的路链,从而确定两个定位点之间的车辆行驶轨迹。这可以归结为图的深度优先遍历问题,可以采用启发式的搜索方法,对搜索过程进行剪枝,提高了搜索效率。将一个定位点的候选匹配点作为起点,按时间顺序选择下一个定位点作为终点建立一条向量,计算向量的方向与长度,向量的方向为浮动车行驶路线的方向,向量的长度为浮动车行驶路线的最小可能距离。设向量长度为 L_1,起点与其所在路链终点的距离为 L_2,如果 $L_1 < L_2$,则说明车辆还未驶出当前路链,否则说明车辆驶入当前路链的下一条或后续若干条路链。

当车辆驶入当前路链的后续路链时,存在两种行车状态,一种是保持直行(图 3-43),另一种是拐弯。在拐弯情况下,向量和车辆所行驶过的路链形成类三角形,如图 3-44 所示。按照一般道路建设的规划,相邻路链的夹角大于 60°,则根据三角形的性质,向量为三角形最长边,则车辆实际行驶的距离应当小于两倍的向量长度,此性质可以作为路径搜索的一个极重要的约束条件。同时,所搜索路链的方向与向量方向夹角应当小于 90°。

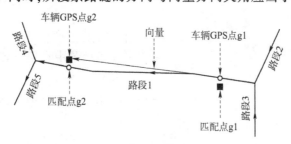

图 3-43 车辆直行示意图

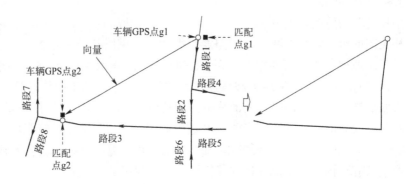

图 3-44 车辆跨路链转弯

依据上述约束条件,路径推测算法可以在较短的时间内推测出车辆可能的行驶轨迹,并计算出车辆的平均速度,作为评估其途经路链的路况信息的基本标准。

3.3.4.4 行程时间及运行速度计算

地图匹配完成后,得到电子地图中各路段所对应的 GPS 数据点,利用这些数据点可以得到路段的行程时间和平均行驶速度。行程时间估计算法主要有两种:一种方法是确定车辆在路段的驶入时刻和驶出时刻,计算两者的时间差即可;另一种方法是估计车辆在路段上行驶的平均速度计算路段长度和平均速度的比值,可以得到车辆在该路段的行程时间。

系统采用路径搜索的办法,获得了完整的行驶路径与行驶时间,可以直接得到路段运行速度。但在计算周期为 5min 浮动车实时系统中,由于存在多辆车驶过同一路段的情况,即该路段对应多条运行速度记录,可用式(3-26)计算 5min 内该路段的平均运行速度:

$$\overline{V} = \frac{\sum_{i=1}^{n} L_i}{\sum_{i=1}^{n} (L_i/V_i)} \quad (3-25)$$

式中:$\overline{V}$——平均运行速度(km/h);

L_i——第 i 条记录中车辆在该路段上行驶的距离(km);

V_i——第 i 条记录中车辆在该路段上的行驶速度(km/h)。

系统算法流程综合了上述四部分内容,如图 3-45 所示。

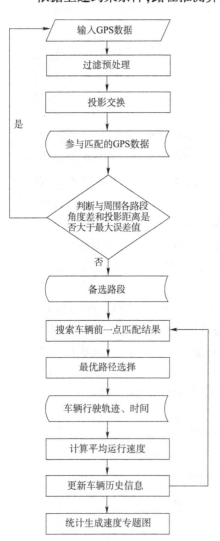

图 3-45 浮动车实时系统流程图

3.4 交通检测器数据处理技术

基于各种检测器所获取的交通数据可能存在缺失、失真、逻辑错误、异常偏大或偏小等诸多问题,而数据质量控制就是旨在通过对有问题(即包括异常值、缺失数据、错误逻辑组合等)的数据进行适当的处理和修复来提高数据质量。本节首先分析交通有问题数据的特征以及数据预处理、数据匹配的基本方法,确定问题数据的识别及修复算法,具体包括:无效数据识别模型与算法校验;多层过滤手段剔除无效数据模型与算法校验;基于历史及短时数据的数据修正模型与算法校验,最终形成标准化的处理流程。

3.4.1 数据采集原理

检测器采集的交调数据包括站点 ID、站点编号、设备编号、车道编号、检测时间、平均速度、跟车百分比、时间占有率等,交调数据的具体信息见表3-8。其中,跟车百分比指车头时距小于指定时间的车辆占该车道其全部车辆的百分比,指定时间为数据传输间隔5min。时间占有率指通过调查断面所用时间之和与该交通数据处理周期时间长度的比值。行程车速指车辆通过某路段的长度与所用总时间的比值。交通量指单位时间内,通过道路某一断面的车辆数。车头间距指一条车道上前后相邻两车辆之间的距离。车道号代码原则:单车道代码规则是上行01,下行03;2车道以上公路车道号代码规则是上行从内至外按11、12、13…连续编号,下行按31、32、33…连续编号;车道号排列规则是先上行、后下行,同一个行驶方向先内侧车道、后外侧车道。

交调数据字段说明 表3-8

序 号	名 称	序 号	名 称
1	唯一记录号	13	中小客车交通量
2	设备编号	14	中小客车平均速度
3	站编号	15	小型货车交通量
4	数据产生时间	16	小型货车平均速度
5	接收时间	17	大客车交通量
6	设备类型	18	大客车平均速度
7	错误码	19	中型货车交通量
8	类型	20	中型货车平均速度
9	车道号	21	大型货车交通量
10	跟车百分比	22	大型货车平均速度
11	车头间距	23	特大型货车交通量
12	时间占用率	24	特大型货车平均速度

续上表

序　号	名　　称	序　号	名　　称
25	集装箱车流量	33	中型车流量
26	集装箱车平均速度	34	中型车平均速度
27	拖拉机流量	35	大型车流量
28	拖拉机平均速度	36	大型车平均速度
29	摩托车流量	37	特大型车流量
30	摩托车平均速度	38	特大型车平均速度
31	小型车交通量	39	一般机动车流量
32	小型车平均速度	40	一般机动车平均速度

3.4.2 数据特征及技术难点

3.4.2.1 交通调查数据基本特征

交通流数据作为一种检测断面交通流参数的重要手段，是交通控制、管理及评价应用与研究的基础。然而，现有的一些检测器所获取的交通流数据中往往夹杂着许多被噪声污染或缺失的数据。由于检测设备、检测手段及检测方法的多样性，而且交通流是大量微观个体决策的群体涌现，其具有高度的复杂性、非线性及随机性。此外，数据在通过有线或无线网络传输的过程中，也会因电磁干扰或信道失稳等众多原因造成数据污染或丢失。而且，在实际采集及传输过程中，由于前端采集设备或传输模块的供电原因等，造成部分数据无法及时采集或传输滞后等现象。显然，在数据获取过程中，造成数据质量低下的原因和环节众多且复杂，姜桂艳等归纳检测数据发生错误的类型有三种：损失数据、失真数据及异常数据。引起定点检测数据出错的原因主要有两方面：一方面是由于定点检测器在设备的安装、维护、数据传输过程中操作不当或者设备工作外场环境恶劣导致设备失灵而造成数据损失；另一方面是由于交通流异常，如车流异常密集，车流在检测器检测范围内频繁变换车道，导致设备不能正确识别，从而出现失真数据和异常数据。

因此，就需要寻找出一种能够从数据自身中判断并提高数据质量的方法。

3.4.2.2 问题数据

（1）缺失数据。数据缺失有两种情况：一类是数据部分信息缺失，即一条数据中字段不完整或个别字段出现空缺，或是某字段下出现了多个不同类型的数据（如大部分数据条是数值型，而有个别是字符型）；另一类是数据未上传，例如，某个站点在一天中以 5min 为间隔产生一个数据包，每个数据包含这个站点每条车道的交通流数据。在这些原始数据库中，该站点的每条车道的数据为一条记录。由此计算可知该站点每天应有 288 个数据包，每个数据包所包含的数据条数与该设备所在道路的车道数一致。本应产生并被接收到的，但是却没有接收到的数据为一类缺失数据。

(2) 不合理数据。一条道路的通行能力有限,行驶车速也有限,因此交调设备检测的流量(pcu)、车速值在一个阈值范围内,超出这个范围则认为其不合理。阈值不仅有最高临界值,还应有最低临界值。

由于原始数据的记录是按照车型分别统计的交通流自然量,而实际中当量交通量(Passenger Car Unit,PCU)在许多应用中则更为重要,故在进行数据异常判断前首先需要计算当量交通量。因此,接下来将首先介绍计算当量交通量所采用的标准。

我国道路中,除了高速公路、一级公路是汽车专用的道路外,其余大部分道路都是汽车与其他各种车流混合行驶,因此将各种车辆利用换算系数换算成统一的标准车,有利于各道路交通量的计算及比较。各车型的流量 PCU 也称当量交通量,是将实际的各种机动车和非机动车交通量按一定的折算系数换算成某种标准车型的当量交通量,折算系数在我国的《公路工程技术标准》(JTG B01—2014)和《城市道路工程设计规范(2016年版)》(CJJ 37—2012)中均有规定,城市道路中的折算系数与公路中的折算系数有一些差异,交叉口与路段也有差异,我国大多以小客车为标准车型,在不同公路等级与不同车道公路中有时会采用中型车作为标准车。本章所述研究示例均采用折算系数见表3-9。

公路交通情况调查机动车型折算系数参考值　　　　　表3-9

车型	汽车							摩托车	拖拉机
一级分类	小型车		中型车		大型车	特大型车		摩托车	拖拉机
二级分类	中小客车	小型货车	大客车	中型货车	大型货车	特大型货车	集装箱车		
参考折算系数	1	1	1.5	1.5	3	4	4	1	4

注:交通量折算采用小型车为标准车型。

(3) 异常组合数据。由于目前广泛应用的交通调查设备均记录了流量、速度及时间占有率三种参数,因此据交通流理论及实践可将三者的组合及其中的异常组合区分开来。这里的异常组合是指在实际交通运行中不可能存在的组合关系。

为了与单个参数的数值异常进行区分,在进行组合异常判断时,先假设检测得到的三参数(即流量、速度和时间占有率)只取两个值,即0或者是非0。表3-10中的定点数据采集间隔时间为5min,组合1表示所有的交通参数都为0,当车辆在某检测器前停下或无车辆通过时该组合可能发生。组合2表示速度和交通量都为0,而占有率大于0,该组合为异常数据;此外,组合4~组合6也都为异常组合;组合7表示速度和交通量都大于0,而占有率等于0这种情况可能是由于占有率采集的精度的原因(测得的占有率在0~1%);组合8表示速度、流量和占有率都大于零,这种组合是实际存在的。

检测参数可能组合　　　　　表3-10

组合编号	可能的组合形式	正确与否	组合编号	可能的组合形式	正确与否
1	V=0,Q=0,O=0	是	5	V>0,Q=0,O=0	否
2	V=0,Q=0,O>0	否	6	V>0,Q=0,O>0	否
3	V=0,Q>0,O=0	否	7	V>0,Q>0,O=0	是
4	V=0,Q>0,O>0	否	8	V>0,Q>0,O>0	是

(4)失真数据。由于数据传输中检测器故障或传输线路故障,或丢失数据被错误储存,可能导致数据全为零值。但是流量、速度、时间占有率均为零的情况是可能出现的,因此把可能出现零值时,全为0的数据视为真零,其他情况认为是失真数据。

(5)波动异常的数据。运行的车辆数在一定统计期内,如没有道路条件等变化是不太可能发生较大的变化,因此将变化过快或过缓,甚至长时间保持不变的情况,也视同为一类问题数据。

(6)不一致数据。部分交通调查站点拥有多套相同或不同类型的检测设备,若这些检测设备所采集得到的数据存在较大的偏差,这里则认为数据存在不一致的现象,并将此检验是作为数据一致性检验。同时原始数据存在同一时刻出现多条记录的情况,也一并归为数据不一致问题。

3.4.3 数据基本处理方法

本节首先介绍了应用于交通检测器异常数据的识别方法,并在此基础上,介绍了针对交通流主要参数的问题数据进行质量提升处理的方法。

3.4.3.1 问题数据识别方法

(1)问题数据统计指标和方法。

①缺失率。数据不完整错误类型是指一条数据中字段不完整或个别字段出现空缺,或是某字段下出现了多个不同类型的数据(如大部分数据条是数值型,而有个别是字符型)。此外,缺失数据的另一个主要来源就是丢包现象。当某天数据丢包严重时,即超过某一阈值,便在后续同比及环比等计算中,这里将该天视为无效监测。

据此,将缺失率定义为某段时间范围内某交通调查设备未采集到数据的数量占该时段内该交通调查设备理论上应该采集到的数据量的百分比。

$$I_\mathrm{m} = \frac{D_\mathrm{m}}{D_\mathrm{t}} \times 100\% \qquad (3\text{-}26)$$

式中:I_m——缺失率;

D_m——某段时间范围内某交通调查设备未采集到数据的数量;

D_t——该时段内该交通调查设备理论上应该采集到的数据量。

②异常率。异常率定义为某时段内在线质量评价方法筛选出的问题数据量占该时段内实际采集到的数据数量的百分比:

$$I_\mathrm{f} = \frac{D_\mathrm{f}}{D} \times 100\% \qquad (3\text{-}27)$$

式中:I_f——错误率;

D_f——某时段内在线质量评价方法筛选出的问题数据量;

D——该时段内实际采集到的数据数量。

③平均日交通流量变化率。针对不同评价周期,平均日交通流量变化率可采用不同的周期进行计算。这里提出了以年、月、日为评价周期的计算公式。

a. 年平均日交通流量变化率。该方法用同一监测点前一年和当年的原始数据分别计算年平均日当量交通量,最后计算当年比上一年的变化率。

$$P_y = \left| \frac{AADT - AADT_a}{AADT} \right| \times 100\% \qquad (3-28)$$

式中:P_y——年平均日交通流量变化率;
　　$AADT$——当年的年平均日交通流量;
　　$AADT_a$——上一年年平均日交通流量。

b. 月平均日交通流量变化率。该部分用上一月和当月原始数据计算某断面某月的日平均当量交通量,最后计算当月比上一月的变化率。

$$P_m = \left| \frac{MADT - MADT_a}{MADT} \right| \times 100\% \qquad (3-29)$$

式中:P_m——月平均日交通流量变化率;
　　$MADT$——当月的月平均日交通流量;
　　$MADT_a$——上一月的月平均日交通流量。

c. 日交通流量变化率。该部分用前一天和当天原始数据计算某断面某月的日当量交通量,最后计算当天比前一天的变化率。

$$P_d = \left| \frac{ADT - ADT_a}{ADT} \right| \times 100\% \qquad (3-30)$$

式中:P_d——日交通流量变化率;
　　ADT——当天的日交通流量;
　　ADT_a——前一天的日交通流量。

上述三个指标均要考虑数据的评价周期,换言之,要考虑按什么样的周期去使用这些数据。

(2)异常数据识别流程。本章提出了具有针对性的多层次问题数据识别方法,运用组合检验及阈值过滤等方法实现了对问题数据的筛选,并统计分析在不同变量下的异常分布情况。在此基础上,除去每天数据包少于某个阈值外的日期,对余下数据进行环比及同比,找出变化率异常的交调站点,并对其特征进行了分析。异常数据在线识别的流程框架如图3-46所示。

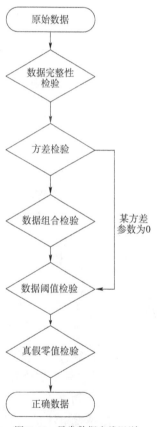

图3-46 异常数据在线识别总流程图

对异常数据进行在线识别,首先要检查数据的完整性,包括某时刻是否有数据、字段是否完整以及时间是否正确。接下来的方差检验要检验速度、流量、时间占有率三参数的方差是否为0(即识别出恒定不变的数据),对于有参数方差为0的数据进行阈值检验,参数不为0的数据先进行组合检验,然后进行阈值检验。最后检验数据的0值情况。具体的流程如图3-47所示。

通过数据完整性检验,可以得出数据的缺失率,通过方差检验、组合检验、阈值检验以及真假 0 检验可以计算出数据的错误率。其中阈值检验的具体流程如图 3-48 所示。

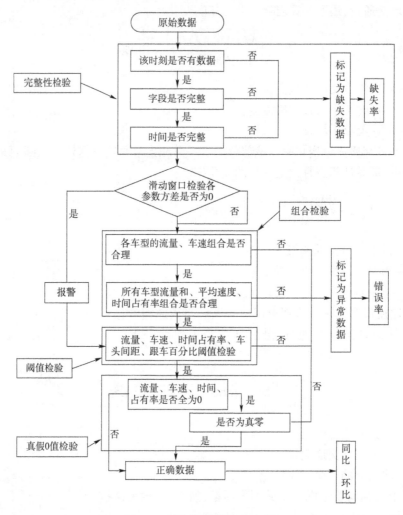

图 3-47 异常数据识别细化流程图

阈值检验包括时间占有率阈值、流量、速度阈值以及跟车百分比和车头间距阈值。

(3) 单参数阈值检验方法。

① 流量阈值。

一般情况下流量阈值。异常高值的检验可通过设定阈值的方法进行识别。阈值的计算方式如下。

定义流量检测值 Q_d 的合理范围如下：

$$0 \leqslant Q_d \leqslant f_c \times C_{\max} \times \frac{T}{60} \tag{3-31}$$

式中：T——交通参数采集的时间间隔；

f_c——修正系数，一般取 1.3~1.5。

第3章 典型交通大数据提取技术

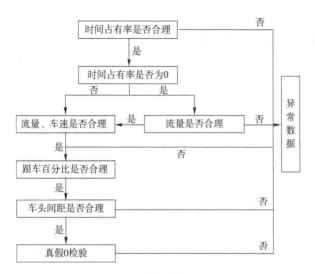

图3-48 阈值检验的细化流程

由于车辆的计数是在一个相当短的时间内完成的(几十秒或几分钟),因此,Q_d 的范围为道路的最大通行能力 C_{max} 与一定时间段的乘积,最小为0。车道最大通行能力与车道等级有关,道路等级不同,与之匹配的车道最大通行能力也不同。时间占有率为0时流量的阈值。

利用有效车长的定义,计算当时间占有率为0时,理论上经过检测断面的最大车辆数。

$$L_{veh} = \frac{O \times T \times \overline{V}}{Q} \tag{3-32}$$

$$Q = \frac{O \times T \times \overline{V}}{L_{veh}} \tag{3-33}$$

一般情况下,L_{veh} 的值应该在 5~12m(根据各车型设计车辆极值长度和检测器长度估算),$\overline{V} = 150$km/h,$T = 5$min。当 $O < 1\%$ 时,理论上在城市道路经过检测断面的最大车辆数为 25veh/5min。

②速度阈值。定义地点车速检测值 V_d 的合理范围如下:

$$0 \leq V_d \leq f_v \times V_{max} \tag{3-34}$$

式中:V_{max} ——检测道路的限制车速,不同道路等级限制车速不同;

f_v ——修正系数,一般取 1.3~1.5。

③时间占有率阈值。时间占有率是指一定时间段内,检测器被车辆占用的时间与检测时间的比值。在交通量较小的情况下,相应的车速就高,单位时间内通过检测器的车辆较少,检测器的占有率低。随着交通量的增加,车速降低,单位时间内检测器被占有的时间较长,检测器的占有率就明显变高。一般情况下,占有率不会超过95%。因此,时间占有率筛选的阈值一般确定为95%。但是由于交通信号的存在,当车辆排队时容易出现高占有率,因此这种检测方法并不适用于信号控制交叉口道路。对于检测器设置在交叉口附近,时间占有率的阈值可设置为100%。

(4)零值检验方法。交通流数据会出现全部为零的情况,产生这种情况的原因有两种可能:

①自由流情况下,在采用间隔内无车到达。
②数据传输中断或设备故障等因素,导致数据被错误地储存为零值。

对自由流的交通流特性进行分析,下面方法可区分数据中的零值是否为真实的第一类情况的方法。在自由流时,车辆到达服从泊松分布,其概率密度函数表达式为:

$$p(x) = \frac{\lambda^x u^{-\lambda}}{x!} \quad (x = 0,1,2,\cdots) \tag{3-35}$$

式中:$p(x)$——采样间隔内到达 x 辆车的概率密度函数;
λ——采样间隔内平均到达车辆数;
u——自然对数的底。

在 5min 的采样间隔内,有车到达的概率设定为 $f(x>0)$,即

$$f(x>0) = 1 - p(0) = 1 - e^{-\lambda} \tag{3-36}$$

解得,$\lambda = -\ln[f(x>0)]$。将得到的到达率与历史平均达到率进行比较,如果历史平均到达率小于 λ,则认为是第一类情况(即真0)。

3.4.3.2 问题数据修复方法

(1)修复流程。针对不同的错误类型,提出了不同的修复方法。缺失数据的修复,可以采用需要考虑前后时间数据的修复方法,例如插值法。识别出的异常数据可利用数据的时空相关性和历史相关性进行在线修复。如图 3-49 所示为不同类型的错误数据与修复方法之间的关系。

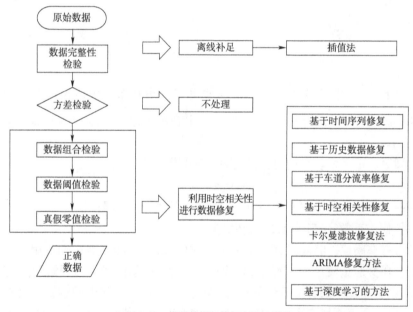

图 3-49 错误数据与修复方法的关系

如图 3-50 所示为错误数据的总修复流程。因流量和速度数据为直接采集到的数据,且对交通状态判别的重要程度最高,而跟车百分比与其他数据间无理论关系,所以先对流量、速度和跟车百分比进行修复。其次,通过有效车长的计算公式可知,时间占有率与流量、速度具有密切的关系,在修复方法中也利用这一特性对数据进行修复。同理,有以上数据之后,可对车头间距进行推算修复。

第 3 章　典型交通大数据提取技术

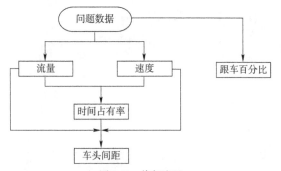

图 3-50　修复流程

如图 3-51 所示为流量字段的修复流程,充分考虑了流量数据的时间空间相关性。

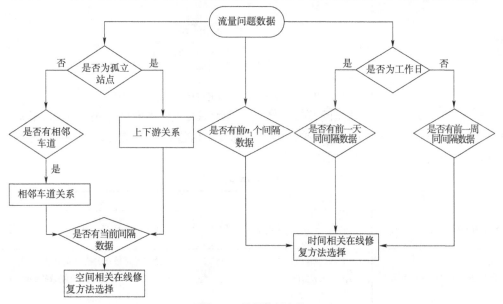

图 3-51　流量修复流程

如图 3-52 所示为速度字段的修复流程。

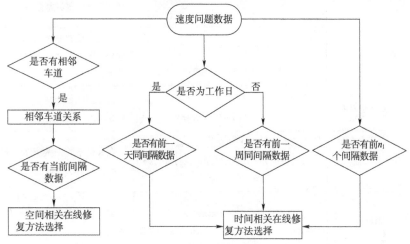

图 3-52　速度修复流程

如图 3-53 所示为时间占有率字段的修复流程。

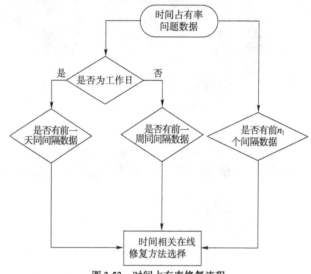

图 3-53 时间占有率修复流程

(2) 主要修复算法。交通流问题数据修复综合考虑交通流的时间相关性、空间相关性及历史相关性。表 3-11 对本节问题数据所涉及的修复方法进行了总结，由于这些方法都是目前比较典型的方法，故在本书中不再赘述。

修复方法比较   表 3-11

数据修复方法	公 式	特 点
基于时间序列的修复方法	$\hat{x}_i = \dfrac{\beta_{i-1}x_{i-1}+\beta_{i-2}x_{i-2}+\cdots+\beta_{i-k}x_{i-k}}{k}$	适合于孤立异常数据
基于历史数据的数据恢复方法	$\hat{x}_i(k) = \eta\, x_i(k-7) + \mu x_i(k-1) + a$	连续异常数据具有很好的修复能力，这种方法简单易行，能反映数据的趋势，但不能表征数据的微观波动特性
基于车道分流率的数据恢复方法	$\hat{x}_i(k) = \dfrac{1}{n-1}\sum_{j=1}^{n}\dfrac{z_i(k)}{z_i(j)}x_i(j), j\neq k$ $\hat{x}_i = Hx_i$	基于不同车道历史数据的比例关系，从而推算恢复异常数据
基于时空相关性的数据恢复方法	$\hat{x}_i(j,m,n) = \gamma_0 + \gamma_1 x_i(m) + \gamma_2 x_i(n)$ $\hat{x}_i(j) = \text{median}[\hat{x}_i(j,m,n)]$	采用中值鲁棒特性的模型，可以避免部分检测器数据异常与丢失对最终修复结果的影响
基于卡尔曼滤波的数据修复方法	$Y(\tau+T) = H_0 V(\tau) + H_1 V(\tau-1) +$ $H_2 V(\tau-2) + w(\tau)$	根据预测偏差对算法进行实时修正，达到动态预测的目的
ARIMA 数据修复方法	$\begin{cases}\Phi(B)\nabla^d x_t = \Theta(B)\varepsilon_t\\ E(\varepsilon_t)=0, Var(\varepsilon_t)=\delta_s^2, E(\varepsilon_t\varepsilon_s)=0, s\neq t\\ Ex_s\varepsilon_t=0, \nabla s<t\end{cases}$	在大量不间断数据的基础上，此模型拥有较高的预测精度
基于深度学习的数据修复方法	自编码器 (autoencoders, AES) 降噪自编码器 (Denoising autoencoders, DAE)	填补质量高，错误率低，但所需训练集较大

第4章 基于大数据的个体出行识别及预测技术

在对海量出行者的出行行为进行整理与分析的基础上,可对出行者的出行机理进一步挖掘。随着大数据技术快速进步,城市交通大数据分析与挖掘主题的深度交叉和融合,可以创新出很多新方法、新技术、新流程及新思维。

传统的交通分析模型核心技术 OD 是建立在居民出行调查基础上的,这一概念对表达交通出行总量是有效的,但并没有反映出行之间的关联,也不能说明个体经常活动的地区(职住地外),OD 概念的这种缺陷是受制于调查手段局限性而产生的。

移动通信、机动车号牌等数据均具有对个体连续追踪的特点,但由于采集方式、时间分辨率、参照系精度等多方面的原因,很难精准判别每次出行的具体位置,为了充分利用时间观测积累所获取的经常性活动规律,需要突破原有的技术概念约束,寻找新的行为度量方法。

移动通信、机动车号牌等数据虽不能完全有效地区分单次出行,但是具有连续追踪的特点,对于长时间序列数据,更加适应的技术概念是行为地理学和时间地理学中所采用的居民活动空间。

行为地理学是研究人类不同类群(集团、阶层等)在不同地理环境下的行为类型和决策行为及其形成因素(包括地理因素、心理因素)的科学,它是在行为科学、心理学、哲学、社会学、人类学等科学的基础上发展起来的带有方法论性质的应用地理学新分支。行为地理学认为人体活动空间是在人类的环境认知、地理区位和外在行为机制作用下形成的一种个人属性。

时间地理学是一种研究在各种制约条件下人的行为时空特征的研究方法。在时间地理学中,强调每一个人都有目标,为完成目标,人们必定设立计划,此计划是指在限制环境中,某时、某地所必须进行之一连串活动。人们为了完成计划,则必须克服环境的限制,时间地理学将这些限制分为能力限制、结合限制、管理限制。

本书梳理了近年来针对空间大数据开展的研究,尤其是其中用到的数据分析与模式发现方法。这些方法一方面借鉴了计算机领域的最新进展，另一方面也充分考虑了地理空间的规律和特征。

4.1 基于时间地理学的个体出行画像

4.1.1 时间地理学简介

在以往，四阶段法是研究居民出行需求的主要方法，但是随着城市可利用空间的减少、居民出行时所选择的目的地多样化，以及居民的家庭因素对居民出行的制约性越来越强，四阶段法在反映居民个体及家庭属性中的缺点便越发暴露出来。从而，一种更加贴合居民出行及其出行所相关的限制因素的思想方法便应运而生。

4.1.1.1 时间地理学的起源和发展

时间地理学理论，是一种可以应用于城市规划中、研究居民日常出行活动的基选集模拟模型的理论学说。在20世纪60年代，瑞典地理学家Hagerstrand和其所代表的德隆学派率先提出了这一观点。在其之后，Carlstein、Pred、Thrift等人对其思想进行了补充及推广。在20世纪70年代末以前，对于时间地理学的研究和应用基本上遵从于Hagerstrand所提出的最初理论。然而在80年代后，时间地理学理论在应用上变得更加多元化，所涉及的领域也更加广泛，不仅局限于对区域地理规划、人地关系等研究当中，更是创造性地延伸到个人活动行为同社会结构等因素间的相互关系、女性地理学、福利地理学以及城市地域研究和城市交通规划等领域当中。

4.1.1.2 时间地理学的核心思想

人类活动从出生开始就一直在持续，通过将人类的活动行为以空间时间的坐标进行表示，可以客观地记录下人类在发生活动时的瞬时轨迹。这条代表着人类生命活动的轨迹曲线，不停地随着人类发生各种活动而不断延伸，一直持续到人类生命活动终结为止。因此，在所建立的三维坐标模型中，任何一个瞬时的点，最少都有一项出行活动与它相关。通过这个定义，个体出行活动在三维坐标体系中所表现出来的形式，可以是一刻不停地从一个位置移动到下一个位置，也可以是固定地处在一个位置不再移动。在三维坐标体系中，一个持续固定位置的活动，在坐标轴中反映出来的，就是一根垂直空间轴向上的直线；而持续改变位置的活动，在坐标轴中反映出来的，则是一条带有倾斜的斜线，该斜线会随着出行活动的变化而不停改变斜率。

4.1.1.3 时间地理学的限制因素

时间地理学主要注重的，是在相应环境条件下，对于人类出行活动所造成的制约条件。人的出行活动通常是充满不确定性的，不能通过观察其以往的活动行为来对其之后的活动行为做出准确推测。通过研究周边环境条件对其出行活动的限制和制约，将会得出更加合理客观的研究成果。

在考虑时间和空间等周边环境对人类出行活动所造成的影响时，主要从以下几个方面进行：第一，人类是一个不可分割的整体，即人类发生活动只能在一个地点；第二，人类的生命活动是有限的，有开始、有终结；第三，人类在发生所有的活动时都需要占用一定的时间；

第四,空间对于人类来说就是地表所能承受的容纳能力,是有限的;第五,人类的出行活动必然受到以往的经历所制约;第六,人类在处理多种活动时,所展现出的能力是有限的。

4.1.1.4 时间地理学的概念与表示方法

时间地理学理论在表达人类出行活动的活动轨迹时,通常采用的方法是在空间时间坐标中标示出人类在出行活动中的路径曲线。这种路径的表示方法在标示尺度的确定上完全可以自由设定。例如在空间尺度中,我们可以以国家、地区、城市等分别作为表示所采用的计量单位;而在时间尺度中,包括人的一生、一年、一个季度、一个月、一周、一日甚至一个小时、一分钟等都可以作为计量单位;在针对的对象上,出行者个人、出行活动的一个群体组织等也可以作为计量单位。

另一方面,由于出行人在选择出行方式时的不同,其在进行出行活动时所能达到的范围也将不完全一样。并且,人类在出行活动时,会受到诸如上下班时间、商店营业时间、公共交通工具运营时间、回家时间的等各种条件的制约,其在各个时间点所能达到的空间移动范围也将不尽相同。这种在特定时刻、特定地点所选取的对象个体,在一定时间内所能达到的可移动的空间范围,称其为可达范围。将可达范围与时间空间坐标轴用二维坐标进行表示,其出行人在出行活动时的可达范围可以用时空棱柱来表示。

4.1.2 基于地理时空学的出行链模糊分类辨识

对于手机信令产生的大样本出行数据,需采用自动识别方法并根据出行链的特征对其进行分类。本节基于地理时空学的方法对出行链进行自动模糊分类。

4.1.2.1 基于时间地理理论的活动链聚类

时间地理理论虽然提供了一个很好的个人出行活动分析方法,但对于某些出行人的出行活动集体特征的分析,仍然有一定的缺陷。例如,将两个人的出行活动链在时间和空间坐标所构成的三维坐标体系当中进行比较,即使两个人的出行活动链比较相似,但是由于两者相距的地理位置较远,没有任何交集的可能,使用传统的聚类方法也很难将它们归为一类,如图 4-1a)所示。因此,虽然时间地理学对于个人出行链的可视化和相关分析是很好的工具,但是在我们的研究和实践中,通常希望在分析个人出行行为的基础上,对多人或者集群的行为进行研究,试图探索研究其中某类人或某几类人的出行行为。这样的目标用惯常的时间地理学方法进行研究,是难以实现的。所以我们必须要在这一方法的基础之上进行改进或变通。

在这里,需要做一个转换,将每个人的出行活动链的三维坐标转换成二维坐标的形式。通过将三维坐标转换成二维坐标的形式,不同出行人的出行链,在二维坐标中就可能产生交集,进而为我们对出行链进行聚类处理提供了可能。通过对出行链进行转化,再经过一系列后续处理,我们就可以将出行链进行合理聚类。

具体方法为:将个人出行活动所产生的出行活动链,投射到一个由时间轴和距离轴所构成的二维坐标体系当中,如图 4-1b)所示。由于所研究的是基于住址的出行活动,绝大部分人一天的出行活动都是从住址开始的,所以在所规定的坐标系中,代表距离的坐标轴的原点是住址的位置,距离越大代表某个人某一时刻的活动位置距离住址的位置越远,距离越小代表这个人活动的位置距离住址的位置越近。时间轴代表活动随时间的变化情况,时间轴的原点代表 00:00。

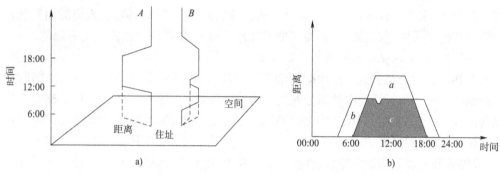

图 4-1 时空轨迹相似性计算图

活动链相似度计算方法为：

通过上述将三维坐标转化成为二维坐标的方法，每个人的出行活动链都能在这样一个距离轴和时间轴上表示，而且对于分析出行活动链最关键的几个信息，如出行起始时间、活动持续时间、出行时间、出行距离等都没有丢失。这样就可以对两个人的出行活动链形状进行两两比较，计算两个活动链的相似程度，以此作为出行链归类的依据。在这里引入一个计算两者相似程度的方法，公式如(4-1)所示。

$$D = \frac{c}{a+b-c} \tag{4-1}$$

式中：a——样本 A 的出行活动链跟时间轴围成的区域面积；

b——样本 B 的出行活动链与时间轴围成的区域的面积；

c——两个人出行活动链的形状的交集部分，即图 4-6b)中所表示深色区域。

如果 $D=0$，则说明样本 A 和样本 B 的出行活动链没有交集，如果 $D=1$，说明样本 A 和样本 B 的出行活动链完全相同。

使用这个公式就可以将任意两个样本的出行活动链进行两两比较，将比较的结果在一个矩阵表中表示即可。通过将出行活动链进行两两相互比较，可以计算出两条出行活动链的相似程度，进而可以以此为依据将出行活动链进行聚类处理。图 4-2a)表示了 A_0、A_1、A_2、A_3 四个人的出行活动链形状，图 4-2b)表示计算了 A_0、A_1、A_2、A_3 每两个人的出行活动链的相似程度。

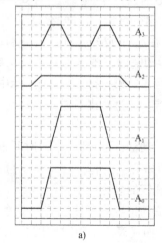

	A_0	A_1	A_2	A_3
A_0		0.714	0.265	0.286
A_1			0.247	0.098
A_2				0.417
A_3				

图 4-2 活动链相似性矩阵图

第4章 基于大数据的个体出行识别及预测技术

通过比较计算,我们可以得出这样一个结论,当两个出行活动链相似度较高时,我们可以权且认为这两个出行人的出行活动的出行目的是相似或相同的,从而可以将其暂时归为同一类出行活动链。但事实上,出行活动链相似度较高,并不能一定说明两者的出行目的相似或相同,还需要针对每一类出行活动链进行进一步研究和讨论,来确定该类出行活动链的主要出行目的。

4.1.2.2 基于时间地理理论的活动链聚类实例

利用北京市1600万手机用户数据,对所抽样的134个出行人出行活动链进行分析。横坐标为时间,单位为h;纵坐标为出行者所处位置与住址的距离,单位为km,得出了若干二维坐标图,如图4-3所示。

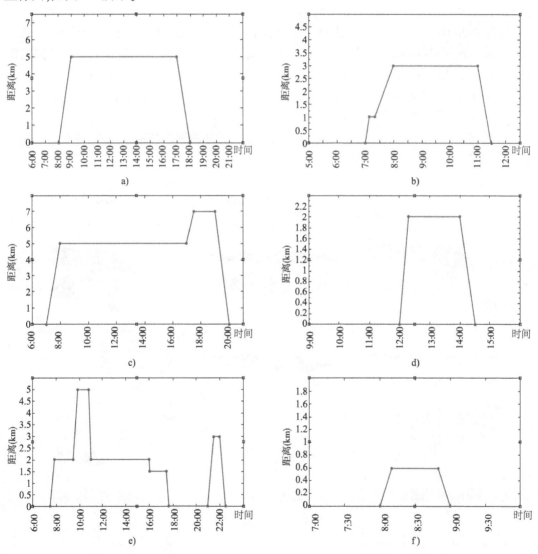

图4-3 出行链分析结果

如图4-3a)所示出行链,出行人为一次活动两次出行,早上离开住址的时间大约在

8点，经过一次长时间的活动，下午回到住址的时间大约在18点，离开住址的距离约为5km。

如图4-3b)所示出行链，出行人在一次主要活动当中，早上7点从住址出发，在某一地点发生了短时间的中间驻停，其后经过一段时间的活动，在中午12点之前返回住址中，出行距离约为3km。

如图4-3c)所示出行链，出行人早上7点从住址出发，20点回到住址中，发生了二次活动三次出行，其中第一次出行时间较长，第二次出行活动时间较短；第一次出行距离大约5km，第二次出行距离大约2km。

如图4-3d)所示出行链，出行人中午12点从住址出发，下午2点半左右回到住址中，发生了一次短时间的活动，出行距离大约2km。

如图4-3e)所示出行链，出行人早上8点左右从住址出发，18点左右回到住址中，期间还伴随着一次短时间的出行；之后在20点左右又从地址出发，直到22点半左右回到住址中。出行人发生了多次活动多次出行，出行活动时间不等，出行距离也不相同。

如图4-3f)所示出行链，出行人早上8点从住址出发，9点即回到住址中，发生了一次活动两次出行，出行距离大约为0.6km。

通过Matlab统计工具软件，可以计算并得出各出行活动链的相似度矩阵，现抽取前9个出行者的出行活动数据作为展示，如图4-4所示。

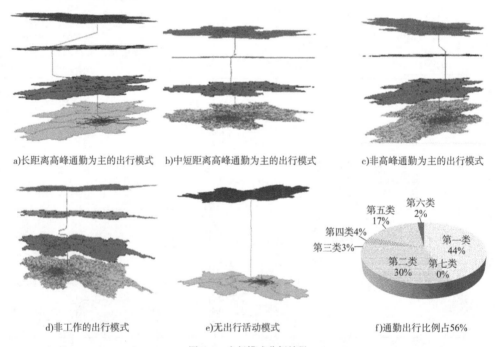

a)长距离高峰通勤为主的出行模式　　b)中短距离高峰通勤为主的出行模式　　c)非高峰通勤为主的出行模式

d)非工作的出行模式　　e)无出行活动模式　　f)通勤出行比例占56%

图4-4　出行模式分析结果

通过以Matlab统计工具计算得出的相似度矩阵，接下来我们可以对这些出行活动链进行聚类处理。以相似度为依据，以图4-4所示的几个出行活动链基类为参照模型，通过比较两两出行链的相似程度，Matlab统计工具可以将这些出行活动链自动聚类成若干大类。聚类结果见表4-1。

第4章 基于大数据的个体出行识别及预测技术

出行链聚类统计表　　　表4-1

类别	比例	特性	图形
第一类	25%	这类出行链的特性为大多数是一次主要活动,两次出行活动的持续时间较短,通常少于1.5h。出发时间一般是在早上7~9点,出行结束时间在12点左右,再无后续出行	
第二类	30%	这类出行链的主要特性为一次长时间活动,两次出行。多数活动时间在7h以上。出发时间一般是在早上7~9点,出行结束时间有较大差异	
第三类	18%	这类出行链的特性多为三次活动,四次出行。第一次和第三次活动持续时间较长,第二次活动持续时间较短	
第四类	3%	这类出行链的特性多为一次活动,两次出行。活动的持续时间较短,通常少于2h,出发时间一般是在10点之后,出行结束时间在14点左右,出行距离不超过3km	
第五类	13%	这类出行链的特性为一天内有多个活动和多次出行,通常活动次数在4个以上,出行次数在5次以上,活动的持续时间长短各不相同	
第六类	6%	这类出行链的特性为两次活动,三次出行。第一次的出行活动较长,第二次的出行活动较短	

续上表

类别	比例	特 性	图 形
第七类	4%	该类出行链没有明显的特性,无法将其分入其他任何一组出行链当中	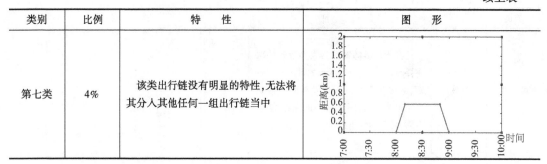

4.2 旅游人群识别与聚类分析

随着通信技术的进步,手机的普及率已经达到了很高的水平,几乎每个人都在使用它。这就产生了大量的个体运动数据,为研究个体的运动行为提供了丰富的资源。另一方面,许多城市的旅游业在不断发展,即使在淡季,许多城市每天也都接待大量的游客。为了促进旅游服务,减少对当地居民可能的干扰,了解游客对城市空间的使用和与当地居民的互动是很重要的。在本节中,提出了一个基于手机信令数据的游客和当地人识别框架,并分析了游客和当地人在城市空间和时间上的分布特征。

4.2.1 旅游人群行为研究

本书研究使用的数据是2015年6月1日至6月30日到达厦门的手机用户的移动手机信令数据。由用户手机触发通信基站产生的数据,反过来通信基站记录用户触发时间。厦门市现有通信基站约5000个,主要分布在厦门岛,占50.77%。手机用户人群约有1000万。从1000万用户中随机抽取10万用户作为样本,用于本节内容的分析。

筛选出10万用户的所有记录后,首先对缺失字段、重复数据、厦门市境外数据等无效数据进行清理,其次过滤掉漂移的数据。计算每个轨迹点的瞬时速度,剔除速度值大于500km/h的点。假设有两个点 $p_i(lon_i, lat_i, t_i)$ 和 $p_{i+1}(lon_{i+1}, lat_{i+1}, t_{i+1})$,计算公式如下:

$$C = \sin(lat_i) \cdot \sin(lat_{i+1}) + \cos(lat_i) \cdot \cos(lat_{i+1}) \cdot \cos(lon_i - lon_{i+1}) \tag{4-2}$$

$$D = R \cdot \arccos C \cdot \pi/180 \tag{4-3}$$

$$v_{i+1} = D/(t_{i+1} - t_i) \tag{4-4}$$

式中:R——地球半径,取6731km。

然后,对每个用户的跟踪进行处理,以确定用户的停留区域,并保留至少有一次旅行的用户,包括出发地和目的地。由于当地居民和游客通常有很多次旅行,如果用户的CDR数据太少,无法分析这些旅行。为了不影响后续的聚类和空间分析,需要消除这些用户。最后数据集包含一个月内(数据收集期间)55148个用户的3200多万条记录。

4.2.2 旅游人群聚类分析

本节描述了拟用的无监督方法,用于从数据中识别游客或当地居民,逐一介绍了该方法的步骤。首先,从每个用户的时空轨迹中提取他们的特征;其次,对特征进行归一化,以减少不同特征之间维度差异过大的影响,并使用主成分分析法(PCA)来减少数据集的维度;再次,提出了三种聚类方法来获得聚类结果,并使用内部和外部交叉验证的方法来验证聚类性能;最后,选择性能较好的方法进行解释。

4.2.2.1 特征提取

对于每个用户,从他们的时空轨迹中提取31个特征(表4-2),每个用户的特征都是轨迹中有意义的汇总统计。根据相对时间、空间和时空的变异性,将特征分为四类:时间活动类(4)、空间活动类(9)、与基站的交互类(7)及时空出行变化类(11)。

从每个用户的时空轨迹中提取的31个初始特征　　　　表4-2

序号	特征名称	序号	特征名称
1	时间周期	17	每天触发的记录数
2	活动天数	18	每天触发的记录数标准差
3	连续活动天数	19	每天的触发基站时间总和
4	工作日活动天数	20	每天触发基站总和的标准差
5	用户总移动距离	21	月出行总次数(OD)
6	用户每天移动距离	22	日均出行次数(OD)
7	每天移动距离标准差	23	平均出行距离
8	连续两天质心间距离	24	出行距离间的标准差
9	连续两天出行质心间距离标准差	25	出行中平均速度
10	每天出行质心与月质心间距离	26	出行中速度的标准差
11	每天出行质心与月质心间的距离标准差	27	出行中行程时间
12	连续两天间重复基站所占百分比	28	出行中行程时间标准差
13	连续两天重复基站百分比的标准差	29	总停留时间
14	月触发的基站数	30	平均停留时间
15	每天触发的基站数	31	停留时间的标准差
16	每天触发的基站数标准差		

时间活动描述用户在厦门停留的时间,试图区分哪些用户在厦门停留的时间长,哪些用户停留的时间短;空间活动类是指用户在一天或一个月内移动的距离和用户在空间中位置的可变性,区分每天移动距离较长或较短的用户。此外,能够区分经常在几个不同地点漫游的用户,对比在空间中访问多个不同地点的用户。与通信基站的交互类描述了用户与基站交互的次数、频率和时间,能够区分与大量不同基站或少数相对固定基站进行交互的用户。最后,时空出行变化类包括与用户在空间和时间上的出行行为有关的特征。例如,用户一天中具有特定起点和终点的旅行次数,区分一天中有多次出行且停留时间较短的用户,另一方面,一天中有多次出行且停留时间较长的用户。以上31个特征是从用户的时空轨迹中提取出来的,通过游客、当地居民等聚类方法获得特征上的相似用户。

4.2.2.2 标准化及数据降维

上述31个特征的性质不同,导致不同特征在尺寸和大小上存在较大差异。例如,在本书研究中,时间活动特征的单位为天,最大值为 30 天,而空间距离特征的单位一般为 km,最大值可达 200km 等。因此,当将不同的特征组合到聚类时,每个特征的贡献就会不同,特征之间的层次也会有很大的差异。特征值越大,在聚类过程中绝对效应越突出、越重要,而特征值越小,影响可以忽略不计。本书研究采用 k 均值聚类方法,结合欧式距离的相似性度量。如果不同变量之间的维度差异过大,可能会导致少数变量产生过度影响,导致垄断。因此,为了统一比较标准,保证结果的可靠性,我们需要在分析数据之前对原始变量进行处理,即数据的归一化。

本书采用 Min-max 归一化,这是消除变尺度和变化范围影响最常用的方法之一。首先求出特征的最大值(X_{max})和最小值(X_{min}),计算出变量的值域($R = X_{max} - X_{min}$),然后从变量的每次观测(X)中减去最小值(X_{min}),再除以值域(R),计算公式如下:

$$X' = \frac{X - X_{min}}{X_{max} - X_{min}} \tag{4-5}$$

Min-max 归一化后,无论原始数据是正的还是负的,每个观测值的数值变化范围的变量满足 $0 \leq X' \leq 1$。数据归一化后,不同特征之间可能存在相关性,不同特征的重要性可能不同。研究使用主成分分析,试图将大量现有的相关性(如 31 个特征)重新组合成一个新的组。一种相互独立的综合特征,可以替代原有的特征。分段主成分分析是一种检验多个变量之间相关性的多变量统计方法。它研究如何揭示多个变量之间的内部结构通过几个主成分,也就是说,从原始变量获得几个主成分,让它们保持尽可能多的原始变量的信息,和它们彼此不相关。主成分的数量通常根据累积贡献率来决定。一般保留累积贡献率大于 85% 的前 m 个主成分。本书取前 6 个主成分,累积贡献率 91%。主成分的累积贡献率曲线如图 4-5 所示。

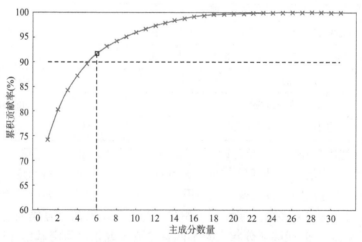

图 4-5 主成分数的累积贡献率曲线

4.2.2.3 聚类方法和聚类数量的确定

为了更准确地识别游客或当地居民用户,本书采用了三种聚类方法:K-Means、BIRCH 聚类以及 Hierarchy 层次聚类。该数据集包含 55148 个用户,31 个特征被规范化和缩减。

k 均值算法是一种非常典型的基于距离划分的聚类算法,采用欧氏距离作为相似性评价指标。两个观测值越接近,它们的相似性就越大,被归为同一组的可能性也就越大。算法需

要提前设置 k 值($k \leqslant n$)及需要划分的类数,然后将一组包含 N 个样本的数据分成 k 个不相交簇,最终以一个紧凑独立的簇为目标。

BIRCH 算法是一种非常有效的基于距离的分层聚类算法,它可以一次有效地聚类和处理离群点。通过对数据库的扫描,建立一个初始存储在内存中的聚类特征树,然后对聚类特征树的叶节点进行聚类。其核心是聚类特征(CF)和聚类特征树(CF 树)。聚类特征为三元组(N, LS, SS),其中,N 为聚类中 d 维的个数;LS 为 N 个点的线性和;SS 为 N 个点的平方和。

Hierarchy 层次聚类是一种通过连续合并或分割来构造嵌套簇的通用聚类算法。集群的层次结构用树表示。树根是收集所有样本的唯一集群,而叶子是只有一个样本的集群。层次聚类算法可分为聚类和分裂。本书采用聚类分层聚类算法,每一个观测从其自身的聚类开始,聚类不断融合在一起。合并策略的度量标准使用平均链接,它最小化了所有集群对之间的平均观察距离。

聚类之前,需要确定期望聚类的簇数,通常根据经验来确定。本书根据数据本身来确定最优的聚类数,采用肘点法确定最优 k 值。肘点法的核心指标是 SSE [误差平方和,见公式(4-6)]。随着聚类个数 k 的增加,样本的划分会更加细化,每个聚类的聚集程度也会逐渐增加,误差平方和(SSE)逐渐减小。此外,当 k 小于集群的实际数量,k 的增加将大大增加每个集群的聚合度,误差平方和会大幅度减小,当聚类个数 k 达到真正的集群个数时,聚合度将随着聚类个数 k 的增加迅速降低,所以,误差平方和的衰落将大幅度减小,也就是说误差平方和与聚类个数 k 间关系图是一个肘点图,对应肘点的 k 值为聚类的最优个数。由图 4-6 可知,最优聚类数为 5。因此,我们取 5 作为聚类的个数。

$$\text{SSE} = \sum_{i=1}^{k} \sum_{p \in C_i} |p - m_i|^2 \tag{4-6}$$

式中:C_i——第 i 簇;
$\quad p$——C_i 中的样本点;
$\quad m_i$——C_i 的质心;
SSE——所有样本的聚类误差。

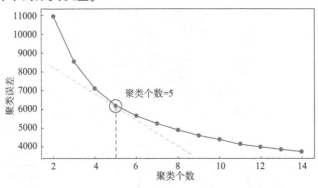

图 4-6 误差平方和与簇数的图表

4.2.2.4 聚类结果和性能度量

聚类的主要目标是识别游客和当地居民。从聚类的输出,获得三种方法下每个用户所属的集群和集群质心。将展示不同集群的性能在不同聚类算法下的雷达图像特征,通过雷达图可以根据游客和居民特有的典型出行行为识别游客和居民集群。本书暂时不分析其他集群的用户,这也是无监督学习的一个重要方面,即不能期望所有集群都具有语义上的意义。

由图4-7~图4-9可知,K-means聚类结果中,类别2为游客,类别5为当地居民,BIRCH聚类结果中,类别3为游客,类别1为当地居民。层次聚类结果中,类别1为游客,类别2为当地居民。统计每个聚类结果不同的用户。

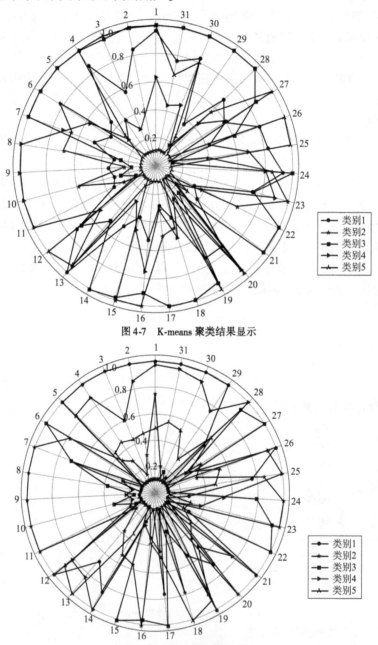

图4-7 K-means聚类结果显示

图4-8 BIRCH聚类结果显示

集群性能可以基于内部和外部交叉验证技术进行测试。这些方法的性能结果是用三种不同的统计测试来衡量的。本书采用轮廓系数和Calinski-Harabasz指数作为内部验证指标。

此外,使用 precision 作为外部验证指标,测试手机号码不属于厦门的用户在游客群中的百分比。轮廓系数结合内聚和分离两个因素来衡量一个样本与其簇内其他样本的相似性(内聚)和与簇内其他样本的差异性(分离)。取值范围为 −1~1,其中高值表示样本与自身聚类的相似性较大,与其他聚类的相似性较小。Calinski-Harabaz 指数使用的是类别间分散平均值与类别内分散的比值。聚类内样本的协方差越小,聚类间协方差越大,Calinski-Harabasz 得分越高,聚类效果越好。

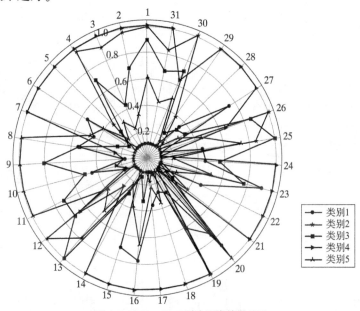

图 4-9　Hierarchical 层次聚类结果显示

从表 4-3、表 4-4 可以看出,对于 Calinski-Harabaz 和 precision,K-Means 聚类在三种方法中表现最好。从轮廓系数来看,BIRCH 聚类是三种方法中效果最好的一种。

聚 类 结 果 统 计　　　表 4-3

类　　别	K-means	BIRCH	Hierarchical
类别 1	9100	27490(当地人)	11617(游客)
类别 2	11366(游客)	3099	30647(当地人)
类别 3	11248	10915(游客)	3587
类别 4	4930	11033	5448
类别 5	18504(当地人)	2611	3849

集群性能由内部和外部交叉验证指标　　　表 4-4

方　　法	轮廓系数	Calinski-Harabasz 指数	精度(%)
K-means	0.3186	73935	92.66
BIRCH	0.4052	55128	92.30
Hierarchical	0.2373	55961	90.94

综合考虑,本书使用 K-means 聚类结果作为最终的识别结果,因为同一个聚类中样本的相似度和聚类之间的不相似度相对较大。另一方面,同一簇样本方差最小,精度最高。

4.2.2.5 聚类解释

基于 K-means 聚类方法,得到了 5 个具有明显时空特征的用户集群。对每个集群进行标识是一项具有挑战性的任务,因为它仅基于集群的特征,缺乏用户的基本事实。因此,本书只是描述每个集群的特征,如图 4-10 所示,然后对行为最为显著和具体的集群进行标记,例如游客和当地居民。

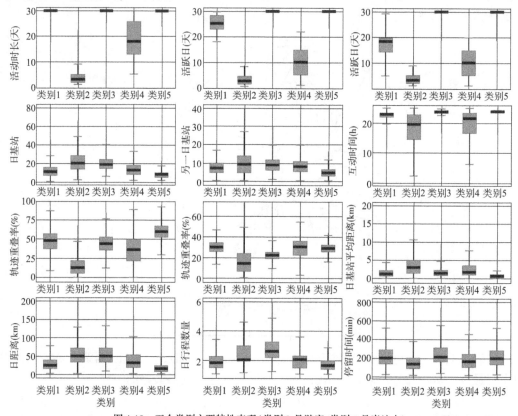

图 4-10 五个类别主要特性表现(类别 2 是游客,类别 5 是当地人)

类别 1(9100 个用户):在厦门活动时间较长,日距离较短,连续两个日质心的平均距离较小,连续两个日电信基站重叠的平均百分比较高,日电信基站交互较少,日行程较少。

类别 2(11366 个用户):在厦门活动时间较短,日距离较长,连续两个日质心平均距离较大,连续两个日电信基站重叠的平均百分比较低,日电信基站交互最多,日出行次数较多。

类别 3(11248 用户):长时间活动在厦门,每日距离更长,更小的平均距离的两个连续每日重心,更高的平均百分比重叠的两个连续的日常通信基站,更多的日常通信基站、最互动的日常行程,最低平均速度移动部分,平均持续时间最长的停止。

类别 4(4930 个用户):厦门地区活动时间较短,日距离较短,连续两个日质心的平均距离较大,连续两个日电信基站重叠的平均百分比较低,日电信基站交互较多,日出行次数较少。

类别 5(18504 个用户):长时间活动时间在厦门,日常的距离最短,最小平均距离的两个连续每日重心,最高的平均百分比重叠的两个连续的日常通信基站,减少日常通信基站互动和数量的日常行程,最高平均速度的移动部分和更长的平均持续时间停止。

通过特征描述发现,第二和第五集群对游客和当地居民具有显著的行为特征。将集群2中的用户标注为"游客",因为他们在厦门停留的时间较短,游览过很多不同的地方;将集群5中的用户标注为"当地人",因为他们在厦门停留的时间较长,主要迁移在厦门的一个相对固定的区域。

类别2中的用户(11366个独立用户)是在厦门平均停留3.42天左右的游客。他们几乎每天都在移动,平均每天移动58.36km左右,日质心每天都在变化,两个连续日质心的平均距离较大(平均约4.14km)。此外,他们的轨迹重叠很少(平均约15.33%)。由于他们几乎一直在移动,他们与许多不同的通信基站进行交互(平均每天约22.25个)并产生许多记录(平均每天约48.58个)。此外,他们每天的行程较多(平均约2.39次),而行程之间的停留时间较短(约2.71h)。

而类别5的用户(18504个独立用户)为厦门本地居民,平均每月在厦门停留29.78天左右。由于两个连续日质心的平均距离较小(平均约1.16km),且轨迹重叠度很高(平均约59.96%),所以他们在相关/固定区域移动。他们每天的平均距离约为19.78km。同时,他们每天交互几个相同的通信基站(平均每天约8.04个),并产生一些记录(平均每天约31.96个)。此外,他们每天有几次行程(平均约1.71次),行程之间的停留时间较长(约3.76h)。研究推断他们在停工期间工作或做家务。

综上所述,游客在厦门停留时间短,参观了很多不同的地方;另一方面,当地居民在厦门停留了很长时间,并移动到了一些相关的/固定的地区。

4.3 老年人群识别与分类分析

随着我国人口老龄化问题的日益突出,对如何更好地为老年人提供出行等社会服务都提出了新的挑战,不断丰富的数据资源为我们提升对老年人的服务提供了新的途径。本节将介绍一种利用样本出行特征和通话特征调查数据作为老年人群识别算法的训练基础,再结合手机数据对老年人群进行识别的方法。准确识别老年人群为追踪老年人群的活动轨迹及挖掘老年人群的出行规律奠定了基础。传统上,用于统计人口分布主要是基于人口普查,而这些数据的收集成本很高,且更新速度较慢,无法反映人们的动态活动规律,这些缺点在一定程度上限制了数据的新鲜程度,并阻碍了相关研究的进展,已经不能满足新时代社会发展的需求。在大数据时代,各种多源的数据可以作为传统调查的补充,甚至在某些方面可以替代传统低效的调查方式。其中,手机数据因其覆盖人群广、覆盖范围大、持续性强,并且能实现实时定位等特点正在被广泛应用。

由于手机数据的隐私性要求,一般用于研究的手机信令数据会对用户的姓名、年龄等私密信息进行脱敏处理,所以无法直接通过手机信令数据得到用户的年龄数据。要想通过手机信令数据识别老年人群,首先要找到典型的老年人行为特征,并且这些行为特征可以通过手机数据展现。显然,由于手机信令数据能够体现出用户的出行特征和使用手机通信的特征,所以我们选择了这两大方面的特征作为识别老年群体的主要特征,在结合相关问卷调查数据,从这两个方面对老年人群的识别算法进行了训练,并基于手机信令数据对老年群体进行和识别试验,具体方法如下文所述。

4.3.1 老年人群出行特征

由于老年人已经退休,并且身体状况可能不佳,所以老年人更倾向于使用当地设施,从事非工作活动,这些特殊性导致老年人的出行和需求与一般人群有很大的不同。相关研究发现老年人出行的目的以休闲和购物为主,出行方式以步行、公交和自行车为主,不同年龄的人群在出行距离、出行方式、出行次数等方面存在很大差异。另一方面,由于生活习惯的不同,非老年人群和老年人群可能在通话特征上存在差异。

为研究老年人群的出行和通话特征,针对居民的出行次数、出行方式、出行距离、通话次数、通话高峰时段等信息,在北京市进行了相关的问卷调查。调查结果分析如下。

4.3.1.1 出行特征

经过对调查结果进行统计分析发现,老年人群和非老年人群在出行方式、出行次数及出行距离方面有明显的差异,如图4-11~图4-13所示。老年人群一天出行次数主要集中在不大于2次或3~4次,出行方式中步行和非机动车占比高达80%,而且超过80%的老年人群单次最大的出行距离不超过3km。而非老年人群的平均出行次数要明显高于老年人群,出行方式以机动车为主,最大出行距离也要明显高于老年人群,超过60%的非老年人群出行距离超过5km。

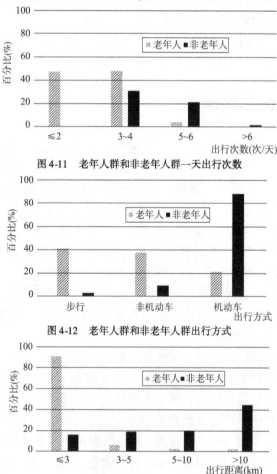

图4-11 老年人群和非老年人群一天出行次数

图4-12 老年人群和非老年人群出行方式

图4-13 老年人群和非老年人群出行距离

第4章 基于大数据的个体出行识别及预测技术

综合以上分析,我们把出行次数、出行方式以及出行距离作为主要的出行特征来进行老年人群识别。其中,出行方式的差异可以体现在不同交通方式的出行速度不同,因为手机信令数据可以通过出行中的起始时间和距离估算出出行的速度,所以可以根据划分速度阈值的方法对出行方式进行判别。结合以往居民出行调查的研究经验,这里设定的出行方式和出行速度的对应关系,见表4-5。

出行方式和出行速度对照　　　　　　　　　　　　　　　　表4-5

出行方式	步行	非机动车	机动车
出行速度(km/h)	<5	5~20	>20

用户的出行次数和每次出行距离可以通过手机信令数据获取,相关研究已经比较成熟,具体方法在此处不赘述。

4.3.1.2 通话特征

通过对问卷结果的统计分析发现,老年人群及非老年人群在工作日通话次数、周末通话次数、通话高峰时段方面存在明显差异,分析结果如图4-14~图4-16所示。数据结果显示,大多数老年人群在工作日通话次数不超过2次,最大不超过5次,在周末的通话次数也是以不超过2次为主,工作日通话高峰时段在07:00~11:00和11:00~15:00的人数居多。而非老年人群在工作日和周末的通话次数都要明显高于老年人群,并且非老年人群在周末的通话次数要略低于工作日的通话次数。在通话高峰时段方面,非老年人群主要集中在7:00~11:00和15:00~19:00两个上班时段,并且有些非老年人群的通话高峰时段在23:00以后。

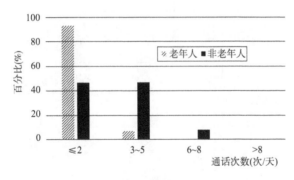

图4-14　通话次数(工作日)

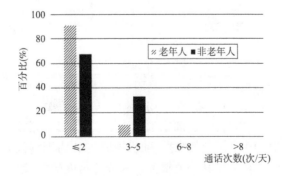

图4-15　通话次数(周末)

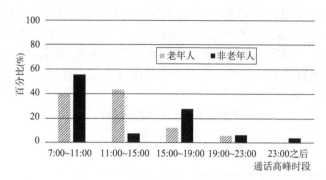

图 4-16　老年人群和非老年人群通话高峰时段

综合以上分析,我们把工作日通话次数、周末通话次数以及通话高峰时段作为主要的通话特征来进行老年人群识别。

4.3.2　老年人群识别方法

基于上述分析,我们可知老年人群和非老年人群在出行特征及通话特征方面存在明显差异,所以本书研究以出行特征(包括出行次数、出行方式、最大出行距离)以及通话特征(包括工作日通话次数、周末通话次数、通话高峰时段)为分类特征,基于朴素贝叶斯分类技术,提出了基于手机信令数据的老年人群识别方法,具体流程如图 4-17 所示。

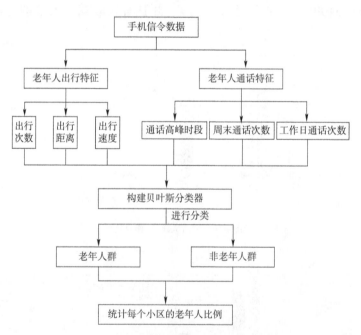

图 4-17　基于贝叶斯分类的老年人群识别流程

以出行次数、出行距离、出行方式、周末通话次数、工作日通话次数、通话高峰时段为特征属性,选取调查样本中 310 个用户的数据,随机抽取 70% 为训练数据,其余为测试样本,建成了朴素贝叶斯分类器,并验证了其分类精度。其分类精度的混淆矩阵见表 4-6,对测试样本的分类准确性达到了 91%。

分类器混淆矩阵分析结果　　　　　　　　　　表 4-6

混淆矩阵		真实类别	
		老年人	非老年人
猜测类别	老年人	28	3
	非老年人	5	56

基于本书构建的朴素贝叶斯分类器,对北京市 6 环区域内每个交通小区的老年人群进行了识别。

为验证识别结果的可靠性,根据人口普查数据对老年人群识别结果进行了验证。人口普查数据是以街道为单位,每个街道包含多个交通小区,而且可能包含交通小区的一部分,在进行数据验证时,当某个交通小区的一部分属于某街道时,则按照属于该街道的这部分的面积占该交通小区总面积的比来计算落在该街道的人口数。因此,这种验证方式可能会存在一定的误差。结合 2015 年全国第 6 次人口普查数据,随机选取了几个典型地点分别进行了验证,表 4-7 列出了验证结果,平均百分比误差大约为 31%。

人口数量识别验证结果　　　　　　　　　　表 4-7

住宅小区/街道	手机数据识别老年人群数量 (万人)	实际统计数据 (万人)	百分误差(MAPE) (%)
劲松街道	0.93	1.40	33.57
方庄街道	0.73	1.11	34.23
安贞街道	0.73	1.05	30.48
香河园街道	0.48	0.72	33.33
东直门街道	0.47	0.63	25.40
平均百分比误差(%)			31.40

虽然平均误差有 30% 左右,但是所提出的基于手机数据识别老年人群的方法,相对于人口普查具有低成本和动态估算等优点,适用于需要持续追踪和关注老年群体活动形态及变迁等场景。

4.4 公交出行人群分类分析

4.4.1 特征参数选择

公共交通系统内的客流出行路径具有多样性,不同类型的人群选择公交路径出行时的选择心理和行为决策都不尽相同,导致最终的出行选择行为千差万别。因此,研究城市公共交通客流的路径选择特征,需要依据不同属性将客流划分为多类人群,进行分类研究。

划分人群类别的指标有很多,其中包括人群个人的社会经济属性、出行目的等,限于公共交通刷卡数据中未能包含乘客的个人及社会经济属性,如年龄、性别、收入等,本书用来进行人群分类的参数更多地考虑客流出行特征。决定乘客不同路径决策的主要因素在于乘客

出行前的心理特征,人群分类则主要基于不同类型的心理特征。本节选取以下三个参数作为心理特征的描述参数:

(1)出发时刻:由经验得知,公共交通客流全天出发时刻时间分布特征为具有明显早晚高峰特征的马鞍形曲线,且不同时段内公共交通具有较为明显的拥挤度、准点率等差异。因此,认为出发时刻是影响客流路径决策的重要心理特征参数之一。

(2)乘客起讫点:乘客出发地以及目的地是影响客流选择路径的第二个重要参数,客流出行起讫点间距离的远近以及起讫点附近区域的公交/地铁的便利性很大程度上影响着乘客最终路径的选择结果,所以将这一参数认定为乘客在选择路径前的重要心理特征参数。

(3)乘客出行目的:由实际的生活经验可以感受到,以上班为目的的出行与以休闲娱乐为目的的出行会产生不同的路径选择结果。可以说出行目的会影响乘客选择路径时的关注点,关注点的不同最终会产生不同的路径选择结果,因此将出行目的也作为乘客在选择路径前的重要心理特征参数。

4.4.2 基于 C&RT 决策树人群分类分析

结合北京市公交、地铁及复合出行链各类型数据,计算表征乘客心理特征的三参数,计算过程如下。

4.4.2.1 出发时刻

出发时刻字段的获取较为简单,仅需要借助 sql 数据库查询语句对公共交通全过程出行链 OD 数据提取即可,全北京市工作日公共交通出发时刻特征如图 4-18 所示,具有明显的早晚高峰特征,早高峰(7:00—9:00)出行占全天比例为 24.69%,晚高峰(17:00—19:00)出行占全天比例为 21.46%。

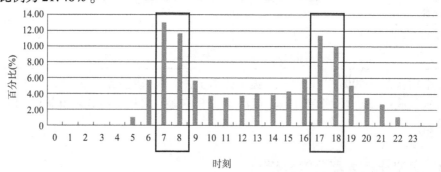

图 4-18 出发时刻时间分布

4.4.2.2 乘客起讫点

乘客起讫点在 IC 卡数据处理结果中体现出的即乘客起点上车线路、上车站点,终点下车线路、下车站点,而这些信息不能直接量化为数字进行分析。因此需要利用乘客出行距离代替乘客起讫点指标,并采用一定的处理办法使乘客出行距离表征真实出行距离,从而量化乘客起讫点指标。具体处理流程如下。

计算距离值时需将地铁和公交两种出行方式分开计算。由于常规公交由几家运营公司同时管理,各自回传数据格式不同,因此将公交线路分类为八方达线路(大部分为 801~998 路市郊线路)和其他线路:

第4章 基于大数据的个体出行识别及预测技术

(1)地铁出行:从地铁运营公司官网可知,北京市所有线路相邻两站之间的距离值,借用 Excel 中的 XLTools 工具将相邻两站之间的距离转化为任意两站之间的距离值,从而得知地铁出行的真实距离(假定乘客选择路径均为最短路径)。

(2)其他公交线路公交车出行:线路原始数据中的站点代号即站点距离该方向最初站点的距离值,客流 OD 数据下车站点与上车站点的差值即乘坐该线路的距离值。

(3)八方达线路公交车出行:线路原始数据中的站点代号并非站点距离该方向最初站点的距离值,仅代表了站点序号,因此在处理过程中借用了站点经纬度信息求客流 OD 数据下车站点与上车站点间的经纬度曼哈顿距离(标准坐标系上的绝对轴距总和)。

(4)利用 TRIP_IP 字段,即出行代号将属于同一次出行的距离值相加得到最终每次出行的真实距离。流程图如图 4-19 所示。

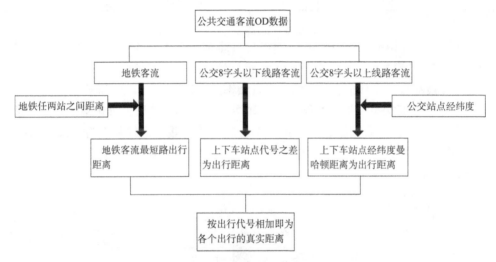

图 4-19 客流起讫点数据计算流程图

全北京市工作日公共交通出行距离特征如图 4-20 所示,平均出行距离为 13.4km,10km 以下出行占到 46.94%,将近一半的出行集中于 10km 以下。

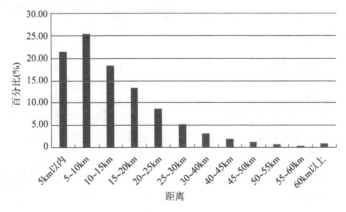

图 4-20 客流起讫点数据计算流程图

4.4.2.3 乘客出行目的

乘客出行目的从 IC 卡客流数据中同样难以获得,笔者以工作日内乘客在相同时段内从相同起始站到达相同终到站的频率代替该指标。由经验得知,不同出行频率可以在一定程度上反映乘客的出行目的,早高峰时段出行频率较高的客流极大可能是通勤客流,早高峰时段出行频率较低的客流很可能是自由度较大的买菜等目的出行。具体处理步骤如下。

(1)标识符设定:利用卡号+出发时刻+出发线路+出发站点+终到线路+终到站点6个字段建立新的标识符。在处理过程将全天划分为5个时段,认为在同一个时段内出发的客流均是相同出发时刻。出发时刻设定见表4-8。

出发时刻划分时段设置　　　　　　　　　　　　　　　　表4-8

出 发 时 刻	重新编号时段	出 发 时 刻	重新编号时段
[0,6)	1	[16,20)	4
[6,10)	2	[20,23]	5
[10,16)	3	—	—

(2)利用新的标识符统计一段时期工作日内(本节使用2015年1月7日至2015年1月13日5个工作日的数据)该标识符出现频次,即客流工作日出行频次。

(3)出行频次与工作日总数的商即为出行频率。流程图如图4-21所示。

全北京市工作日公共交通出行频率特征如图4-22所示,平均出行频率为0.37,即工作日同一条路径重复出行频次将近2次,频率在0.2(工作日重复出行频次为1次)的最高,为62.1%,说明工作日出行的客流中选择一条路径出行的乘客比例最大,从而侧面说明乘客在出行时选择的路径并非只有一条。

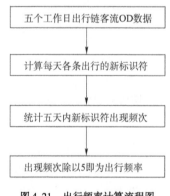

图4-21　出行频率计算流程图

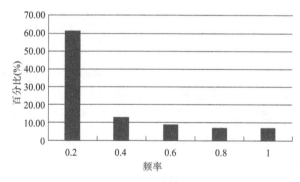

图4-22　出行频率特征

4.4.2.4　相关性检验

在将人群分类参数输入分类模型训练时,为了保证参数间的相互独立性,需要对人群分类3个参数进行进一步相关性检验,相关系数则是用来描述变量之间相关程度的统计量,记为r。

相关系数的取值范围在$-1 \sim 1$之间,在说明变量之间相关程度时,根据经验可以将相关程度分为以下几种情况:

(1)当$|r| \geq 0.8$时,视为高度相关。

(2)当$0.5 \leq |r| < 0.8$时,视为中度相关。

(3)当$0.3 \leq |r| < 0.5$时,视为低度相关。

(4)当|r|<0.3时,说明变量间相关程度极低,可视为不相关。

用来表示相关程度的统计量有很多种,这里选用 Pearson 相关系数。运用 Matlab 中的 corrcoef 函数得到变量之间的相关性矩阵,见表4-9。

相 关 性 矩 阵　　　　　　　　　表4-9

变　　量	出发时刻	出行距离	出行频次
出发时刻	1.000	-0.1026	-0.412
出行距离	-0.1026	1.000	0.1812
出行频次	-0.412	0.1812	1.000

经过比对可以看出,在该矩阵中,两变量之间的相关系数都较低,更没有相关系数接近1的两个变量,因此这三个变量之间相关性很低,无须进行合并处理,三个变量均可作为单独变量参与到分类模型建模中。选取北京通州新城—国贸 CBD 区域某工作日一天公共交通客流,基于 C&RT 决策树调优的最终分类器进行分类。输入全部样本的出发时刻、出行距离、出行频率三参数,得到各类人群样本量占总样本比例,如图4-23所示(人群标识符与前文类似,如早高峰长距离强通勤客流,表达成"早|长|强")。可以看出研究范围确定之后,人群分类最终结果没有达到45类,仅有33类且各类人群最终样本量之间差异较大。

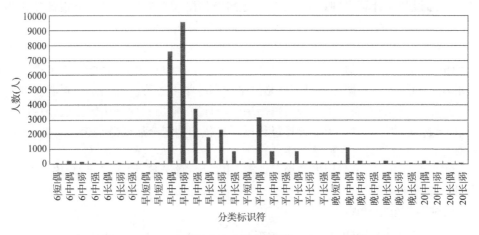

图4-23　人群分类结果

在这33类人群分类基础上,将研究的人群类型归纳总结为5类,具体为:

(1)早|中|偶:6~10时出行距离5~21km出行频率小于0.3的出行者,即早高峰中距离偶然性出行客流,样本量7594。

(2)早|中|弱:6~10时出行距离5~21km出行频率0.3至0.9的出行者,即早高峰中距离弱通勤性出行客流,样本量9513。

(3)早|中|强:6~10时出行距离5~21km出行频率大于0.9的出行者,即早高峰中距离强通勤性出行客流,样本量3678。

(4)早|长|弱:6~10时出行距离大于21km出行频率0.3~0.9的出行者,即早高峰长距离弱通勤性出行客流,样本量2338。

(5)平|中|偶:10~16时出行距离5~21km出行频率小于0.3的出行者,即平峰中距离偶然性出行客流,样本量3128。

4.5 公共交通出行路径选择模型

本节拟利用 BP 神经网络进行路径选择分析,基于 BP 神经网络的路径选择模型分为两步。第一步为路径参数预测,第二步为真实选择路径的预测。流程整体过程如图 4-24 所示,路径参数预测采用各类人群建立一个 BP 神经网络预测模型的方案,基于"距离"的预测方法为真实路径的预测过程。

图 4-24 预测模型整体流程图

4.5.1 BP 神经网络方法

客流路径选择模型从经典的广义成本理论原理出发,计算比较各条真实路径的广义成本,成本最低的即客流选择可能性最大的路径。其中,客流出行目的、出行距离、出发时刻这三个参数可通过数据计算得到。运用 BP 神经网络预测模型来实现这三个指标转化为选择路径过程中考虑的潜变量(出行时长、出行费用、出行等车时间)。

BP 算法的学习过程由信号的正向传播和误差的逆向传播两个过程组成,通过误差的反向传播调整内部连接的权值和阈值,以达到减小误差的目的。这种信号正向传播与误差逆向传播的权值和阈值不断调整的过程就是网络的训练学习过程。网络学习过程主要由四部分组成:输入模式由输入层经中间层向输出层传播计算、输出的误差由输出层经中间层传向输入层、模式顺传播与误差逆传播计算过程反复交替和判定全局误差是否趋向极小值。

4.5.1.1 模型预测精度衡量方法

对于模型预测精度,一般用平均绝对误差、相对/绝对误差、均方根误差、均方误差、平均绝对百分误差等来衡量。

(1)绝对误差与相对误差。

设 Y 为实际值,$\hat{Y}$ 为预测值,则 E 为绝对误差(AbsoluteError),其计算公式为:

$$E = Y - \hat{Y} \tag{4-7}$$

相对误差 e 是一种直观的误差表示方法,计算公式为:

$$e = \frac{Y - \hat{Y}}{Y} \times 100\% \tag{4-8}$$

(2)平均绝对误差。由于预测误差正负不一定,为了避免正负抵消,故取误差绝对值进行总和并取其平均数,即平均绝对误差(MeanAbsoluteError,MAE),计算公式为:

$$MAE = \frac{1}{n}\sum_{i=1}^{n}|E_i| = \frac{1}{n}\sum_{i=1}^{n}|Y_i - \hat{Y}_i| \tag{4-9}$$

式中:MAE——平均绝对误差;
　　　E_i——第 i 个实际值与预测值的绝对误差;
　　　Y_i——第 i 个实际值;

$\hat{Y}_i$——第 i 个预测值。

（3）均方误差。均方误差是预测误差平方之和的平均数,对于误差平方,加强了数据大的误差在指标中的作用,提高了指标的灵敏性,是误差分析的综合指标之一,计算公式为：

$$\mathrm{MSE} = \frac{1}{n}\sum_{i=1}^{n} E_i^2 = \frac{1}{n}\sum_{i=1}^{n}(Y_i - \hat{Y}_i)^2 \tag{4-10}$$

式中：MSE——均方差。

（4）均方根误差。均方根误差为均方误差的平方根,也叫标准误差,代表了预测值的离散程度,同样也是误差分析的综合指标之一。

（5）平均绝对百分误差。平均绝对百分误差(MAPE)具体计算公式如式(4-11)所示,当MAPE达到15%以下时可以认为该预测模型预测精度较高。

$$\mathrm{MAPE} = \frac{1}{n}\sum_{i=1}^{n}\left|\frac{E_i}{Y_i}\right| = \frac{1}{n}\sum_{i=1}^{n}\left|\frac{Y_i - \hat{Y}_i}{Y_i}\right| \tag{4-11}$$

式中：MAPE——平均绝对百分误差；

E_i——第 i 个实际值与预测值的绝对误差；

Y_i——第 i 个实际值；

$\hat{Y}_i$——第 i 个预测值。

4.5.1.2 模型构建

（1）输出参数选择。出行费用指标表征客流选择公共交通路径的经济性,是路径参数的主要指标之一,需要放入预测模型的输出端。出行时长指标表征客流选择公共交通路径的时效性,是路径参数的主要指标之一,需要放入预测模型的输出端。换乘便利性指标指换乘时间及换乘次数。对换乘特性分析发现客流出行过程中的选择方式前九位如图4-25所示,可以看出一次地铁与一次公交出行选择占比最大,一次地铁出行占全出行比例为47%,一次公交出行占比35%。这说明乘客在公共交通出行过程中较倾向于选择不经过换乘的出行方式。因此,可预想客流出行数据中无换乘的数据量达到82%,预测模型输出端会存在大量样本为0的数据,将极大地影响预测模型的精度。为了保证预测精度,且出行时长指标也隐含了换乘便利性指标,因此,未将换乘便利性指标放入预测模型输出端。

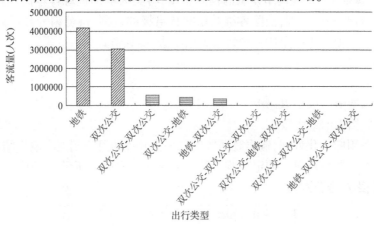

图 4-25　北京市工作日客流出行换乘特性

出行舒适性指标包括公交上车满载率指标和地铁上车站点拥挤度,表征客流对选择出行路径中拥挤度的可接受程度,是路径参数的重要指标之一。但公交满载率与地铁进站拥挤程度计算方式不同且表征内容存在一定差异性,而且两类拥挤程度指标在一条路径中并不全是同时出现的,另外,受限于地铁断面客流数据未能达到预测模型所需数据精度,因此不将出行舒适性指标放入预测模型的输出端。

出行准点性指标包括公交等车时间指标,体现了乘客对选择路径准点性的可接受程度。但此指标仅表征了公交车等车时间,在地铁一次出行的路径中未能出行此指标,因此需要进一步修正该参数,将地铁等车时间加入综合考虑等车时间,具体步骤简述为:

①将地铁等车暂时统一高峰时段为 2min,平峰时段为 5min。

②计算各条出行中地铁等车时间。

③按照每次出行将地铁等车时间和公交等车时间加和即客流出行路径中的等车时间,即出行准点性指标。该指标在客流每条出行数据中均会出现,因此将修正后的等车时间指标作为模型输出参数之一。

综上所述,考虑选取路径输出参数的原则概括如下:

①特征性:选取指标是出行路径参数中不可替代的重要参数。

②全样性:每条出行数据中各项参数均能计算。

③非零性:出行数据中不存在该指标为零值的大量样本。

④准确性:选择的指标数据自身不会影响预测模型的预测精度。

(2)预测模型搭建。由不同人群特征分析得知,各类人群之间具有较为明显的差别。因此,需将人群分类考虑进路径选择模型中,每类人群建立一个 BP 神经网络模型以达到预测参数的精确性。

BP 神经网络模型搭建过程中的关键问题包括以下几点:

①输入输出层。输入参数为人群分类的三参数(出发时刻、出行距离、出行频率),输出参数为路径经济性指标(出行费用)、时效性指标(出行时长)、准点性指标(公交等车时间+地铁等车时间)。

②训练及测试样本。从总样本中随机抽取 90% 数据做训练样本,剩余 10% 做测试样本。同时,为了保证 BP 神经网络模型的预测精度,各类人群的训练样本需达到 2000 以上。同时,对数据进行归一化处理,消除各维数据间数量级的差别,避免因为数据量级的差别较大造成网络预测误差较大。采用方法为最大最小法,函数形式为:

$$x_k = \frac{x_k - x_{min}}{x_{max} - x_{min}} \tag{4-12}$$

式中:x_{min}——数据中的最小数;

x_{max}——数据中的最大数。

输入数据采用归一化处理,输出数据做反归一化处理即可得到真实输出结果。

③初定隐节点层数设置。初定隐节点层数 s 计算公式如下所示,m 为输入层个数,n 为输出层个数,最终拟合公式为:

$$s = \sqrt{0.12n^2 + 0.43mn + 0.77n + 2.54m + 0.35 + 0.51} \tag{4-13}$$

④预测模型精度校验。平均绝对百分误差,即 MAPE,为用于与模型精度预测的参数,

每个模型的最终精度与15%进行对比,达到15%以下时认为模型精度较高。

⑤预测模型其他参数。BP神经网络预测模型在网络训练过程中隐含层及输出层神经元传递函数均选择非线性函数S形正切函数trasig,其他参数均初定默认值。

(3)案例。本小节同样以通州新城—北京CBD区域客流为研究案例。针对客流路径选择问题,采用基于BP神经网络的方法建模分析。

①参数预测步骤示例。由上一节中人群分类结果得知,对于研究区域内的全部客流样本,需建立五个一一对应的BP神经网络参数预测模型进行路径参数预测,仅列出第一类人群(早高峰中距离偶然性出行客流)BP神经网络参数预测模型搭建及预测的具体流程作为参考,其他类人群预测流程方法与此相同。

步骤1 确定输入输出。

早高峰中距离偶然性出行客流总样本量为7594,按照训练样本90%,测试样本10%计算,用来训练的样本量为6830,测试样本量为764。输入数据为6830组出发时刻、出行距离、出行频率数据,输出数据为6830组出行时长、出行费用、等车时间。对6830组数据输入输出数据均做归一化处理之后,训练BP神经网络参数预测模型。

步骤2 初设模型参数。

确定输入输出数据之后,BP神经网络参数预测模型的隐含层按照公式1计算,由 $m=3$、$n=3$ 带入公式中计算结果为4.4,因此初定隐含层为4。隐含层及输出层神经元传递函数均选择非线性函数S形正切函数trasig(),训练次数为1000,训练目标为0.00004,学习速率为0.1,其他参数均初定默认值。

步骤3 模型训练。

用于进行模型训练的工具为商业数学软件Matlab,为了实现各参数的自由调整,采用代码控制训练过程。

步骤4 输入测试样本,计算误差。

输入测试样本764组出发时刻、出行距离、出行频率数据,应用上文训练好的网络预测输出数据出行时长、出行费用、等车时间。应用MAPE(平均绝对百分误差)计算观测值(预测输出数据)与实际值之间误差为13.58%,已经达到15%以下。由于计算的隐含层为4.4,继续测试了隐含层为5时的最终数据误差,即修改隐含层为5循环一次步骤3、步骤4,最终计算误差值为10.12%,误差值降低了25%。

步骤5 确定最终模型,输出路径参数预测值。

修改隐含层为5后误差值降低了25%,因此最终选择隐含层为5的BP神经网络参数预测模型为最终预测模型,相对应的观测值用此模型输出结果。

②各类人群参数预测模型。类似于第一类人群(早高峰中距离偶然性出行客流)BP神经网络参数预测模型的参数输出过程,其他各类人群输入输出参数个数、样本量、隐含层个数,最终预测精度见表4-10。

各类人群BP神经网络训练参数及误差 表4-10

人群类别	样本量	训练样本	测试样本	BP神经网络隐含层个数	预测精度误差MAPE(%)
早|中|偶	7594	6830	764	5	10.12

续上表

人群类别	样 本 量	训练样本	测试样本	BP神经网络隐含层个数	预测精度误差MAPE(%)
早|中|弱	9513	8560	953	5	7.34
早|中|强	3678	3310	368	5	7.20
早|长|弱	2338	2100	238	5	10.91
平|中|偶	3128	2815	313	5	9.03

最终五个神经网络预测精度误差均在15%之下,平均预测精度误差为8.92%,总体精度较高,可用性较高。

4.5.2 "距离"值法

4.5.2.1 模型方法介绍

由上一节搭建的不同人群的BP神经网络预测模型,可以预测输出测试样本中每个客流选择路径的三参数值,即计算广义成本的潜变量(出行费用、出行时长、等车时间)。

由潜变量预测真实路径过程中可转换思路,将潜变量预测路径问题转化成求三维空间内的一个新输入点(模型输出的三参数)和其他已知点(训练集求得的各条路径的三参数)之间的距离值,距离值最近的点即为与输入点最接近的已知点,即广义成本最低的出行路径,物理意义即该训练样本中的出行客流更倾向于选择"距离"值最小的已知路径。

结合前文提到的人群分类特征,在计算距离时需要将客流有限理性考虑进去,即不同人群对于选择路径的三参数值可接受程度不同,如公式(4-12)所示的参数重要度,作为求三参数距离时的修正系数。计算过程为使用该类人群训练样本中某个参数的加权平均值与全部训练样本数据中该参数最大值的相对百分比,计算过程中重要度高表示客流选择路径时对该因素的考虑比重大。

$$\mu_{ia} = \left| \frac{\sum_{k=1}^{n}\left(\bar{x}_{ik}^{a} \times \frac{N_{ik}}{N_i}\right) - \max(\overline{X}_a)}{\max(\overline{X}_a)} \right| \tag{4-14}$$

式中:μ_{ia}——第i类人对于路径中参数a的重要度;

$\bar{x}_{ik}^{a}$——第i类人真实路径k参数a的真实值;

$\max(\overline{X}_a)$——全部训练样本中真实参数a的最大值;

N_{ik}——训练样本第i类人中选择路径k的样本数;

N_i——训练样本第i类的样本数。

计算过程中,为了防止异常数据对计算结果造成较大影响,规定若全部训练样本数据中某参数最大值是该参数平均值的3倍以上,剔除该最大值,寻找次大值,若此次大值同样不能满足要求,则继续循环该流程直至最大值在平均值的3倍以下为止。

将上述重要的指标考虑到路径选择概率模型中后,每类人群距离计算见式(4-15)。距离的最小值即选择概率最大的公交出行路径,因此式(4-15)为路径选择模型的最终表达式。

$$P_{i(j,k)} = \sqrt{\sum_{a=1}^{n}\left[\mu_{ia} \times (x_{ij}^{a} - \bar{x}_{ik}^{a})^{2}\right]} \tag{4-15}$$

式中：$P_{i(j,k)}$——第 i 类人预测输出的第 j 条路相对于真实路径 k 的概率；

μ_{ia}——第 i 类人对于路径中参数 a 的重要度；

x_{ij}^{a}——第 i 类人预测输出的第 j 条路参数 a 的预测值；

$\bar{x}_{ik}^{a}$——第 i 类人真实路径 k 参数 a 的真实值。

4.5.2.2 模型搭建

与每类人群建立一个 BP 神经网络类似，每类人群对于路径三参数（出行费用、出行时长、等车时间）的重要度 μ 不同，因此基于"距离"值的路径预测模型同样每类人群不同。模型其他关键点说明如下：

（1）从该类人群样本数据中随机抽取 90% 作为训练样本，其余 10% 为测试样本。距离值计算模型与 BP 神经网络模型一一对应，即重要度计算结果与 BP 神经网络模型一一对应。

（2）训练样本在提供 BP 神经网络预测模型所需数据量的同时，需要计算其他重要指标：该类人群选择的各条路径的三参数及选择各条路径的真实客流比例，即选择概率；该类人群对于路径三参数的重要度 μ 计算结果。

（3）为了弱化数据本身对模型预测精度的影响，笔者仅挑选该类人群中的五条路径与预测结果进行比对验证，选择五条路径原则如下：

①若乘客出行无换乘，则只关注乘客出发选择线路和站点（如：afc|6|63，表征乘客乘坐地铁 6 号线，上车站点为 6 号线 63 代号站点），若乘客出行存在换乘关系，则关注乘客整个过程，用逗号分隔（如：bus|589|12|589|10,afc|97|12|10|41，表征乘客乘坐 589 路公交车从代号 12 站点到代号 10 站点下车，从八通线 97 路公交车代号 12 站点上车换乘地铁八通线，最终目的地为地铁十号线上代号为 41 的站点）。

②此类人群的所有可能路径中选择概率排名前十的路径。

③保证路径集不集中在一条地铁或者公交线路上。

④保证路径集中既有地铁也有公交线路。

（4）最终计算过程中需要进行循环计算，即每条测试样本数据都需要与挑选出的五条路径计算距离值，直到循环完全部测试样本及挑选出的路径。

（5）模型预测精度从最短距离的真实路径是否是预测出的路径即可看到，对模型精度设置三级。

①最优级别：计算得到最短距离的真实路径与预测出的路径在出行路线选择和上下车站点选择两方面均能精确匹配。

②合格级别：可以精确匹配出行路线，上下车站点未能精确匹配，但匹配到的站点为真实站点的临近站点。

③不合格级别：出行线路和上下车站点均未能精确匹配。

测试样本中达到前两个级别均视为预测结果符合，均属于达到模型预测精度要求的样本。

综上所述，路径选择模型全过程流程图如图 4-26 所示。

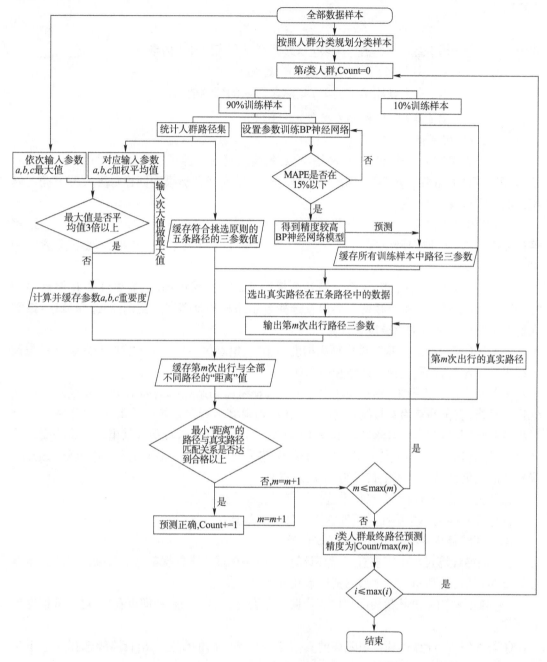

图 4-26 预测模型各步骤详细流程

4.5.2.3 案例

本小节同样以通州新城——北京 CBD 区域客流为研究案例。针对客流路径选择问题，采用基于"距离"值的方法建模分析，并与基于 BP 神经网络的公交路径选择模型进行比较。

（1）路径预测各步骤计算示例。相对上一节建立的五类人群不同的 BP 神经网络预测模型，本节同样一一对应建立五个不同的基于"距离"值的路径预测模型，此处仅列出第一类人群(早高峰中距离偶然性出行客流)路径预测模型,其他类人群预测流程方法与此相同。

步骤1 确定输入输出。

使用基于"距离"值的路径预测模型进行预测时,需求数据包括:

①该类人群对路径三参数(出行费用、出行时长、等车时间)重要度,将在步骤二中计算。

②从该类人群训练样本中挑选出符合挑选原则的五条路径集合,并附带这每条路径的三参数(出行费用、出行时长、等车时间)值。

③该类人群测试样本应用 BP 神经网络参数预测模型后输出的预测路径三参数值。

④该类人群测试样本中每次出行对应的真实选择路径,并从中挑选出真实选择路径在②中五条路径集合中的出行代号(下文将用 TRIP_ID 代替)。

⑤按照 TRIP_ID 将预测输出的路径三参数,真实选择路径一一对应,将此类数据简称为最终数据。

最终确定输入数据包括最终数据和重要度数据。

输出数据:最终数据中每个 TRIP_ID 的预测三参数对应的最小距离的预测路径。

步骤2 计算该类人群三参数重要度。

计算公式为:

$$\mu_{ia} = \left| \frac{\sum_{k=1}^{n}\left(\bar{x}_{ik}^{a} \times \frac{N_{ik}}{N_i}\right) - \max(\bar{X}_a)}{\max(\bar{X}_a)} \right| \quad (4\text{-}16)$$

由该类人群 6830 个训练样本中可以统计得到 80 多条不同的公共交通出行路径,不同路径上客流量从 1 到 173 不等,因此可以准确计算出每条路径的真实选择率,从而可以计算出其他指标:

出行时间加权平均值计算公式为 $\sum_{k=1}^{n}\left(\bar{x}_{ik}^{a} \times \frac{N_{ik}}{N_i}\right)$,应用此公式计算出行时间最终值为 45.54;

出行时间最大值从各类人群全部训练样本 3.5 万个中统计得到,为 117min,小于出行时间加权平均值 45.54 的三倍,因此出行时间最大值 $\max(\bar{X}_a) = 117$;

将数值带入公式(4-8)可以计算,最终计算的早高峰中距离偶然性出行客流出行时间重要度 $\mu_{ia} = 0.620$。

同样的,可以计算得到该类人群出行费用重要度为 0.67,等车时间重要度为 0.517。

步骤3 带入模型计算距离值

计算距离值公式为:

$$P_{i(j,k)} = \sqrt{\sum_{a=1}^{n}\left[\mu_{ia} \times (x_{ij}^{a} - \bar{x}_{ik}^{a})^2\right]} \quad (4\text{-}17)$$

首先需要挑选真实路径集和,结合前文中说明的四条挑选原则,最终挑选该类人群五条路径集为:afc|6|63,afc|97|11,afc|97|8,bus|668|10,bus|626|8。表达意义与前文相同,可以看出最终挑选的路径集合中均为一次出行的路径。挑选出路径后,寻找与这些路径相关

的该类人群764个测试样本中的客流数据,共挑选出83个样本数据。代入公式(4-9)中分别计算挑选的该类人群预测输出的83组路径参数预测值与挑选出来的五条路径之间的距离值。

步骤4 模型精度分析

模型精度分析即对步骤三计算完的最小距离值的预测路径与真实路径进行比对,若出行路线选择和上下车站点选择两方面均能精确匹配,则达到模型预测最优级别;若可以精确匹配出行路线,上下车站点未能精确匹配,但匹配到的站点为真实站点的邻近站点则为合格级别。最终该类人群中完全匹配达到最优级别数据量为28个,合格级别数据量为36个,因此早高峰中距离偶然性出行客流路径预测模型精度为77.11%,模型精度较高,模型可用性较强。

(2)各类人群路径预测模型。类似于第一类人群(早高峰中距离偶然性出行客流)路径预测模型计算过程,其他各类人群按照步骤1~步骤4分别计算之后,各类人群各路径参数重要度如图4-27所示。可以看出重要度与人群分类具有较强的关联性。平峰时段出行者等车时间重要度最低,高峰时段等车时间重要度较高;出行频次低的乘客费用重要度高,出行频次高的乘客费用重要度低,出行时间重要度则呈现相反特征。特别明显地体现在"早|中|强"标识符出行人群,即早高峰中距离强通勤客流(注:重要度高表示客流选择路径时对该因素的考虑比重大)。

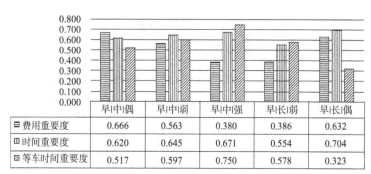

图4-27 各类人群路径参数重要度

结合前文中说明的四条挑选原则,最终挑选各类人群五条路径集,见表4-11。

各类人群路径集挑选结果 表4-11

人群类别	挑选出的路径集
早|中|偶	afc|6|63,afc|97|11,afc|97|8,bus|668|10,bus|626|8
早|中|弱	afc|6|63,afc|97|10,afc|97|11,bus|807|10,bus|667|12
早|中|强	afc|6|63,afc|97|10,afc|97|11,bus|808|24,bus|668|5
早|长|弱	afc|97|11,afc|97|12,afc|97|13,bus|626|2,bus|668|2
平|中|偶	afc|6|63,afc|97|10,afc|97|11,bus|667|12,bus|647|11

挑选出各类人群五条路径之后,各类人群作为基于"距离"值的路径预测模型输入输出参数及模型误差具体见表4-12,可以看出"早|中|强"类人群最终模型精度最高,为

86.43%,"早|中|偶"类人群最终模型精度最低,为77.11%。说明早高峰中距离强通勤出行客流路径预测模型准确率最高,早高峰中距离偶然出行客流路径预测模型准确率最低。五类人群综合模型精度为81.84%,整体模型精度并未达到理想状态。

模型综合预测精度 表4-12

人群类别	测试样本总量	与五条路径有关样本	合格以上匹配级别样本量	模型精度(%)
早|中|偶	764	83	64	77.11
早|中|弱	971	322	264	81.99
早|中|强	392	258	223	86.43
早|长|弱	203	93	77	82.80
平|中|偶	305	68	55	80.88

由上述分析看出,模型总体精度未能达到理想状态,因此本书继续测试了单独使用基于"距离"值的路径预测模型,测试时输入参数将预测值代替为实际值,最终测试结果汇总见表4-13,可以看出单独基于"距离"值的路径预测模型各类所有人群总体精度为86.40%,相比于总体模型精度有所提高。"早|中|强"类人群单独距离模型精度仍为最高,达90.63%。"早|中|偶"类人群精度仍为最低。

单独距离模型预测精度 表4-13

人群类别	测试样本总量	与五条路径有关样本	合格以上匹配级别样本量	模型精度(%)
早|中|偶	764	83	69	82.80
早|中|弱	971	322	277	86.00
早|中|强	392	258	234	90.63
早|长|弱	203	93	82	87.80
平|中|偶	305	68	58	84.80

从上述两次模型精度校验可以看出,单独使用基于"距离"值的路径预测模型时精度要比基于BP神经网络的参数预测模型+基于"距离"值的路径预测模型精度高,但仍未能达到最理想的状态。对两种方法对比分析后,认为以下几点会影响到模型的精度:

①两个模型单独使用时均会有一定误差,当两个模型同时使用时误差会叠加,增加了模型最终结果的误差。

②从模型预测精度的高低可以看出,若挑选出的测试样本占全部样本比例较高时,模型精度会较高,因此在挑选各类型人群五路径的时候还存在一定的不足之处,应当保证大部分人在测试样本中,但备选路径又不能无限增加,这两者之间应该存在一个平衡点。

③预测路径选择时选择出行时长、出行费用、等车时间三个参数作为神经网络的输出参数,而实际客流在选择路径时除了以上三个参数外,还会考虑其他参数,如天气等。

第5章 基于大数据的群体出行分析及预测技术

伴随"互联网+"的理念深入人心，城市居民的出行方式变得多元化，网约车、共享单车以及日渐成熟的共享汽车，都极大地丰富了居民的出行方式。在提高居民出行效率的同时，也使城市局部地区出行量发生突变，如何应对短时间内交通需求的显著变化成为城市交通新的难题。手机成了居民生活的标配，在居民出行的过程中，会通过手机留下"电子足迹"。居民海量的出行轨迹信息，对于挖掘某类群体的"画像"，实时监测群体的移动特征，估计预测出行需求，科学规划城市路网及公交，应对城市突发事件提供了丰富的数据资源。手机定位数据具有实时性及长期性和数据获取成本低等优势，开展城市人群时空分布规律的挖掘和探索对建设智慧城市也有着重要意义。研究公共交通网络乘客出行合理路径及网络关键节点是研究群体出行的关键技术之一。本章另外一个主要内容就是以公交网络和地铁网络为例，阐述了利用IC卡群体出行客流数据及网络拓扑特征发现公共交通网络中关键节点的方法。

5.1 区域出行时空特性分析方法

5.1.1 不同区域居住者出行空间活动范围

空间活动范围表明城市人口在空间上的活动区域，它与城市规模、城市形态密切相关，反映了人们出行距离需求，本节用最小凸多边形方法来描述不同类型区域居住者出行空间活动范围。

最小凸多边形方法最早用于生物学领域，研究动物栖息地特征、社会组织等重要生态学及生物学信息，帮助人们了解人或动物在时间、空间上的迁徙移动规律。本书借用数学里面的凸包（convex hull）概念描述个体用户活动范围。其定义为：在一个实数向量空间V中，对

于给定集合 X,所有包含 X 的凸集的交集 X 被称为 X 的凸包。二维欧几里得空间中,点集 Q 凸包是指一个最小凸多边形,满足 Q 中的点或者在多边形边上或者在其内,图 5-1 中黑色线段围成的多边形就是点集 $Q=\{p_0,p_1,\cdots,p_{12}\}$ 的凸包。

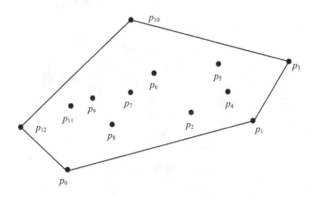

图 5-1 凸包的定义

以凸包表示个体出行者的活动范围,是出行者一天出行轨迹在空间上的最小边界几何。凸包的面积以 S_{ch} 表示。S_{ch} 值越大,表明出行者需要进行大范围的活动才能实现社会经济活动目标,一般情况下职住分离越远;S_{ch} 值越小,表明出行者仅需小范围的空间移动就能完成社会经济活动,一般情况下职住越平衡。

对商业用地为主的北京 CBD 区域和以居住用地为主的天通苑区域进行分析。CBD 区域样本用户 S_{ch} 均值为 32.2km²,以 S_{ch} 的自然对数[$\ln(S_{ch})$]为横轴,统计 $\ln(S_{ch})$ 的频数及累积频率,如图 5-2 所示,由 $\ln(S_{ch})=11$(约 0.06km²)开始,累积频率曲线急剧变陡,直到 $\ln(S_{ch})=17$(约 24.16km²),约占全部居民比例的 70%。天通苑区域样本居民 S_{ch} 均值为 98.9km²,统计 $\ln(S_{ch})$ 的频数及累积频率,如图 5-3 所示,由 $\ln(S_{ch})=14$(约 1.20km²)开始,累积频率曲线急剧变陡,直到 $\ln(S_{ch})=19$(约 180.90km²),约占全部居民比例的 68%,在小范围活动居民样本中,$\ln(S_{ch})=2$(约 3.00km²)时,样本比例显著高于其他值。

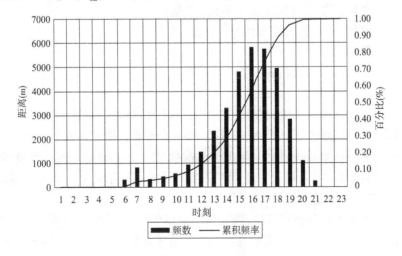

图 5-2 北京市 CBD 区域居民活动范围

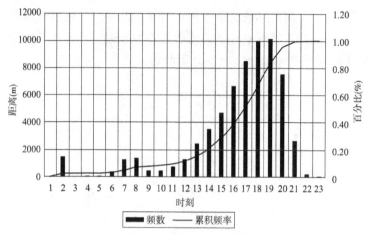

图 5-3 北京市天通苑区域居民活动范围

由 CBD 和天通苑两类不同地用性质的居民日活动范围,从图 5-2、图 5-3 中可以看出,天通苑居民的平均活动范围约为 CBD 区域居民的 3 倍,导致这一现象的主要原因有:CBD 和天通苑所处的城市区位差异,CBD 处于城市中心核心功能区,居住人员一般无须经过长距离移动到达城市工作集聚区域;而天通苑处于城市郊区,居住人员一般必须经过长距离移动到达城市工作集聚区域。在出行活动范围较小的样本比较中,天通苑用户高于 CBD 用户,导致这一现象的原因主要是:以居住为主的天通苑区域居民除了工作通勤出行活动需求外,其他需求由于出行不便,出行活动范围较小。

5.1.2 不同区域工作者出行时空积聚分析方法

在特定区域的工作者一天的出行空间分布可用密度表示法进行分析。密度表示法是指以统计的方法分析在特定时间范围内区域人口数量。本书以 Kernel 密度值表明人口在空间上的密度分布,计算方法见式(5-1):

$$f_n(x) = \frac{1}{nh}\sum_{i=1}^{n}\left[K\left(\frac{d}{h}\right)\right] \tag{5-1}$$

式中: n——距离阈值范围内包含的空间实体数量;
$K(\cdot)$——核密度函数,常用的有高斯核函数;
h——距离阈值;
d——两点之间的欧氏距离;
$f_n(x)$——Kernel 密度。

城市人口在空间范围内流动,在特定的时间分段内,总人口数量不变,只是在不同区域之间流动,因此,一个区域少了一个人,必将存在一个区域会增加一人。空间人口的增加与减少将存在空间上的积聚特性,例如,早上通勤时段居住为主的用地人口数量减少,而工作为主的用地人口数量则增加,通过对空间积聚特性的分析,有助于了解人口流动转移的规律,为城市管理者提供决策支持。

空间积聚现象属于空间自相关性,即指属性值在空间上相关,或者说属性值的相关性是由对象或要素的地理次序或地理位置造成的。本节采用统计学中常用的 Moran's I 进行人口流动特性空间自相关分析,它最早是由 Patrick Alfred Pierce Moran 提出的,通常称为全局

Moran's I 指数(global moran's I),后来 Anselin 在此基础上提出了空间局部自相关分析方法,称为局部 Moran's I 指数(local moran's I),进一步完善了 Moran's I 的应用范围。根据 Moran's I 指数统计方法,可将研究区域划分成一定数量的网格,以网格内人口数量的变化值进行分析。两者的计算方法如下。

5.1.2.1 全局 Moran's 指数

全局 Moran's 指数公式如下:

$$I = \frac{n\sum_{i=1}^{n}\sum_{j=1}^{n}\omega_{i,j}z_i z_j}{S_0 \sum_{i=1}^{n} z_i^2} \tag{5-2}$$

式中:z_i——空间单元格 i 代表的人口变化量;

$\omega_{i,j}$——方格网 i 和 j 之间的空间权重;

n——方格网的数量;

S_0——所有空间权重的聚合,$S_0 = \sum_{i=1}^{n}\sum_{j=1}^{n}\omega_{i,j}$。

全局 Moran's 指数有效性检验,通常以标准化以后的值进行,见下式:

$$Z_I = \frac{I - E[I]}{\sqrt{V[I]}}$$

当人口增加高值聚集在其他人口增加高值附近;人口减少低值聚集在其他人口减少低值附近,认为全局人口流动过程中在空间上发生聚集现象,对应 I 值为正。如果人口增加高值周边聚集倾向于人口减少低值时,I 值为负。

5.1.2.2 局部 Moran's 指数

局部 Moran's 指数公式如下:

$$I_i = \frac{z_i}{S_i^2} \sum_{j=1, j \neq i}^{n} \omega_{i,j} z_i \tag{5-3}$$

式中:$\omega_{i,j}$——i,j 之间的空间权重值;

z_i——空间单元格 i 代表的人口变化量;

S_i^2——$S_i^2 = \dfrac{\sum_{j=1,j\neq i}^{n}(\overline{x}_j - \overline{X})^2}{n-1} - \overline{X}^2$,$n$ 为所有单元格的数量,x_j 为空间单元格的人口数量,$\overline{X}$ 为 x_j 的平均值;

其他变量意义同前。

局部 Moran's 指数有效性检验,通常以标准化以后的值进行,见下式:

$$Z_{I_i} = \frac{I_i - E[I_i]}{\sqrt{V[I_i]}}$$

式中,$E[I_i] = -\dfrac{\sum_{j=1,j\neq i}^{n}\omega_{ij}}{n-1}$,$V[I_i] = E[I_i^2] - E[I_i]^2$。

城市人口流动特性可以通过区域内人口数量的变化值进行反映。例如单位面积区域人口增加越多,表明人口向此区域流动性越强。

正值I_i为当前单元格与邻近的单元格人口数量增大或减小的趋势一致,此单元格的值具有聚集性;负值I_i为当前单元格与邻近的单元格人口数量增大或减小的趋势不一致,此单元格的值不具有聚集性。

在95%的置信度1下,Z_{I_i}大于1.96时或者小于-1.96时,表示人口数量变化具有显著相关性;而Z_{I_i}为-1.96~1.96时,表示人口数量变化相关性不强。

本书以在北京市CBD工作的相关人员为对象进行分析,说明人口的空间流动特性。北京CBD处于长安街、建国门、国贸和燕莎使馆区的汇聚区,是摩托罗拉、惠普、三星、德意志银行等众多世界500强企业中国总部所在地,也是中央电视台、北京电视台传媒企业的新址,是国内众多金融、保险、地产、网络等高端企业的所在地,也拥有众多微型信贷服务机构,是金融工具的汇集之处,是北京主要就业聚集区。

分析流程如图5-4所示。先将北京市划分为1000m×1000m的方格网区域,利用移动定位信息统计方格内的人口数量变化值,分别计算全局Moran's指数和局部Moran's指数,研究人口流动的聚集特性。

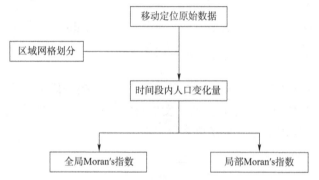

图5-4 CBD人口流动特性分析流程图

全局Moran's指数结果如图5-5所示,以横轴为时间分段,由凌晨1点开始,每隔2h统计各网格内的人口数量变化,计算全局Moran's指数,从整体上看,在白天时段均为正值,呈现出两个高峰,分别位于7:00—9:00、17:00—18:00,表明人口流动均表现为聚集性,但在早晚高峰时段聚集性更强。

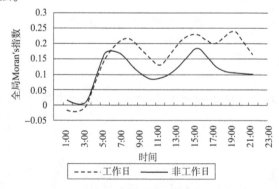

图5-5 工作日与非工作日全局Moran's指数

工作日相较于非工作日,全局Moran's指数要持续高于非工作日,表明工作日人口聚集性更强;工作日和非工作日第一个人口流动聚集高峰,形成的起始时间基本一致,但工作日持续时间跨度长于非工作日,这主要受目前北京市错峰上班政策影响;从下午开始到晚上的时段,工作日全局 Moran's 指数呈现两个小高峰,分别在 17:00 与 20:00 左右,在非工作日则仅有一个高峰,在 17:00 左右,该现象表明 CBD 区域工作人口晚上加班或在该区域休闲活动比例较高,形成两波离开峰值。

通过全局 Moran's 指数的分析,可以看到人口流动在整体上的聚集规律,而在空间上流动的方向则通过计算局部 Moran's 指数进行研究。

对 CBD 相关人员在时间与空间上的变化情况计算局部 Moran's 指数,根据统计学相关知识,Z_E 大于 1.96 时,认为显著性水平达到 0.05,此时区域人口增加或者减少具有高聚集性,人口增加聚集记为 HH,人口减少聚集记为 LL。

由整体上看,以 CBD 区域为中心,在 15:00 之前,区域人口变化表现出增加性聚集,而周边区域如东面四五环之间、通州以及南面的二四环之间等,则表现出人口减少性聚集;在 15:00 之后,CBD 区域人口变化表现出减少性聚集,周边区域则表现出增加性聚集。因此,可以认为,CBD 工作的相关人员居住分布主要在其区域东面四五环之间、通州以及南面的二四环之间等,西面则较少,呈开口向右的"卧倒状"Y 形。

通过工作日与非工作日的局部 Moran's 指数比较,也可以看出,两者差异主要表现在白天时段,而夜间两者相差不大。首先,工作日上午 9:00—12:00,CBD 北面的惠新里区域,呈现人口减少性聚集,但在非工作日没有体现该现象,表明该区域非工作日外出活动与进入区域的人员数量基本平衡,未表现出较强的人口增加或减少聚集特性。其次在下午 15:00—17:00,处于 CBD 西面的复兴路沿线区域,非工作日表现出较强的人口增加聚集性,导致该差异的主要原因是该区域休闲、娱乐设施较集中,吸引大量周末出行。

5.1.3 不同区域工作者出行时空积聚分析

城市人口在空间范围内流动,在特定的时间分段内,总人口数量不变,只是在不同区域之间流动,因此,一个区域少了一个人,必将存在另一个区域会增加一个人。空间人口的增加与减少将存在空间上的积聚特性,例如,早上通勤时段居住为主的用地人口数量减少,而工作为主的用地人口数量则增加,通过对空间积聚特性的分析,有助于了解人口流动转移的规律,为城市管理者提供决策支持。

空间积聚现象属于空间自相关性,即指属性值在空间上相关,或者说属性值的相关性是由对象或要素的地理次序或地理位置造成的。本节采用统计学中常用的 Moran's I 进行人口流动特性空间自相关分析,它最早是由 Patrick Alfred Pierce Moran 提出的,通常称为全局 Moran's I 指数(global moran's I),后来 Anselin 在此基础上提出了空间局部自相关分析方法,称为局部 Moran's I 指数(local moran's I),进一步完善了 Moran's I 的应用范围。根据 Moran's I 指数统计方法,可将研究区域划分成一定数量的网格,以网格内人口数量的变化值进行分析。

5.1.3.1 基于手机信令数据的工作地居住地模糊识别及通勤出行辨识

城市居住、就业岗位的密度及分布是表征城市经济结构、区域活动强度最基础的指标,同时也是交通需求模型最重要的输入数据。国内外相关研究表明,它与居民的出行特征息息相关。例如岗位密度越高,出行强度越大;居住、就业岗位混合程度越高,出行距离越短,采用公共交通出行的概率越大。同时利用城市的居住分布及就业分布信息,可以掌握城市人口流动及出行规律,为城市管理及规划提供帮助。利用手机大数据可以判断个人居住地和就业地,摆脱传统入户调查调查成本高、抽样率低等缺点。手机大数据能够记录个人一天的活动轨迹、居住地个体在夜晚时段所在地、工作地为个体工作时段所在地。因此,可以在一段时间内追踪个体的空间分布信息,将白天工作时段个体的加权中心确定为个体的工作地,夜晚时段个体的加权中心确定为个体的居住地。

5.1.3.2 基于 IC 卡数据的出行时空分布

以北京市公交 IC 卡数据为例,可以从数据规律中看出出发地与到达地具有较为相似的集中区域,如 CBD 国贸、中关村、木樨地等。同时,可以看出客流较为集中的区域大部分围绕在城市主干路附近,而这些地段大多有较为完善的公共交通基础设施。从客流流量看出全天到达地相比于全天出发地更加集中,工作日到达地更多的为乘客的上班地点,而出发点则相对分散一些。

从公共交通出行链 OD 数据中可以得到乘客在公共交通系统中的出行时间。从图 5-6 中可以看出全天中心城区平均出行时间明显低于城区周边,同时可以看出轨道交通周边地区的出行时间相对较低。全市公交平均出行时间为 68min,城区(五环内)公交平均出行时间为 69min。

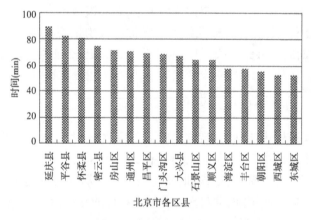

图 5-6 公交出行时间分布

5.2 基于贝叶斯网络的城市区域出行需求稳定性分析技术

随着信息和通信技术的飞速发展,大量的时空数据集(例如 GPS 轨迹和 AFC 数据等)记录了出行个体出行的全过程,这为研究区域出行特征提供了机会。从研究重点的角度来看,现有研究可大致分为三类:①从微观角度研究个体迁移机制;②总体迁移特征研究;③研究流动性模式与土地利用特征之间的相互作用。对于前两类,通常通过从个人出行中得出的指标来研究出行。大规模和高维的时空数据集被认为能合理表示人类移动特征。由于这些数据集显示出异质性和高维性,因此大多采用了统计学习方法(例如聚类分析和矩阵/张量分解)来研究迁移模式。Oliveira 通过研究世界上八个城市出行数据集发现,无论数据集的性质如何,人类出行习惯都是相似的。许多研究调查了城市地区规律性的特征。例如,马晓磊提出了识别个体出行方式并将相应的规律性模式分组的方法。随后，马晓磊着重研究通勤者的出行特征，基于连续的长期观察确定他们的出行规律，并提取了个人的居住和工作地信息。严和江通过探索不同空间尺度上的距离分布研究了总迁移率模式。Zhang 研究了出租车旅行的统计特性，以表征季节性，每周和每日时间尺度的出行方式。Yang 提出了一种方法来测量旅行者的规律性并预测旅行者在访问过的地点之间的移动特征，Mendoza 发现了规律性机动性模式可以识别可预测的总共享乘车供应。识别和解释个体流动模式是研究集体流动模式的重点。但是，对区域流动模式和宏观视角模式的研究较少。

此外，还有些研究集中于基于地理区域细分的出行方式和具有明显特征的标注地理区域细分。Kang 提出了一个使用矩阵分解来检测空间出行模式的框架，并研究了几个典型的出行需求区域和出行供应区域。Demissie 应用模糊 c 均值聚类算法使用手机数据而非行程数据对具有相同特征的位置进行分类。检测具有相似特征的城市活动的模式和强度。但是，在给定的时间范围内，检测到的位置仅是人口停留的反映，而与该位置相关的出行趋势被忽略。Alexander 将每个地点的观察时间分为几组；根据一周中的一天和一天中的不同时间，可以推断出这些位置是家庭，工作场所或其他位置。Yong 使用矩阵分解和相关分析从北京地铁的总体人员流动数据中提取了稳定/偶然的成分。尽管这些发现为地铁的运营和管理提供了见解，但是，大规模数据集以及稀疏性和高维性问题可能会使结果失真。此外，时空数据表现出时空依赖性，而时空流动性则是所有区域数据属性相结合的结果。具体来说，大部分出行在早上高峰时段从居民区出发，而中央商务区（CBD）是下午高峰时段的主要客源。在调查实际时空数据集中的迁移模式时，必须考虑这两个问题。手机话单数据（CDR）可被视为每日出行的最完整记录，涵盖所有出行方式。Aniello 揭示了不同区域之间的需求分布，并通过分析每个区域的呼出电话来确定土地使用。

为了解决上述问题，相关学者设计了层次混合模型来捕获时空迁移模式的结构。更具体地说，分层混合模型根据数据点集合在一组预定义潜在变量上的概率分布来定义基础模式。Sun 提出了一种在概率环境中对大规模人类流动性时空数据建模的方法，使用多个潜在变量研究多维流动性相互作用，并通过构建二维的主题模型挖掘了个体时空是出行特征并对异常出行行为进行了识别。此外，Hasan 提出了一种基于主题模型的生成方法来对个体活动模式进行分类。该算法将每个条目定义为几个属性的组合，这导致词汇量很大并且忽略了属性之间的相互作用。通过分析现实世界的驾驶行为数据集，Qi 在基于主题模型的概率框架中揭示了潜在的驾驶风格。此外，Fan 等人使用单独的主题模型针对日期、时间和位置维度检测了个体的移动方式。概率模型可以克服时空数据集的稀疏性问题，在这种情况下，Matsubara 使用张量主题模型框架检测了 Web 点击日志模式。

总之，现有研究存在以下问题：区域层面的出行特征，能够提供更多的宏观层面的出行特征结果，却没有得到充分研究，用于辨识解析区域层面出行特征的方法大多依靠聚类的方法，聚类结果对区域出行特征波动程度解释性较差。为了解决这些问题，本书构建了基于主题模型 LDA（Latent Dirichlet Allocation）的区域出行特征识别框架。首先，通过将兴趣点（POI）数据作为交通小区（Traffic Analysis Zone，TAZ）的固有属性和交通小区内发生的出行记录信息作为模型的输入。然后，采用吉布斯采样的方法对模型中的参数进行了推算。最后，通过北京市三环内发生的网约车出行数据集验证了模型的有效性。

5.2.1 模型结构

基于出行特征的区域需求解析方法研究的整体流程如图 5-7 所示。首先将出行信息与区域内的静态 POI 数据聚合到交通小区层面。基于离散化处理的历史数据，通过构建贝叶斯网络模型，可挖掘得到交通小区层面日常规律的出行特征，通过衡量挖掘的日常规律出行特征对未来数据的预测能力，可以识别出行特征稳定型交通小区和非稳定型交通小区。

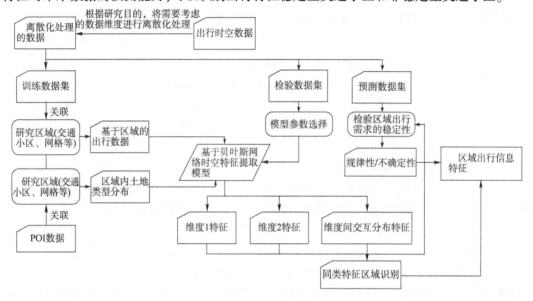

图 5-7 区域需求特征解析流程图

交通小区的出行特征表征了在某一时段内该小区发生和吸引的居民出行总量。但在城市内交通小区受行政区划、道路、湖泊、河流等地理隔离等因素影响，导致交通小区大小不一致，因此，采用交通小区出行强度来衡量任一交通小区的出行特征。某个交通小区的出行强度等于在研究时间间隔内出行总量与交通小区面积的比值。对于任一交通小区，该小区内在一定时间窗口内的出行强度可以假设为服从某参数的概率分布。通过构建基于贝叶斯网络的区域交通特征挖掘方法，可以识别交通小区内规律性的出行特征，而通过利用识别的规律性的出行特征对未来出行记录条数的重构能力，可以对交通小区内出行规律的不确定性作出判断交通小区随机性波动较大区域的出行特征的稳定性较差。本章重点通过建立区域出行特征解析模型来剖析区域需求稳定性。

5.2.2 基于贝叶斯网络的区域分类模型构建方法

LDA 模型是一种基于贝叶斯网络的主题分析模型，被广泛应用在文字挖掘、图像识别等领域，该模型利用采样的方法来模拟实现文档中各个文字的生成过程。本书将土地利用信息和区域内的出行信息特征融入贝叶斯网络模型系统中构建基于 LDA 的主题分析模型，用于挖掘交通小区内的出行特征分布。

LDA 模型计算过程如下：现有某一文集，文集内包含若干文档，文档中又包含若干词语，假设每篇文档包含若干主题，每个主题下的单词又服从某概率分布，按照该概率分布进行采样,即可模拟该文集的生成过程。同样,将该方法类比到交通小区内每条出行记录的生成过程,可挖掘得到每个交通小区内的主题分布即交通小区的出行特征分布。假设$x_i = (x_{i1},\cdots,x_{im})$表示一组出行特征数据,其中$m$表示出行记录所包含的信息维度,如出发地点、到达地点、出发时间和到达时间;$x = \{x_1,\cdots,x_n\}$表示城市居民所有的出行记录的集合,其中n表示记录的条数。

通过将海量的出行记录数类比成"文集-文档-单词"的形式,可利用LDA模型对区域内的出行记录信息进行特征识别。由于"单词"为离散化的数据格式,因此,需要将海量的出行记录个体进行离散化处理。交通小区发生/吸引的出行记录与"文集-文档-单词"的类比关系如下:将研究范围内所有交通小区看作整体的文集,而单一交通小区可以看作一个文档,而在一定时间周期内得到的到发出行特征则可以看作是文档中具体的单词。将原始数据$x_i = (x_{i1},\cdots,x_{im})$进行离散化处理后得到的数据记录可以表示为$x_{id} \in \{1,\cdots,w_d\}$,其中,$d$为用于挖掘出行特征的字段维度,例如,出行方向特征,可以利用$x_{id} = 1$表示离开出行,$x_{id} = 2$表示到达出行。

5.2.2.1 模型构建

对于任一交通小区h来说,该交通小区共有K个主题特征,主题特征分布θ_h服从参数α_h的Dirichlet分布,对与某一主题$z_{h,k}$下的单词分布,有服从参数为β和γ的Dirichlet分布。假设共有K个主题,ψ为$K \times V^t$矩阵,V^t表示不同时间窗口个数,φ是$K \times V^s$矩阵,其中V^s表示不同出行特征个数。$\psi_{tk}(\varphi_{sk})$矩阵中的每个元素表示不同特征的概率分布。综上,即可观测到交通小区h中不同时间窗口w_h^t下和出行特征w_h^s的联合概率分布。在任一交通小区内的总共出行记录条数可以标记为N_{taz},上述整体生成模型的概率图模型可以用图5-8来表示,交通小区内出行记录生成过程如下。

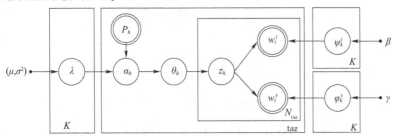

图5-8 基于多维度的区域出行特征识别概率模型分布

(1)对于每一个出行特征k。

出行特征下的单词分布服从$\varphi_k \sim \text{Dirichle t}_S(\gamma)$;

时间维度下的单词分布服从$\psi_k \sim \text{Dirichle t}_T(\beta)$。

(2)对于第h个交通小区taz。

使$\alpha_h = \exp(p_h^T \lambda)$,使得$\lambda \sim N(0,\sigma^2)$;

第h个交通小区的主题分布服从$\theta_h \sim \text{Dirictlet}(\alpha_h)$。

对于交通小区h中的第i个出行记录:

其主题编号服从$z_h \sim \text{multinomial}(\theta_h)$;

生成该主题下时间窗口单词$w_i^t \sim \text{multinomial}(\psi_k^t)$;

生成该主题下出行特征单词$w_i^s \sim$ multinomial(φ_k^s)。

其中，N 是 Gaussian 分布，具有超参数 σ，λ 是与 POI 向量相同的超参数的向量集合。与标准的 LDA 模型不同的是，每一个交通小区基于观测得到的 POI 特征的能够分别有一个超参数的指标。因此，超参数 α 是受不同 POI 尺寸分布的作用而不同的。因此，交通小区内的出行特征可以通过出行特征和 POI 的特征能够来实现。

5.2.2.2 模型推算

关于 LDA 类型的模型的精确推算通常比较难，因此，通常利用近似推断来计算模型的格式，如 EM 推断算法和吉布斯采样方法。吉布斯采样方法是一种特殊的马尔可夫蒙特卡洛方法。基于吉布斯采样的推断方法，运算效率高，能够处理较高维度的运算，因此，本书中采用近似推断的方法来实现对模型的近似推断。

吉布斯采样具有和马尔可夫链相似的稳定性的特征。马尔科夫每次转移概率矩阵作为采样过程中的采样矩阵，为了建立一个采样的矩阵，在我们的模型中，全概率公式可以写成如式(5-4)所示的样式。吉布斯采样的详细的过程可以参考参考文献。

$$P(z_i=k|w_i^s=s,w_i^t=t,z_{\neg i},w_{\neg i}^s,w_{\neg i}^t) \propto \frac{C_{sk}^{SK}+\gamma}{\sum_{s^-} C_{s^-k}^{SK}+K\gamma} \cdot \frac{C_{tk}^{TK}+\beta}{\sum_{t^-} C_{t^-k}^{TK}+J\beta} \quad (5-4)$$

式中：C_{tk}^{TK}——主题 k 下的时间单词 t 的个数；

C_{sk}^{SK}——主题 k 下的出行单词 s 的个数。

当计算 C_{tj}^{TJ}、C_{sk}^{SK} 时，需要在现阶段基础上去除当前样本的量，按照上述描述过程步骤，利用吉布斯采样，每次采样过程中，可依次对 z_i 进行更新。经过几次迭代后，吉布斯采样就会稳定。最后，我们可以得到时间单词和空间单词数据集各个单词 Θ、Φ、Ψ 的概率分布，分别为：

$$\theta_{hk} = \frac{C_{hk}^{K}+\alpha_h}{\sum_{k'} C_{hj'k'}^{K}+K\alpha_h} \quad (5-5)$$

$$\psi_{tk} = \frac{C_{tk}^{TK}+\beta}{\sum_{t'}\sum C_{t'k}^{TK}} \quad (5-6)$$

$$\varphi_{sk} = \frac{C_{sk}^{SK}+\gamma}{\sum_{s'} C_{s'k}^{SK}+S\gamma} \quad (5-7)$$

对于没有在训练数据集中出现的交通小区，我们可以利用吉布斯采样的结果，对交通小区的出行特征进行分析，即利用训练得到的小区内的主题分布概率 $\bar{\theta}_h$，去推测未出现的出行记录的结果。假设通过训练数据集得到的主题分布和单词分布为 $(z_{\text{train}},w_{\text{train}})$，对于未出现在训练集中的交通小区分布全概率可以利用下式来采样得到：

$$P(\bar{z}_i=k|\bar{w}_i^s=s,\bar{w}_i^t=t,\bar{z}_{\neg i},\bar{w}_{\neg i}^s,\bar{w}_{\neg i}^t;z_{\text{train}},w_{\text{train}}) \propto$$

$$\frac{C_{sk}^{SK}+\bar{C}_{sk}^{SK}+\gamma}{\sum_{s^-}(C_{s^-k}^{SK}+\bar{C}_{s^-k}^{SK})+K\gamma} \times \frac{C_{tk}^{TK}+\bar{C}_{tk}^{TK}+\beta}{\sum_{t^-}(C_{t^-k}^{TK}+\bar{C}_{t^-k}^{TK})+K\beta} \quad (5-8)$$

式中：C_{tk}^{TK}——基于训练数据集得到的属于主题 k 时间维度单词 t 的个数；

$\bar{C}_{tk}^{TK}$——未来训练集中主题 k 中单词 t 的个数。

C_{sk}^{SK} 和 $\bar{C}_{sk}^{SK}$ 的含义同理可以得到。在概率分布验证过程中，概率混合度指标可以用来评价模型参数的优劣程度。

5.2.2.3 模型参数选择

我们通过网格搜索(grid search)方法来寻找最优的 K 组成分布情况。利用上节所提到的混合程度来反映概率模型的混合程度。衡量模型优劣程度的指标为平均似然函数,分别计算在不同模型参数条件下得到检测数据的平均似然函数的大小。通过随机选取若干交通小区的出行数据记录作为检验数据集,这个衡量指标的具体实现形式如下式所示:

$$\text{perplexity}(w_h^t, w_h^s | w_{\text{train}}) = \exp\left[-\frac{\ln p(w_h^t, w_h^s | w_{\text{train}})}{N_{\text{taz}}} \right] \quad (5\text{-}9)$$

$p(w_h^t, w_h^s | w_{\text{train}})$ 可以利用下式来实现:

$$p(w_h^t, w_h^s | w_{\text{train}}) = \int \prod_{n=1}^{N_{\text{taz}}} \left[\sum_{k=1}^{K} \theta_{hk} \psi_{w_{\text{unk}}^t k} \varphi_{w_{\text{unk}}^s k} \right] p(\theta | w_{\text{train}}) p(\psi | w_{\text{train}}) p(\varphi | w_{\text{train}}) \, d\theta d\psi d\varphi \quad (5\text{-}10)$$

直观上来讲,上式通过积分计算较为困难。因此,采用蒙特卡洛模拟的方法来计算得到上式的结果。可以利用 M 点估计的方法来计算,并计算多次采样过程的平均值来估计上式的大小:

$$p(w_h^t, w_h^s | w_{\text{train}}^t, w_{\text{train}}^s) = \frac{1}{M} \sum_{m=1}^{M} \prod_{i=1}^{N_{\text{taz}}} \left(\sum_{k=1}^{K} \theta_{hk} \psi_{w_h^t k}^m \varphi_{w_h^s k}^m \right) \quad (5\text{-}11)$$

根据以上结果,可利用检验数据中的混合程度指标确定最优主题 K 的个数。

5.2.3 随机性测量

通过模型推断和选择后,可以得到不同维度下的主题分布以及维度之间的联合概率分布。LDA 类型的模型是一种混合模型,利用一种凸函数的组合来对观测得到的观测量进行分析。因此,交通小区内未来的出行需求可以利用训练得到的时间主题和空间主题构建得到。当交通小区内未来出行特征不能够由已训练得到的出行特征重构时,说明此类交通小区出行需求波动较大。具体来说,预测混合度的值可以用来表示交通小区内出行特征的随机波动程度,计算过程如下:

$$\text{perplexity}(\overline{w}_h^t, \overline{w}_h^s | w_h^t, w_h^s) = \exp\left[-\frac{\ln p(\overline{w}_h^t, \overline{w}_h^s | w_h^t, w_h^s)}{\overline{N}_{\text{taz}}} \right] \quad (5\text{-}12)$$

式中: $(\overline{w}_h^t, \overline{w}_h^s)$ ——在一个交通小区中未来的出行特征需求;

(w_h^t, w_h^s) ——在该交通小区内已经观测得到的出行记录数;

$\overline{N}_{\text{taz}}$ ——未观测到的记录的总条数。

结合式(5-11),则基于已观测的数据记录来预测未来时间下的出行记录的混合度的计算指标见下式:

$$p(w_h^t, w_h^s | w_h^t, w_h^s) = \frac{1}{M} \sum_{m=1}^{M} \prod_{i=1}^{N_{\text{taz}}} \left(\sum_{k=1}^{K} \theta_{hk} \psi_{w_h^t k}^m \varphi_{w_h^s k}^m \right) \quad (5\text{-}13)$$

通过上式计算得到的值可以用来计算交通小区内稳定性规律的程度。当混合度较高时,表示基于区域内历史出行记录数的出行特征较难预测。在这种情况下,我们可以通过这个混合度指标来衡量预测交通小区出行稳定性。

5.2.4 模型应用

5.2.4.1 数据集

模型采用的数据源有网约车数据和GIS图层及POI数据。研究的区域为交通小区。城市交通小区作为城市综合交通大调查最基本的单元,因此,本书研究主要利用交通小区来作为分析的基本单元。出行数据集OD信息利用网约车订单数据集。基于交通小区的出行特征可以从网约车出行OD数据中得到,而POI数据可以作为交通小区内部的静态数据,用来研究交通系统与出行特征的相互关系。

(1)网约出行数据集。网约车数据集来源于国内主要运营商滴滴出行。数据涵盖了2018年7月15日到31日北京城市范围内的网约出行订单数据。利用简单的统计分析方法得到多日的出行数据量基本维持稳定,每天约812371条记录。出行订单数据包含每个订单的ID、乘客匿名ID、乘客上车位置(经纬度)、乘客上车时间、乘客下车位置(经纬度)、乘客下车时间以及乘客出行距离等。样例数据见表5-1。基于ArcGIS平台,可以将每条出行订单的起终点信息与交通小区建立空间匹配关系,因此,每个订单记录可以利用交通小区编号来表示。

网约车出行订单数据样例　　　　表5-1

订单编号	乘客编号	下车经度	下车纬度	上车时间	下车时间	乘客距离	上车经度	上车纬度
1	11	116.514	39.902	2018/7/14 23:51	2018/7/15 0:00	1.6	116.656	39.903
2	12	116.674	40.234	2018/7/14 23:39	2018/7/15 0:00	1.4	116.203	40.242
3	13	116.207	39.921	2018/7/14 23:42	2018/7/15 0:00	9.6	116.584	39.911

从表5-1中可以看出,错误及缺失数据的主要原因包括:伪出行记录(测试车辆的出行记录等)及数据缺失等问题。因此,删除订单数据中速度超过120km/h的记录。

基于前述章节,需要把订单数据中连续的信息进行离散化处理。离散处理后的数据集见表5-2。例如,表5-2中第二条记录表示一条出行在工作日8:00—9:00时段内离开编号为10101的交通小区。按照此种数据离散处理规则,可以将原始订单数据集处理成为文集—文档形式,每条记录分别包括小区ID、时间特征编号和空间特征编号。

离散化处理后的出行特征　　　　表5-2

ZoneID	时 间 戳	出行特征单词
10101	222	22
10101	208	21

(2)兴趣点数据(point of interest)。随着城镇化进程的加快,城市内部混合用地情况十分普遍,难以利用规划用地中的土地利用类型来表示区域中的土地组成形式。因此,在本书中,POI数据集可以用来表示区域内的土地利用特征、POI数据及来源于Google地图,是一种可以利用点位的分布来近似衡量区域内用地属性的点位分布。POI数据可以划分为20多个

大类,比如行政机构、火车站和地铁枢纽、居住区和购物用地等。利用文档分布概率(TF-IDF)来表征土地内的用地特征。利用 POI 来表征区域内用地特征的计算过程如下。

对于一个交通小区T_i,存在 POI 向量$f_i = (v_{i1}, \cdots, v_{ij}, \cdots, v_{iC})$,其中$v_{ij}(j = 1, \cdots, C)$是每一类别组分的值,具体如下:

$$v_{ij} = \frac{n_j}{N_i} \times \log \frac{m}{\|T_{ij}\|} \tag{5-14}$$

式中:v_{ij}——单词的分布个数;
n_j——输入第 j 类别的 POI 的个数;
N_i——在交通小区T_i兴趣点的个数;
m——交通小区的总数量;
T_{ij}——含有 j 类 POI 的交通小正数量。

北京市三环内区域为研究范围,此范围内连续两周的出网约车出行数据和该区域内用 POI 表示的土地利用数据作为构建模型的输入。将两周的出行数据集划分为三部分,其中,前一周的数据作为训练数据集,后一周的数据作为预测数据集,前一周的数据集又拆分成两部分,其中 75% 的数据用作训练部分,剩余的 25% 作为模型参数选择部分。在研究时段内,每个交通小区有 3000 ~ 5000 条出行记录数据,平均每个交通小区约有 3770 条数据。利用混合度这个指标,我们可以确定最优的主题个数的参数指标。利用网络寻参方法,在 $K = 3$、4、5、6、7、8、9、10、11、12 时,分别计算预测混合度的大小。最终,当 $K = 3$ 时,平均混合度最小,模型效果取得最优。因此,后续结果在此结果上进行分析。

5.2.4.2 区域出行特征含义分析

模型计算结果可以为每一条出行记录增加标签,即每一条出行记录有一个唯一的时间或空间主题。图 5-9 和图 5-10 分别展示了主题下的单词分布情况。图 5-9 展示了在不同空间主题下各种单词的分布概率,离开和到达分别不同颜色的色块来展示,同时,不同的出行距离按照不同颜色的渐变颜色来展示。在同一时段内的主题分布趋势情况。

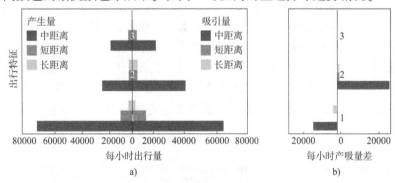

图 5-9 交通小区主题分布

为了加深对模型结果的理解,对研究结果的分布,我们可以直观对这些结果的实际含义进行命名。基于每个类别的概率占比情况,我们分别对每个主题的实际意义进行命名。由图 5-9a)可得,最常见的主题分布的单词为中距离出行,其次为短距离的出行,占比最少为长距离的出行方式。通常来说,每个主题呈现出相似的出行特征,主题 1 的交通小区所表示的出行特征明显以离开出行特征为主,主题 2 的交通小区所表示的出行特征明显以到达出行记录为主。此外,主题3呈现出了在单位时间内到达和离开此类交通小区的需求量基本维持平衡的特征。即以出发为主的主题:主题1;以到达为主的主题:主题2;离开和到达趋于平衡的主题:主题3。

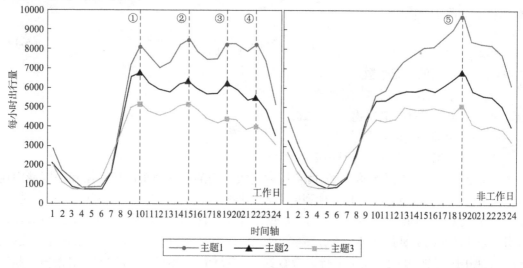

图5-10 交通小区时间维度主题分布

如图5-10所示为主题在时间维度上的分布,展示了在工作日和非工作日在时间轴上的出行需求变化趋势。3个时间主题的变化趋势相似,但是出行强度略有差别。出行强度按照从高到低依次可以分为主题1、主题2、主题3。工作日的出行特征与非工作日的出行特征有明显差别。具体来说,工作日从7:00—23:00的出行需求基本保持稳定,在9:00—10:00、14:00—15:00、21:00—22:00、18:00—19:00分别观测到出行小高峰。然而,在非工作日仅可观测到一个出行需求峰值,为18:00—19:00。此外,在工作日和非工作日的7:00—8:00的出行趋势大致相同,没有明显的差别。城市区域内网约车乘客的出行需求与城市公共交通的出行需求略有不同,城市交通出行需求高峰主要呈现早晚双峰的特征。

综合上述工作日和非工作日的时间出行需求分布特征(峰值1~5),峰值1~4对应着通勤出行、商务出行、休闲出行及基于家的出行,峰值5是以休闲为目的的出行。网约车出行具有诸如出行舒适性高、等候时间少等多种优势的门到门的出行方式,但其出行费用相对公共交通较高。在一定程度上来说,网约车服务特定出行群体,因此,网约车的出行需求有多个高峰值。此外,网约车还弥补了公共交通服务的空白时期,在午夜00:00—3:00的出行需求较高。

5.2.4.3 模型结果应用

基于相似交通出行特征的识别结果,可以获得的交通小区的计算结果有利于长期的交通规划,例如,面向区域规划的交通政策设计,基于区域出行的定制公交以及面向企业运营的网约车监测系统。因此,本章识别了基于特征识别的主要的出行特征模式。

(1)交通小区分类结果——规律性的交通小区结果。通过概率分析,可以得到每个交通小区具有二维的时空概率分布矩阵。从概率论角度来讲,主要衡量两个交通小区相似性的方法指标有 Kullback-Leibler 散度、Jensen-Shannon 散度(JSD)、Wasserstein 距离。这些概率分布的相似性可以通过内容、主要问题特征识别不同区域下的出行特征。两个交通小区间的相似性可以通过利用 JSD 距离来衡量。JSD 距离是用来衡量概率分布之间的相似性的有效度量方法。在本例中,我们采用 JSD 距离来揭示交通小区间的出行特征分析。主要特征的分析过程:

$$\text{JSD}(\text{taz1},\text{taz2}) = \frac{1}{2}\sum_{k=1}^{K}\left(\theta_{\text{taz1}k}\log\frac{\theta_{\text{taz1}k}}{\overline{\theta}_k} + \theta_{\text{taz2}k}\log\frac{\theta_{\text{taz2}k}}{\overline{\theta}_k}\right) \tag{5-15}$$

其中,$\overline{\theta}_k = \frac{1}{2}(\theta_{\text{taz1}k} + \theta_{\text{taz2}k})$。

另一方面,我们可以利用相似距离比较远的出行距离矩阵来实现对出行特征的识别。如图 5-11 所示,基于此种计算方法,可以测算得到不同区域间内的出行需求特征分布结果。

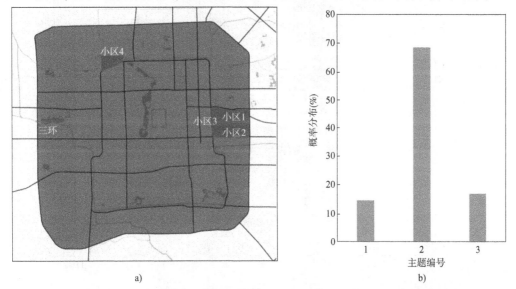

图 5-11 具有相同时空特征的交通小区分布

(2)不稳定程度分析。基于概率分布间的距离可以识别不相似的出行小区,但无法对交通小区的稳定性程度作出衡量。因此,基于式(5-12),利用未来预测散度可对交通小区内的出行特征稳定性进行衡量。如前所述,根据预测散度的值可衡量交通小区内出行需求的稳定程度。预测散度值越大,说明交通小区内的出行特征越不规律;值越小,说明交通小区内的出行特征越稳定。计算结果表明,研究范围内的平均预测散度的结果为 266.69。研究范围内的每个交通小区的预测散度分布如图 5-12 所示。此处,选取 6 个典型区域进行分布,如图 5-12a)所示,并对所选取的交通小区内部的土地构成分布进行分析。

由于交通小区内部的出行特征与其内部的出行特征存在互动关系,交通小区内的出行特征在一定程度上是土地组成成分的一种反映。交通小区内部的土地构成成分分布如图 5-12b)所示。区域 A 中主要的用地组成成分是枢纽用地,因此,枢纽用地内客流的产吸量较大。出行特征不规律的区域的预测混合度的值较大。同时客运量较大时也会产生预测混合度的高峰值。B 区域主要以教育用地为主,出行时间较为自由。区域 D 以景区用地为主,出行以游客为主,出行行为随机,出行行为较难预测。区域 C 和 E 预测值较低,代表有规律移动模式的交通小区,分别由企业、机构和住宅用地形式主导。F 的混合程度高于 C 和 E,但低于 A、B 和 D;娱乐用地的主导地位可以解释这种现象。总的来说,交通枢纽、景点和娱乐场所可能会导致不规律的交通模式,而且由于游客的随机行为,很难预测未来的交通模式。相比之下,商业和居住区域的流动性模式通常具有很高的预测性。因此,对交通小区内的异常检测可以为运营商提供有关某些地区旅游需求的先验知识,从而使他们能够及时应对意外的客流。从长时间运行的角度来看,这些结果可以帮助设计动态调度策略或参考上落客点,以减少等待时间。例如,如果有人无法在火车站叫车,在线叫车系统可以以较低的预测复杂度指示附近的取车地点。与现有的在区域相似性和异常检测方面的研究相比,该方法克服了数据集稀疏性的限制,并能够同时结合时空特征。

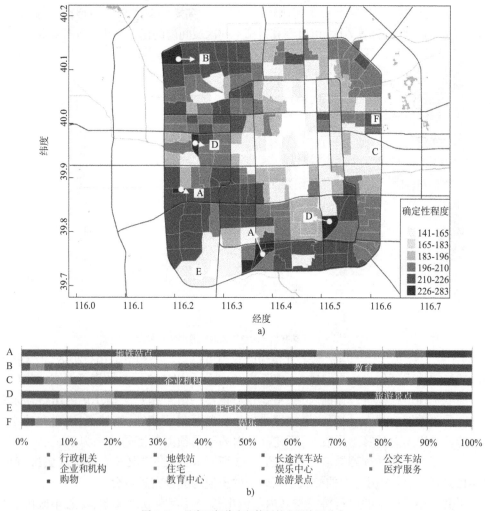

图 5-12 具有不规律出行特征的交通小区分布

5.3 基于 IC 卡群体出行数据的公交网络关键节点识别技术

5.3.1 基于海量群体出行数据的公交网络建模

公交线网是公交系统的基础部分,公交网络拓扑结构特性决定了公交系统的功能和效率。本节基于公共交通网络拓扑结构及乘客出行需求，建立起终点之间乘客出行合理路径集合，保障乘客在突发状况下寻找最优的可替代的可靠路径；通过路径合理多样性指标，识别公共交通网络的关键节点，确保大客流及突发状况下乘客的及时疏散。

以北京为例，截至2017年底，全市公共汽车运营线路有886条，公共汽车运营车辆25624辆；运营线路长度达19290km，全年公交汽车完成客运量达33.6亿人次，日均客运量973万人次。

5.3.1.1 数据基础

公交IC卡具有信息量大、全面的特点。目前北京公交全部线路均实现分段计价，即乘客上、下车需要刷卡。IC卡刷数据记录里包含卡号、类型、交易时间、标注站、线路号、车辆号、标注线路号、标注车辆号等信息，是公交客流分析的重要基础。北京公交IC卡数据格式见表5-3。

北京公交集团IC卡数据格式　　　　表5-3

名　称	备　注	名　称	备　注
卡号	IC卡的物理卡号，唯一识别	标记站	上车站点
卡类型	—	线路号	下车线路号
交易类型	06=正常交易；08=补票交易	车辆号	下车车辆号
交易时间	下车时间	标注线路号	上车线路号
标注时间	上车时间	标注车辆号	上车车辆
交易站	下车站点	—	—

由于城市交通网络是一个典型的动态的复杂网络，除了具有一般复杂网络的特性之外，还具有与其他复杂网络不同的特点，如乘客出行行为的选择性和自主性。因此，在研究交通网络拓扑结构时，除了考虑静态的拓扑结构，还应结合乘客出行行为和活动信息，来研究物理网络和架构在物理网络上的动态的公交客流这两层结构通过相互作用所表现出来的网络拓扑特性。

5.3.1.2 公交网络建模方法

公交网络建模基于海量IC卡数据，数据主要包括公交线路名称、公交站点顺序、公交站点名称、公交站点经纬度，具体见表5-4。

原　始　数　据　　　　表5-4

线路名称	站点顺序	站点名称	站点经度	站点纬度
1路	1	老山南路东口	116.227825	39.910493
1路	2	地铁八宝山站	116.231276	39.906095
1路	…	…	…	…
…	…	…	…	…
专89	1	后屯村	116.3413	40.04644
专89	2	地铁西小口站	116.3452	40.04587
专89	…	…	…	…

获取到的原始数据表中站点顺序是按照线路进行排序的,并且存在重复站点情况,去重、统一排序的后公交站点数据见表 5-5。

公交站点数据　　　　　　　　　　　　　　　　　表 5-5

站 点 ID	站 点 名 称	站点坐标(经度)	站点坐标(纬度)
1	老山南路东口	116.227825	39.910493
2	地铁八宝山站	116.231276	39.906095
3	玉泉路口西	116.245549	39.906108
4	五棵松桥西	116.26705	39.906183
5	翠微路口	116.294921	39.906214
…	…	…	…
5922	清景园南门	116.3449	40.02853

一个源节点(source)和一个目节点(target)之间构成一条连边。以 ID 为 1 的站点作为第一个源节点,按照站点编号顺序,在每一条线路中,去搜索能够与之构成连边的目节点。由于本书构建的公交网络为无向的,不考虑连边的方向性,所以同一条连边不必表示成双向的形式,比如连边(1,2)和连边(2,1)在无向图中表示的含义是一样的。目前,公交网络建模为复杂网络的方式主要有两种,即 Space L 和 Space P。本书中的建模方法是基于 Space L 方法。构建规则如下:

(1) 以公交站点为网络节点,如果两个节点在同一条公交线路上是相邻的,那么,这两个节点之间就存在一条连边;

(2) 两个节点之间即使有同一条公交线路通过,但是如果这两个节点不相邻,那么,两个节点之间不存在连边;

(3) 默认公交站点和自己本身之间不存在连边。具体邻接矩阵见表 5-6。

网络邻接矩阵　　　　　　　　　　　　　　　　　表 5-6

源 节 点	目 节 点	源 节 点	目 节 点
1	2	…	…
1	4989	5917	5918
2	4989	5918	5920
2	3	5922	5921
…	…	5922	4781

5.3.1.3 公交网络拓扑表示

Gephi 是一款开源免费跨平台的复杂网络分析软件,主要用于各种网络和复杂系统,可以在具有上百万个节点的大型网络运行,其最大的特点在于,可以对信息进行关联和量化处理。为了建立公交网络,需要设定一些假设:

(1) 主要研究常规公交的站点和线路,轨道通暂时不作为考虑对象。

(2) "同站名"原则:视不同名称的公交站点为不同网络的节点,视相同名称但是所处位置不同的公交站点为同一个网络节点。

(3) 网络节点仅指的是在公交线路停靠站,而不同的公交现在空间上的交点不作为网络节点。

(4) 为了简化计算忽略线路的方向性, 单独考虑上行线路来计算、构造无向的公交网络。

利用上述整理得到的公交站点信息以及连边数据, 使 Gephi 构建出 Space L 下的公交网络拓扑结构。

5.3.2 公交网络拓扑特性分析

公交网络是一个典型的复杂网络。对北京市公交网络进行拓扑特性分析具有非常实际的意义, 可用于判断节点的重要程度, 找出网络中的关键节点。

5.3.2.1 度分布

根据统计可以得到北京市公交网络的节点度概率分布图, 如图 5-13 所示。可以看出: 北京市公交网络中, 节点的度分布从 1 到 18, 其中度为 1 的节点大多为城市公交网络中的起点站或终点站, 占总节点数的 4.20%; 度为 2 的节点为网络中的普通车站, 连接着公交线路上两端, 在总节点数中占比最大为 52.01%; 网络的平均度值为 3.08, 这表明了平均每一个公交站点有 3 条边与之相连。

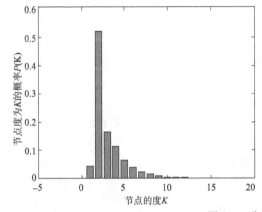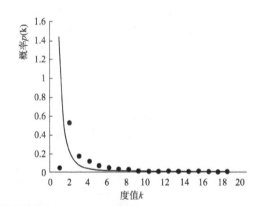

图 5-13 公交网络度分布

根据拟合结果可以看出, 北京市公交网络的节点度分布能够很好地符合幂律分布, 其符合幂律分布函数如下:

$$F(k) = 1.4394 \times k^{-2.696} \tag{5-16}$$

拟合结果 $R^2 = 0.7437$, R^2 是趋势线拟合程度的指标, 它的数值大小可以反映出趋势线的估计值与对应的实际数值之间的拟合程度, 拟合程度越高, 趋势线的可靠性越高。可以看出北京市公交网络符合幂指数为 2.696 的幂律分布, 大部节点度值较小, 少部分的节点度值较大, 具有无标度网络的特性。按照度值进行网络节点排序, 排名前 20 的节点见表 5-7。

表 5-7 度值前 20 的节点

排 序	公交站点	节 点 度	排 序	公交站点	节 点 度
1	马甸桥南	18	6	大北窑南	18
2	六里桥北里	17	7	四惠枢纽站	17
3	北京西站	16	8	广安门内	16
4	三元桥	16	9	崇文门西	16
5	六里桥东	15	10	十里河桥北	15

续上表

排　序	公交站点	节　点　度	排　序	公交站点	节　点　度
11	大北窑西	13	16	长椿街路口西	13
12	左家庄	13	17	前门	12
13	祁家豁子	13	18	北太平桥西	12
14	定慧寺东	13	19	广安门北	12
15	西三旗桥北	13	20	北京站东	12

5.3.2.2　H-index 分布

H-index 考虑到了节点的邻居度。设无向网络中一个节点 i 的度为 k_i，则节点 i 有 k_i 个与之相连的邻居节点 $j_1, j_2, \cdots, j_{k_i}$。$h_i$ 为节点 i 的 H-index。计算公式如下：

$$h_i = H(k_{j_1}, k_{j_2}, \cdots, k_{j_{k_i}}) \tag{5-17}$$

式中：$k_{j_1}, k_{j_2}, \cdots, k_{j_{k_i}}$——节点 i 的邻居的度。

根据统计可以得到北京市公交网络的节点 H-index 的概率分布图，见图 5-22。从中可以得出：北京市公交网络中，节点的 H-index 分布从 1 到 8，其中，H-index 为 1 的节点大多为城市公交网络中各条线路的起点站或终点站，占总节数 6.42%；H-index 为 2 的节点在总数中占比最大，为 64.35%。

H-index 排名前 20 的公交站点见表 5-8。可以看出，与度相比较发生了一些变化。比如，有些节点的度值高但 H-index 并没有很高，比如十里河桥北、左家庄等；反之，有些节点的 H-index 高，但度值并不高，比如大北窑南、东等。

H-index 前 20 的公交站点　　　　　　　　　　　　　　表 5-8

排　序	公交站点	节　点　度	排　序	公交站点	节　点　度
1	马甸桥南	8	11	广安门北	7
2	六里桥北里	8	12	双井桥北	7
3	大北窑南	8	13	刘家窑桥西	7
4	四惠枢纽站	8	14	双井桥南	7
5	大北窑西	8	15	八王坟西	7
6	大北窑东	8	16	西三旗桥南	7
7	北京西站	7	17	岳各庄桥东	7
8	六里桥东	7	18	亮马桥	7
9	西三旗桥北	7	19	郎家园	7
10	北太平桥西	7	20	大北窑北	7

5.3.3　基于拓扑特性与乘客需求的局部关键节点识别方法

度指标体现了节点与周围节点之间建立直接联系的能力，但不能反映该节点的邻居节点的连边情况。H-index 能在一定程度上反映邻居节点的情况。然而，度值高的 H-index 并不一定大，如图 5-14 所示。

第5章 基于大数据的群体出行分析及预测技术

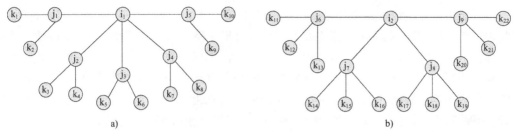

图5-14 网络示意图

图5-14a)中的节点度值为5,H-index 为3,图5-14b)中的度值为4,H-index 为4,可以明显看出图5-14b)的连通子图5-14a)大。因此,结合站点需求量,可以构造出局部关键站点识别模型。

$$\mathrm{EI}_i = \frac{\sqrt{k_i^{\frac{1}{H_{ki}}} \times h_i^{\frac{1}{H_{hi}}}}}{2|E|} \times \psi \tag{5-18}$$

式中：E——网络里面的边；

H_{ki}——度的异质性；

H_{hi}——H-index 的异质性；

ψ——归一化的站点流量。

根据上述提出的站点混合影响力模型,分别计算出不同时段每个公交站点的站点混合影响力指标 EI,根据得到的不同时段的 EI 值进行从大到小的排名。图5-15 表示排序之后的不同时段的北京市公交站点混合影响力指标 EI 值。可以看出,存在一个相同的特点：在全部站点中,仅有少部分节点的 EI 指数明显高于其他节点,所以对北京公交网络的影响而言,它们为关键节点,在公交网络中有着举足轻重的地位。另外,大部分节点的 EI 值相对较小,也就是在网络中起到的影响作用较小,站点客流较小,在网络中仅作为一般节点,但这些节点的存在可以大大提高公交网络的覆盖范围和覆盖面积,增加出行的便利性。

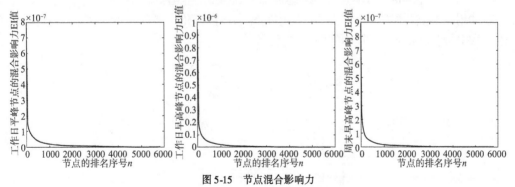

图5-15 节点混合影响力

经过初步分析,发现 EI 值较高的节点全部位于城六区范围内。故本书着重对城六区范围内的公交站点进行研究。在研究范围内的公交站点中,选取 EI 指数排名处于前50位的站点进行统计,通过进一步的分析,研究关键节点判断的合理性。

5.3.4 基于全局的公交网络关键节点识别方法

在事故状况下,公交网络站点是脆弱的,往往造成可靠路径的破坏,能够为乘客提供其他安全可靠的备选路径则是十分必要的。因此,本节以北京市轨道交通网络为研究对象,主要解决两个问题:其一是两个站点之间有多少条合理路径?其二是那些站点是脆弱的,需要特殊保护?

通过构建一个无线网络 $G=(N,A)$, N 是网络节点数目, A 是网络链路集合。利用站点间的行程时间作为链路的权重,如果起点 m 到链路 a 的起点花费不小于到链路 a 的终点花费,即合理路径。因此,任意一个 OD 对 (m,n) 之间的合理路径可以定义如下:

$$f_{\min}(m,a_h) \geqslant f_{\min}(m,a_t), \forall a \in A_k \qquad (5\text{-}19)$$

因此,可以定义一个路径合理多样性指标见式(5-20)。

$$\Gamma = \frac{\sum_{m=1}^{|N|}\left[\sum_{n=1}^{m-1}x(m,n)+\sum_{n=m+1}^{|N|}x(m,n)\right]}{N\times(N-1)} \qquad (5\text{-}20)$$

北京市轨道交通网络共包含 233 个节点(数据来源于 2014 年 10 月 15 号),526 条链路,54056 个 OD 对。运用上述算法,计算北京市轨道交通网络合理路径与路径多样性。计算结果如图 5-16 所示。

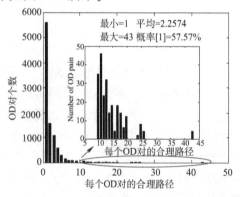
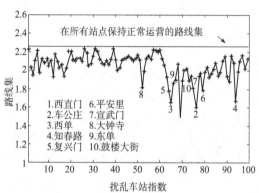

图 5-16 任意两点之间的合理路径条数及删除节点后路径多样性指标统计

通过删除节点,筛选出轨道交通网络中路径多样性变化排名前十的节点,也是整个轨道交通网络中最脆弱的站点,具体如图 5-17 所示。

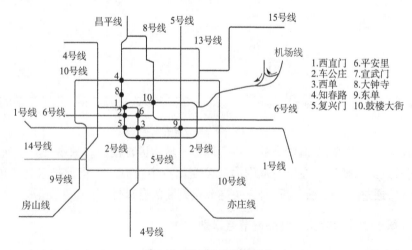

图 5-17 排名前 10 的脆弱点

5.4 基于大数据的机场旅客城市端出行时空分析方法

5.4.1 大型机场旅客城市空间分布影响因素

大型机场的旅客空间分布受用地性质、人口分布等因素的影响,而用地与人口分布又有一定的相关性,用地开发强度大的区域,其人口相对也更加密集。另一方面,用地性质很难进行量化,而人又是各类出行活动的执行者,所以通过人口分布可以更好地去表征区域的特征,因此,本书研究中大型机场旅客的城市空间分布主要考虑以下几个影响因素。

5.4.1.1 居住人口空间分布

居住人口空间分布主要是指城市一定时间内各小区的居住人口数量,居住人口包括常住人口和流动人口。可以依靠手机信令数据得到城市的居住人口空间分布。以北京市为例,通过手机信令数据分析发现,居住人口集中于四环以内,分布相对较为均匀,而机场旅客除机场周边区域外,大多也集中于北京的四环以内,特别是北京主城区的东北部。

5.4.1.2 工作人口空间分布

工作人口空间分布主要是指城市各小区内一定时间内聚集的工作人员的数量。同样可以利用手机信令数据得到城市的工作人口空间分布。以北京市为例,通过手机信令数据分析发现,对比居住人口分布,工作人口的空间分布更加集中,如北京的北部和东部,而机场旅客的分布热点也落在了北京东部这样岗位比较密集的区域。

5.4.1.3 距离

除了人口分布与大型机场旅客的空间分布直接相关外,各个小区与机场间的距离也是影响因素之一,特别是对于一市两场(或多场)的城市来讲,小区与机场间的距离可能会成为旅客选取不同机场的重要因素。以北京为例,分别对大型机场旅客城市空间分布与居住人口、工作人口以及距离进行相关性分析,分析结果见表5-9,大型机场旅客城市空间分布与工作人口的相关性最强,其次是居住人口,而与距离的相关性较低。

大型机场旅客城市空间分布影响因素相关性分析　　　　表5-9

类别	居住人口	工作人口	距离
旅客空间分布	0.728	0.836	0.575

5.4.2 预测思路与方法

需求分布预测是传统的交通规划四阶段之一,通常采用重力模型等确定性模型,较少采用神经网络等黑箱或灰箱模型。另外,出行OD数据的获取也主要依赖于抽样调查,样本量小且单一,随着手机信令数据应用的逐渐频繁,通过手机数据可以较为准确地得到两地之间的出行OD量。另一方面,大型机场旅客在城市内的空间分布不只与交通小区至距离机场的距离有关,与交通小区的用地开发强度和人口更加相关。因为用地性质较为难以量化,因此用交通小区的居住人口和工作人口来表征交通小区的用地性质、经济活力等特性,以交通小区的居住人口和工作人口,以及交通小区至距离机场的距离作为建立模型的基础,建立相应的分布预测预测模型。这一预测思路考虑到了用地性质、居民经济活动等因素对需求产生的影响，相较于现阶段仅以距离、费用或阻抗等因素的建模思想，更加符合大型机场旅客在城市空间内分布的规律。同时结合手机信令数据，也在样本的准确性和丰富性上超越了以前的预测方法，有效地提升预测的精度。

本预测方法的思路为：基于手机信令数据，得到一定时间内城市各交通小区的机场旅客空间分布、居住人口与工作人口分布；用各交通小区的居住人口与工作人口，以及各小区与机场之间的距离作为参数，建立广义回归神经网络；用各交通小区的机场旅客空间分布数据对模型进行标定和检验；最终得到较为合适的大型机场旅客城市空间分布预测模型。预测思路图如图5-18所示。

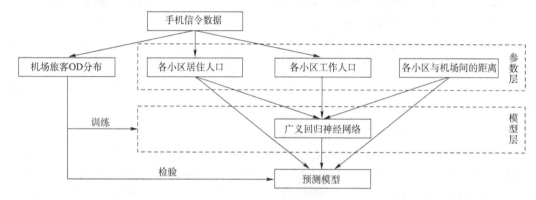

图5-18 预测方法研究思路

模型中用于标定和检验模型的机场旅客空间分布数据来源于北京首都国际机场，整个北京市被划分为1km×1km的栅格状交通小区，共计17238个，基于2016年某单日手机信令数据，得到首都国际机场旅客吞吐量（287695人次/日）及空间分布。模型标定数据采用17238个交通小区中的17038个，剩余的200个用于模型效果的检验。

选择广义回归神经网络进行大型机场旅客城市空间分布预测的研究。重力模型是一种较为传统且应用广泛的出行分布预测模型，而神经网络模型相对应用较少，但近年来随着大数据的应用，神经网络等模型也展开了相关的研究与应用。以下就广义回归神经网络模型的建立过程进行说明。

5.4.2.1 理论基础

（1）模型形式。广义回归神经网络（Generalized Regression Neural Network，GRNN）由D. F. Specht博士于1991年提出，是径向基神经网络（Radical Basis Function Neural Network，RBFNN）的另外一种变形形式。广义回归神经网络建立在非参数回归的基础上，以样本数据为后验条件，执行Parzen非参数估计，依据最大概率原则计算网络输出。因此，广义回归神经网络具有很强非线性拟合能力和柔性网络结构，而且在学习速率与逼近能力方面也明显强于径向基神经网络，即便是在样本不足时拟合精度和泛化能力均胜于其他网络，因为GRNN模型仅需要光滑因子一个参数，所以在预测网络方面性能突出。

GRNN的理论基础是非线性回归分析，有明确的概率意义，泛化能力强。设随机变量x和随机变量y的联合概率密度函数为$f(x,y)$，则y对x的观测值X的条件均值，即在输入为X的条件下，Y的预测输出为：

$$\widehat{Y}=E(y|X)=\frac{\int_{-\infty}^{+\infty}yf(X,y)\mathrm{d}y}{\int_{-\infty}^{+\infty}f(X,y)\mathrm{d}y} \quad (5\text{-}21)$$

应用 Parzen 非参数估计,可得估计密度函数:

$$\widehat{f}(X,y)=\frac{1}{n(2\pi)^{\frac{p+1}{2}}\sigma^{p+1}}\sum_{i=1}^{n}\exp\left[-\frac{(X-X_i)^{\mathrm{T}}(X-X_i)}{2\sigma^2}\right]\exp\left[-\frac{(X-Y_i)^2}{2\sigma^2}\right] \quad (5\text{-}22)$$

式中:X_i、Y_i——x 和 y 的样本观测值;

n——样本容量;

p——随机变量 x 的维数;

σ——高斯函数的宽度系数,即光滑因子。

用 $\widehat{f}(X,y)$ 代替 $f(X,y)$ 带入式(5-21),并交换积分和加和顺序,可得:

$$\widehat{Y}(X)=\frac{\sum_{i=1}^{n}\exp\left[-\frac{(X-X_i)^{\mathrm{T}}(X-X_i)}{2\sigma^2}\right]\int_{-\infty}^{+\infty}y\exp\left[-\frac{(Y-Y_i)^2}{2\sigma^2}\right]\mathrm{d}y}{\sum_{i=1}^{n}\exp\left[-\frac{(X-X_i)^{\mathrm{T}}(X-X_i)}{2\sigma^2}\right]\int_{-\infty}^{+\infty}\exp\left[-\frac{(Y-Y_i)^2}{2\sigma^2}\right]\mathrm{d}y} \quad (5\text{-}23)$$

由于 $\int_{-\infty}^{+\infty}ze^{-z^2}dz=0$,对式(5-23)进行计算可得:

$$\widehat{Y}(X)=\frac{\sum_{i=1}^{n}Y_i\exp\left[-\frac{(X-X_i)^{\mathrm{T}}(X-X_i)}{2\sigma^2}\right]}{\sum_{i=1}^{n}\exp\left[-\frac{(X-X_i)^{\mathrm{T}}(X-X_i)}{2\sigma^2}\right]} \quad (5\text{-}24)$$

在式(5-24)中,估计值 $\widehat{Y}(X)$ 为所有样本观测值 Y_i 的加权平均,每个观测值 Y_i 的权重因子为相应的样本 X_i 与 X 之间 Euclid 距离平方的指数。

(2)模型结构。GRNN 在结构上与 RBFNN 网络较为相似,由四层构成,如图 5-19 所示,分别为输入层(input layer)、模式层(pattern layer)、求和层(summation layer)及输出层(output layer)。对应网络输入 $X=[x_1,x_2,\cdots,x_n]^{\mathrm{T}}$,其输出为 $Y=[y_1,y_2,\cdots,y_k]^{\mathrm{T}}$。

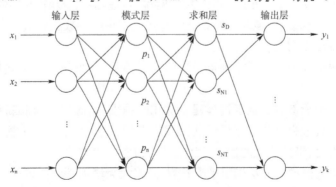

图 5-19 广义回归神经网络结构

①输入层。输入层中的神经元数目等于学习样本中输入向量的维数 n,各神经元是简单

的分布单元,直接将输入变量传递给模式层。

②模式层。模式层的神经元数目等于学习样本的数目 n,各神经元各自对应不同的样本,神经元 i 的传递函数为:

$$p_i = \exp\left[-\frac{(X-X_i)^\mathrm{T}(X-X_i)}{2\sigma^2}\right] \quad (i=1,2,\cdots,n) \tag{5-25}$$

也就是说,神经元 i 的输出为输入变量 X 与其对应的样本 X_i 之间的 Euclid 距离平方 $D_i^2 = (X-X_i)^\mathrm{T}(X-X_i)$ 的指数形式。其中,X 为网络输入变量,X_i 为第 i 个神经元对应的学习样本。

③求和层。求和层中使用两种类型神经元进行求和。一类的计算公式为 $\sum\limits_{i=1}^{n}\exp\left[-\frac{(X-X_i)^\mathrm{T}(X-X_i)}{2\sigma^2}\right]$,即式(5-24)中的分母部分,它对所有模式层神经元的输出进行算术求和,其与模式层各神经元的连接权值为 1,其传递函数为:

$$s_D = \sum_{i=1}^{n} p_i \tag{5-26}$$

另一类计算公式是 $\sum\limits_{i=1}^{n}Y_i\exp\left[-\frac{(X-X_i)^\mathrm{T}(X-X_i)}{2\sigma^2}\right]$,即式(5-24)中的分子部分,它对所有模式层神经元的输出进行加权求和,模式层中第 i 个神经元与求和层中第 j 个分子求和神经元之间的连接权值为第 i 个输出样本 Y_i 中的第 j 个元素 y_{ij},其传递函数为:

$$s_{Nj} = \sum_{i=1}^{n} y_{ij} p_i \quad (j=1,2,\cdots,k) \tag{5-27}$$

④输出层。输出层中的神经元数目等于学习样本中输出向量的维数 k,各神经元将求和层的输出相除,可得式(5-24)的估计结果,神经元 j 的输出对应估计结果 $\hat{Y}(X)$ 的第 j 个元素,即

$$y_j = \frac{s_{Nj}}{s_D} \quad (j=1,2,\cdots,k) \tag{5-28}$$

(3)平滑参数确定方法。对于广义回归神经网络模型,学习样本一经确定,则相应的网络结构和各神经元之间的连接权值也随之确定,网络的训练实际上只是确定平滑参数的过程。与传统的 BP 网络不同,广义回归神经网络的学习算法在训练过程中不调整神经元之间的连接权值,而是改变平滑参数,从而调整模式层中各单元的传递函数,以获得最佳的回归估计结果。

为获得理想的平滑参数,国内外的专家学者在关于平滑参数的取值上做了深入的研究,其研究成果主要可分为两类:

一类是根据网络性能评价指标确定模型的平滑参数,如根据估计误差均方值确定平滑参数的方法。

另一类是针对平滑参数的确定过程建立优化问题模型,应用传统和新型的优化方法解决该问题。如利用黄金分割法进行寻优获得理想平滑参数,基于优进策略的差分进化算法对平滑参数进行优化,采用改进的遗传算法优化平滑参数等方法。

若采用建立优化模型的方法确定平滑参数,必将大大增加预测中建模的工作量,同时也增加了建模的难度。根据估计误差均方值确定平滑参数的方法,其优点是原理简单易懂,确定平滑参数的过程同时也是建立模型的过程,可以方便地通过编程实现。因此,在本书中采

用根据估计误差均方值的方法确定广义回归神经网络平滑参数,具体步骤为:

①令平滑参数以增量 $\Delta\sigma$ 在一定范围$[\sigma_{\min},\sigma_{\max}]$内递增变化;

②在学习样本中,除去一个样本,用剩余的样本构造广义回归神经网络对该样本进行估计,得到估计值与样本值之间的误差;

③对每一样本重复该过程,得到误差序列;

④将误差序列的均方值作为网络性能的评价指标,误差序列均方值的计算公式为:

$$E = \frac{\sum_{i=1}^{n}[Y_i(X_i) - Y_i]^2}{n} \quad (5\text{-}29)$$

将最小误差对应的平滑参数用于广义回归神经网络预测模型。

5.4.2.2 模型建立

(1)输入变量。同样,考虑用地与大型机场旅客需求空间按分布之间的关系,以工作人口及居住人口定量反映用地特征,同时选取小区居住人口、工作人口以及小区至机场距离为输入变量,即

$$X = [O_i^w, O_i^r, d_i]^T \quad (5\text{-}30)$$

式中:O_i^w——交通小区 i 的工作人口数量(人),可通过手机信令数据获得;

O_i^r——交通小区 i 的居住人口数量(人),可通过手机信令数据获得;

d_i——交通小区 i 到机场的距离(km),采用物理直线距离。

此外,由于输入变量包括人口数量、距离等不同类型数据,所以各种数据的量级及单位不同,因此在训练神经网络之前需要对各类数据进行归一化处理,其过程见下式:

$$\bar{\bar{x}}_{ji} = \frac{x_{ji} - \bar{x}_j}{\sigma_j} \quad (5\text{-}31)$$

式中:$\bar{\bar{x}}_{ji}$——经过归一化的第 j 列第 i 行数据;

x_{ji}——包含输入及输出节点的训练数据集或测试数据集中第 j 列第 i 行数据;

$\bar{x}_j$——第 j 列数据的平均值;

σ_j——j 列数据的标准差。

(2)输出变量。大型机场旅客空间分布的预测目标即为获得一定时间内机场旅客在各交通小区分布量。时间维度的不同,则空间分布的数量也会发生变化,但通常一定时期内的旅客分布占比(某交通小区旅客数量与所有小区旅客数量的比值)是相对稳定的。因此,选取交通小区的旅客分布占比作为输出变量。交通小区的旅客分布占比由下式计算得到:

$$f_i = \frac{T_i}{\sum_{i=1}^{m} T_i} \quad (i = 1, 2, \cdots, m) \quad (5\text{-}32)$$

式中:f_i——交通小区 i 的旅客空间分布占比;

T_i——一定时期内交通小区 i 的旅客空间分布量(人次),可通过手机信令数据获得;

m——交通小区的数量。

故模型输出变量为:

$$Y = f_i \quad (5\text{-}33)$$

(3)平滑参数。根据估计误差均方值确定平滑参数,以模型标定数据17238个交通小区

中的17038个作为样本,剩余的200个用于测试样本,令平滑参数以0.01的步长在[0,1]内递增,预测误差绝对值相对于平滑参数的变化曲线如图5-20所示,据此最终确定最优平滑参数为0.22。

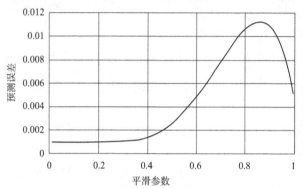

图5-20　不同平滑参数的预测误差绝对值变化曲线

5.4.3　模型预测结果分析

采用平均绝对百分误差(Mean Absolute Percentage Error, MAPE)、均方误差(Mean-Square Error, MSE)、拟合度(Coefficient of Determination)三种估计评价指标对三个模型的预测结果进行检验和对比。用于标定和检验模型的机场旅客空间分布数据来源于北京首都国际机场,整个北京市被划分为$1km \times 1km$的栅格状交通小区,共计17238个,基于2016年某单日手机信令数据,得到首都国际机场旅客吞吐量(287695人次/日)及空间分布。模型标定数据采用17238个交通小区中的17038个,而剩余的200个用于模型效果的检验。广义回归神经网络的输出结果为交通小区的旅客分布占比,因此,还需要根据总的机场吞吐量计算各小区的旅客空间分布量。计算方法如下:

$$T_i = D_{airport} \cdot f_i \tag{5-34}$$

使用训练后的模型进行检验样本的预测,得到模型的预测值与真实值的对比曲线,如图5-21所示。

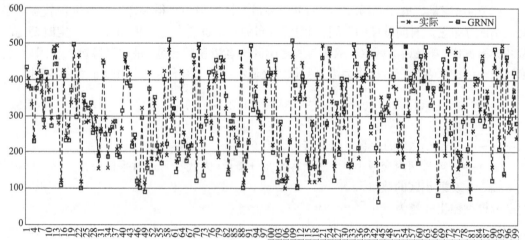

图5-21　广义回归神经网络输出值与真实值曲线图

第5章 基于大数据的群体出行分析及预测技术

进一步考察模型的预测效果,分别计算模型的平均绝对百分误差、均方误差以及拟合度,计算结果见表5-10。

模型预测结果检验对比　　　　　　　　　　　　　　表5-10

模型	MAPE	MSE	R
广义回归神经网络	8.3%	22.5	0.77

通过对比平均绝对百分误差、均方误差以及拟合度,可以发现,广义回归神经网络预测效果较好。因此,可以认为基于手机信令数据,通过广义回归神经网络模型,都可以较好地对机场旅客城市端的空间分布进行预测。

5.4.4 案例应用

根据以上提出的基于手机信令数据的大型机场旅客城市空间分布预测方法,分别以北京新机场和首都国际机场为例,对其2025年的旅客空间分布进行预测,预测采用遗传BP神经网络。

北京大兴机场位于北京市大兴区榆垡镇境内,大兴区南各庄与廊坊市白家务接壤处,京九铁路以东,永定河(冀京界)以北,廊涿高速公路、京台高速公路以西,大礼路(大辛庄—礼贤镇,北京县道)以南的区域。场址西距京九线约4km,南距永定河北岸大堤约1km,北紧邻天堂河。场址距南六环约28km,距天安门约50km。西距天津市中心约85km,距京津冀都市圈中河北各城市距离为:涿州市30km,廊坊市20km,保定市100km,石家庄市225km。

根据规划,2025年北京新机场的规划旅客吞吐量为7200万人次/年,以首都国际机场为参考,换乘旅客占比取值5%,本市旅客占比67%,同时假设各交通小区工作及居住人口相对稳定。则首先计算得到机场在城市端的旅客分布总量为:

$$D_{airport} = 72000000 \times (1-5\%) \times 67\% = 45828000$$

然后,采用上文训练得到的广义回归神经网络对旅客分布进行预测,得到以下分布规律:

未来新机场旅客的主要发生地为北京的东侧和南侧,特别是对于东南侧通州等地区的旅客产生起到了刺激作用,另外,机场附近以及机场轨道线的沿线也是旅客来源较为密集的区域。

为进行比较,对同年的首都国际机场旅客分布进行预测,2025年首都国际机场客运吞吐量为10000万人次/年,其余参数取值相同,同时假设各交通小区工作及居住人口相对稳定。则首先计算得到机场在城市端的旅客分布总量为:

$$D_{airport} = 100000000 \times (1-5\%) \times 67\% = 63650000$$

然后采用上文训练得到的广义回归神经网络对旅客分布进行预测,得到北京新机场的旅客分布规律如下。

首都国际机场的陆侧交通分布除机场周边外,主要集中于北京的四环以内,特别是北京主城区的东北部,这与现状较为接近,但同时在北京的南部也出现了一些热点。

二者之和即2025年北京市两大机场的旅客交通分布。两个机场的客运分布叠加后,在北京的东侧、北侧、南侧,具有较大密度的旅客分布,旅客分布更加均匀,并且客流整体分布在两个机场与城市中心的连线区域附近,显示出了机场对客流的培养能力。

不同类型的人在选择公共交通出行时会有不同的心理和决策行为,反映到路径选择中则表现出迥异的路径选择结果。本章则主要研究人群分类的指标选取和分类器搭建问题,并对分类结果路径选择特征做了全面分析研究。

第6章 基于大数据的路网运行及预测技术

本章是前几章的延续,力求从路网层面的角度介绍本书课题组在路网运行及预测技术方面近年来所做的一些研究工作。本章首先介绍我们在基于轨迹数据的交通动态信息提取方法及拥堵交叉口识别方法。这两种方法都力求摆脱传统研究范式下对精确地图的诉求,并在大数据挖掘下精准获取路网运行状态相关研究方面进行了有益探索。随着交通流数据获取手段的不断丰富,通过多源数据融合来提升运行状态识别的精度成为一种有效的途径。因此,本章也介绍我们在利用多源数据进行融合方面的工作,为进一步提升路网运行状态的识别精度奠定了基础。近年来,随着深度学习的兴起及在诸多领域的一些成功应用,本章最后将介绍我们在应用深度学习进行交通流预测的一些研究成果。

6.1 基于轨迹数据的交通动态信息提取方法

6.1.1 交通动态信息提取概述

随着交通大数据时代的到来,如何利用种类繁多、数量众多的数据成为研究人员面临的新问题。由于大多数出租车装有专用的全球定位系统(GPS)设备,因此可较为持续稳定地提供其位置信息。虽然浮动车数据通常被视为车辆轨迹,但由于采样间隔较大,由轨迹组成的GPS点在网络中呈现稀疏状态。

基于浮动车数据的交通状况可视化方法中,最简单的方法就是直接在地图上标出浮动车数据点的位置,并根据其瞬时速度大小为数据点标注不同的颜色。然而这种方式不能系统地提供在时间和空间上不断演变的动态交通信息。因此,Andrienko和Andrienko引入了一个类似于"马赛克"图来显示空间中速度的变化。Tominski等人将探测数据用二维和三维混合成轨迹墙,说明交通状态的演变。Wang等人将道路作为一个整体,在二维网格图中根

第6章 基于大数据的路网运行及预测技术

据交通速度来构建时空图。Jiang 等人基于极性系统提出了一个圆形像素图,用于可伸缩地探索出租车始发地—目的地数据的时空模式。然而,大多数方法都不能说明交通状况在时间和空间上的动态传播变化,例如交通振荡或所谓的走走停停波的传播。

以横纵轴表示时间和空间,用颜色表示速度的交通时空图是一种分析交通状态的重要可视化手段。然而,在利用地图匹配和 GIS 技术构建交通时空图方面存在着两大障碍。一是地图匹配与 GIS 技术难度较高。二是数字地图的获得困难。为此,我们提出了一种基于网格映射法来构建路网交通时空图的方法。该方法无须使用任何 GIS 软件或数字地图工具。流程如图 6-1 所示。

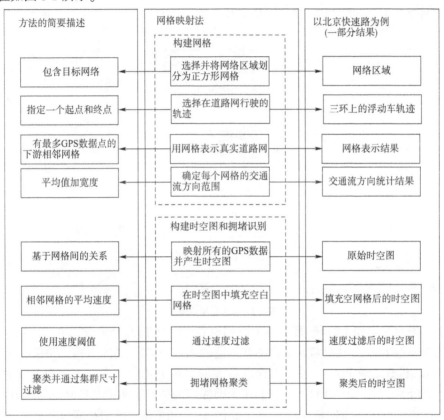

图 6-1 "网格映射"法的流程图

6.1.2 网格映射法

6.1.2.1 网格网络的构建

首先,将城市路网区域划分为均匀的正方形网格。在选择网格尺寸时,应考虑 GPS 数据和道路的密度。若选择较小尺寸(比如几十米),可能会因 GPS 数据稀松,使得在短时间间隔(比如 1 或 2min)内大多数网格内无 GPS 数据;若选择较大尺寸(比如超过 500m),可能会造成一个网格覆盖两条同向的平行路段。此外,网格的大小不应小于高速公路的宽度。考虑到实际情况,本方法建议的网格尺寸应设置在 $50 \times 50 m^2 \sim 200 \times 200 m^2$ 之间。

在没有电子地图时,可利用如下方法构建网格:首先,在经纬度上绘制某时间间隔内的所有 GPS 点，借助该 GPS 点图像可以确定道路的起终点；其次，选择同向行驶的轨迹（但不需要轨迹必须始于或终于起终点）。当时间分辨率较低时，可利用多条轨迹数据构建路网。通常所选轨迹的数目，需要确保在每一个等于网格长度距离内至少含有一个 GPS 点。

最后，将所有正方形网格拼接成真实的路网。由于所有的网格都是同尺寸的正方形，因此一个网格其周边有 8 个网格相邻，编号如图 6-2a) 所示。在定义中心网格的下游和上游关系时，先给定一个上游网格，中心网格的三个下游网格和两个侧网格作为中心网格的潜在下游网格（记为 PDC）。三个下游网格被定义为一级 PDC，两个侧网格被定义为二级 PDC。如图 6-2b) 所示，以图左上角的情况为例，相邻网格 7 是其上游网格，相邻网格 1-5 是其 PDC，其中相邻网格 2-4 是一级 PDC，相邻网格 1 和 5 是二级 PDC，共存在八种可能的情况。

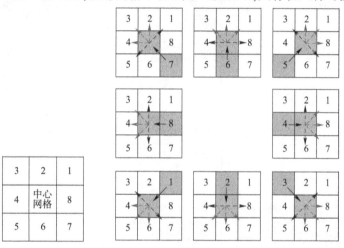

a)网格及其相邻网格　　　　b)网格映射后的交通流方向

图 6-2　基本的网格网络

由于车辆只在道路上行驶，真正的下游网格将包含比其他 PDC 更多的 GPS 点。因此，我们首先在一级 PDC 中选择包含来自样本轨迹的大多数 GPS 点的网格。如果一级 PDC 中没有 GPS 点，检查二级 PDC 并选择包含点最多的二级 PDC。在指定一个覆盖道路的网格（n0）和它的下游网格（n0 +1）后，可以利用上面提到的选择下游网格的规则，从 n0 +1 的可能的下游网格中确定下游网格 n0 +2，重复此过程，直到整条道路都被网格表示出来。

当靠近匝道或立交时，一个网格可能包含几个不同方向的 GPS 数据。为了提纯 GPS 数据并仅保留属于目标道路的数据，我们为每个网格指定了一个交通流方向范围，如图 6-3 所示。首先，从样本轨迹中选择所有落入该区域的 GPS 点，因为是该路段样本轨迹，所以这些数据都位于该道路。然后，将这些数据点作为网格方向范围的中心，因为在一个较短的路段（如 200m 内），所有车辆通常保持相似的方向，故可通过添加预定义的角度作为方向范围。

6.1.2.2　交通时空图的构建与拥堵识别

在网格化之后，便可构建路网的交通时空图。在给定的时间间隔内，通过 GPS 点的经纬度与网格区域进行匹配，计算出网格中落入行驶方向范围内所有数据的平均速度，并根据网格的上下游关系构建时空图。由于所有网格都是相同的正方形，因此可快速确定 GPS 点所属的网格，即首先将经纬度转换为网络区域中的相对位置，然后将该位置除以网格的大小。

如果网格形状不同或大小不均匀,必须将 GPS 点与所有网格进行比较,但会耗费较长的时间。交通时空图由时空网格组成,而网络中的网格对应于二维空间。为了区分这两种类型的网格,我们将使用"ST 网格"表示时空图中的网格,并使用"CN 网格"网络中的网格。

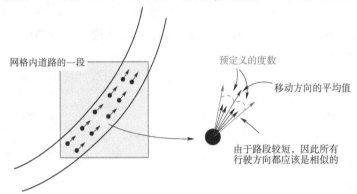

图 6-3 某网格中交通流方向的示意图

虽然已构建了交通时空图,但实际上并不是所有的 ST 网格都被 GPS 点覆盖。为了填充这些空的 ST 网格,我们将所有相邻网格的交通状况的平均值作为空 ST 网格的交通状况。此外,为了识别交通拥堵,我们使用速度阈值过滤时空图,即去除速度大于阈值的所有 ST 网格,并且只保留发生拥堵的 ST 网格。根据交通流理论中的基本图,非拥堵和拥堵的交通状态通常由临界速度区分。因此,通过速度阈值进行过滤就是将交通进行二分类,即未被占用(从图中移除)和拥堵(保留在图中)状态。为了进一步识别精度,我们将拥堵的 ST 网格进行聚类。首先,将所有相邻的拥堵 ST 网格聚类成拥堵集群,并将小于集群尺寸阈值的集群去除。显然,随着阈值的增加,时空聚类图中将只保留下来拥堵严重的瓶颈。

6.1.3 北京市快速路应用案例

6.1.3.1 北京市快速路及浮动车轨迹数据

目前,北京市区有四条(2~5 环)双向城市环路,并与八条城市快速路相互连接。这些快速路都有辅路,且辅路与城市快速路之间由出入匝道相连。而且,各环路都设置了较多的立交桥。一般地,每个立交桥设置一对出入匝道,且平均每 1km 就有一处出入口,这些出入匝道构成了潜在的瓶颈。北京市出租车约一分钟就上传一组即时信息,包括位置、行驶方向、速度、是否载客等。本节利用 2015 年前 2 个月中的 30 个工作日采集的 GPS 数据对网格映射法进行了验证分析。这里只考虑载客状态的出租车,因为这些出租车的行为更接近其他社会车辆。本节选取了三环路作为研究案例,三环各方向[即顺时针方向(CW)和逆时针方向(CCW)]上均有三条车道,每条车道的宽度为 3.75m,限速为 80km/h。

6.1.3.2 北京城市快速路交通时空图的构建

按照 6.1.2 节介绍的方法,我们首先选择包含三环路的 $16 \times 16 km^2$ 中心区域;结合该区域和相应浮动车数据的基本信息,并基于所有载客出租车的瞬时位置构建出主要路网。图 6-4a)显示了一天内 GPS 数据数量的变化,白天数据点个数大约维持在 6000 个,图 6-4b)显示了 6 周内所有浮动车数据的每日变化情况。

我们将 $16 \times 16 km^2$ 区域划分为 160×160 个网格,即每个网格的面积为 $100 \times 100 m^2$。然

后我们选择了沿三环顺时针和逆时针方向移动的样本轨迹,从图6-5b)中可大致看到三环路网。由于三环路很长,几乎没有出租车能绕一整圈,所以我们在环的两个方向任意设置了八对起终点。如图6-5a)所示,图中矩形是所选的起终点对。根据这些起终点对,我们可以得到并绘制出它们之间的所有轨迹。手动去除明显偏离三环的所有轨迹后,剩余的轨迹都是合格的。通常情况下,合格轨迹的数量较多,因此我们只选择其中30条轨迹,并确保每100m至少有一个GPS点。

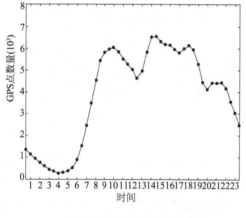

a) 2015年1月15日GPS点的数量变化　　　　b) 8:00—20:00期间每天GPS点的数量

图6-4　北京市三环路网及浮动车数据相关信息

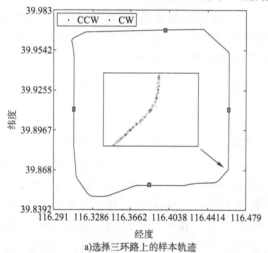
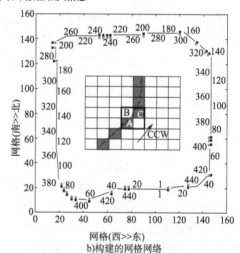

a) 选择三环路上的样本轨迹　　　　b) 构建的网格网络

图6-5　北京三环路网格网络的构建示意图

按照前面提出的两级规则构造三环的网格网络,结果如图6-5b)所示。在图6-5b)中,网格B和网格C是网格A的一级PDC中的两个,由于网格C内的GPS点比网格B内的GPS点多,因此本方法选择网格C作为网格A的真正下游网格。当我们在子序列中构造时空图时,只使用落入网格C的数据,并舍弃进入网格B的数据。

环的内部(外部)数字表示网格沿环的顺时针(逆时针)方向的相对位置。深色虚线表示逆时针方向网格,浅色虚线表示顺时针网格,实线表示普通网格。内部的子图说明了网格网络和样本轨迹之间的关系。

这里,我们给出了一种确定网格内交通流方向的方法。该方法将网格内GPS角度的平均值作为一个基准,并设定交通流方向以此平均值为中心波动范围为30°。也就是说,该方法确定的交通流方向是一个范围。

在构建了网格网络并确定了网格内交通流的方向之后,我们随机选择了某个工作日,并给出了当日三环两个方向的交通时空图。在构建时空图时,我们选取时间间隔为2min,对CN网格中的所有GPS点进行聚合。如图6-6所示,其中第一行子图直接由CN网格中的GPS点构建,第二行子图是填充了空ST网格的图,第三行子图为以给定临界速度20km/h过滤得到的网格图,第四行子图显示了包含50多个拥堵点的集群。

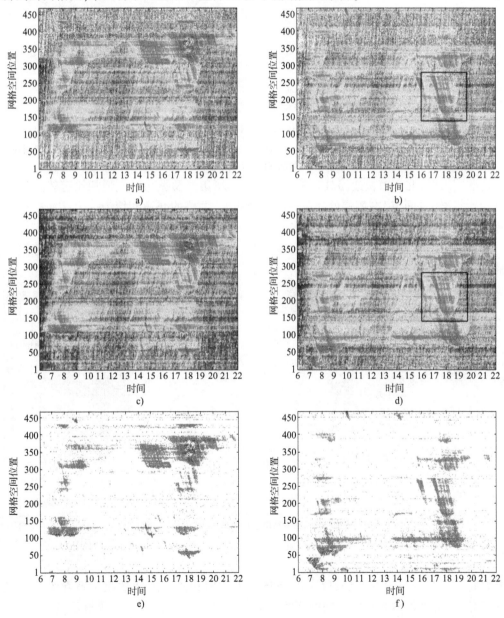

图 6-6

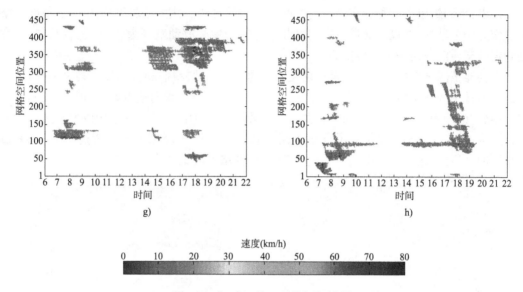

图6-6 2015年1月15日的交通时空图

注:a)、c)、e)、g)为CW方向;b)、d)、f)、h)为CCW方向;a)、b)为原始时空图;c)、d)为填充空网格后的时空图;e)、f)为按速度阈值过滤后的时空图;g)、h)为聚类拥堵网格后的时空图。

这些图表明,北京市快速路具有常发的局部拥堵集群及振荡的交通拥堵态势。常发的局部拥堵集群为"固定"在瓶颈处的单一固定交通波,振荡的交通拥堵为一个移动交通波的扩展拥堵区。图6-7为图6-6b)和图6-6d)中标记区域的放大图。两图反映的拥堵模式与定义一致,移动交通波的速度始终在17km/h左右。该交通结构是一个由同步流和大范围移动的拥堵所组成的拥堵模式。

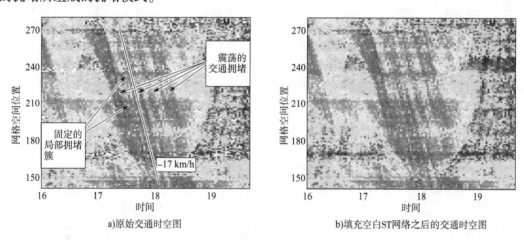

图6-7 北京城市快速路典型交通拥堵模式的观察(ST网格的时间间隔为2min)

为了更好地理解这种情况,我们测量每个包含至少一个GPS点的网格中的平均值、标准差和所有速度的总数,并计算了它们之间的相关系数。顺时针(逆时针)方向平均值和标准偏差之间的相关系数为 -0.1621(-0.1555)、平均值和总数之间的相关系数为 -0.3799(-0.3429)、标准偏差和总数之间的相关系数为 0.2873(0.2702)。结果显示,这些指标之间的相关关系很弱。

6.1.3.3 敏感性分析

本节分析了不同尺寸大小的 CN 和 ST 网格对结果的影响作用。一般来说,CN 网格的大小反映数据在空间上的聚集程度,ST 网格的时间间隔反映数据在时间上的聚集程度。扩大 CN 网格或 ST 网格的时间间隔,可以在空间或时间上包含更多的数据。而较小的 CN 网格或较短时间间隔的 ST 网格,包含的数据点就会变少,且空网格数会增加,此时如何有效地填充空网格就更加重要了。

为了直观显示这种影响,这里构造了具有不同尺寸和时间间隔的时空图,见图 6-8(所示区域与图 6-7 相同)。图 6-8a)和 b),以 0.5min 为间隔且 $100\times100\ m^2$ 的 CN 网格所组成。与图 6-7 相比,图 6-8a)中有更多的空 ST 网格,而修补方法成功地填充了空 ST 网格,如图 6-8b)所示。图 6-8c)和 d)的时间间隔为 2min,CN 网格大小为 $200\times200\ m^2$。虽然相对于图 6-7,振荡的交通拥堵有所模糊,但差别并不明显;图 6-8c)中几乎没有空网格,因为尺寸较大的网格能够覆盖更多的 GPS 数据点;而且,当 CN 网格被扩大之后,拥堵及瓶颈也更显而易见。虽然可以大致地看到交通振荡,但分辨率不高,分析的精度也会有所下降。

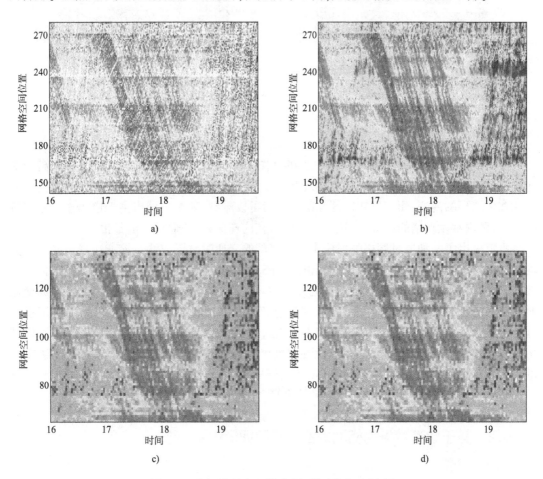

图 6-8　不同网格尺寸和时间间隔下构建的交通时空图

注:a)和 b)时间间隔为 0.5min,网格大小为 $100\times100m^2$ 的时空图;c)和 d)时间间隔为 2min,网格大小为 $200\times200\ m^2$ 的时空图;a)和 c)为原始时空图;b)和 d)为空的 ST 网格被填满之后的时空图。

6.1.3.4 随机拥堵地图

为了进一步验证该方法,构建了三环路两行驶方向的随机拥堵地图。随机拥堵地图通过多天的观测结果,表示出该区域出现拥堵的可能性。为构建随机拥堵地图,计算了30个工作日内每个ST网格在拥堵集群中的数量,并通过除以总工作日天数得到随机拥堵地图,如图6-9所示。可以明确分辨出常发拥堵的区域,而且这些区域在大多数情况下,发生拥堵的概率非常高(大于0.8),直观地反映了北京交通拥堵问题的严重性;同时,也意味着对于频发拥堵区域进行预测的价值并不大,反之,对于概率为0.5的拥堵情况进行预测,则显得更有意义。

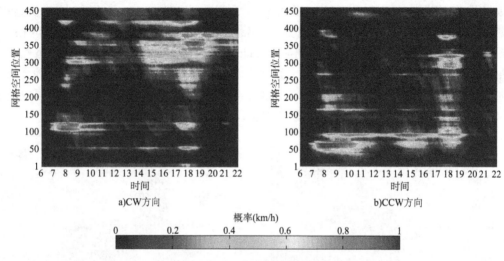

图6-9 基于30个工作日轨迹数据的随机拥堵图

利用随机拥堵地图,我们可以在真实的地图上标记出发生拥堵的详细位置。早高峰交通最拥堵的方向为南至北,晚高峰方向相反。实际上,这种潮汐现象的确存在,因为很多人居住在南二环的南侧,而工作在市区北部。同时可以看到,环路与城市主干道相连的立交桥处,是大概率常发拥堵的积聚点,这主要是因为在此连接处,交通量一般都很大。

本章提出了一种通过网格映射法来构造路网的交通时空图方法。该方法将路网划分为均匀的正方形网格,并根据落入下游网格的GPS点数量进行网格构建,其次根据网格内GPS数据的移动方向确定了网格中的交通流方向,并对该方向范围内的数据进行聚合,构成交通时空图,并提出了识别出主要拥堵区域和相应瓶颈的方法。通过在北京三环路的应用示例验证了该方法,并总结出该方法具有的主要优点:①可行。该方法能够将路网转换为网格网络,并从低时间分辨率的离散浮动车轨迹数据中提取交通动态信息。②简单。该方法完全基于数据本身,不需要任何额外的工具(如电子地图等)。③高效。该方法将连续时间和空间离散成均匀的正方形网格,计算量小,效率高,尤其是在大数据时代下显得更具意义。

6.2 基于轨迹数据网格映射的交叉口拥堵识别方法

6.2.1 城市交叉口拥堵状态识别方法概述

作为常规车辆,浮动车通常以较高频率上传其经纬度、速度和移动方向等信息。浮动车数据(PVD)从上传频率的角度可分为两类。一类是高频 PVD,采样间隔一般为 1~20s。由于高频 PVD 的数据密度高,所以可以用于估计各种交通变量,例如排队、信号配时、交叉口延误和排放等。然而,高频 PVD 对通信和存储技术及设备要求较严格,因此其应用尚不普遍。另一类是低频的 PVD,上传数据的间隔较长,可能几分钟。虽然低频 PVD 估计交通状态精度较差,但由于其对设备要求较低,所以使用较普遍。本节主要是基于低频 PVD,因此后续部分中的"PVD"均指低频 PVD。

目前,导航服务提供商都不能提供交叉口车辆转弯的交通信息,但了解各个转向的交通状况,对于出行者的路线选择和交通管理者对交通信号运行的评价都具有重要意义。现有研究中,应用浮动车数据推测城市道路交通状况的方法大部分依赖于 GIS 地图,即需要将浮动车数据与电子地图进行匹配。实际中,高精度数字地图获取较难,且获取的电子地图也常与轨迹数据失配,例如图 6-10 所示失配情况。而且,地图匹配本身就需要大量的工作,尤其是对于低频 PVD 而言。

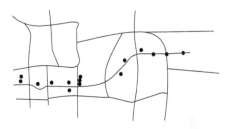

图 6-10 WGS-84 地图和 GCJ-02 PVD 之间失配情况的概念图

虽然,大量研究先后提出了多种基于浮动车数据与地图匹配方法,且有些方法可用于匹配生成交叉路口,但鲜有研究考虑地图重构与交通状况推演相结合。如果将地图重构、地图匹配和交通状况分析集成起来,可大大提高分析效率。为此,本节在前一节所述方法的基础上,介绍了一种基于低频 PVD 的路口转弯拥挤识别方法。该方法具有以下优点:①能够有效地筛选出路网中大多数车辆转弯拥堵的交叉口;②该方法无须电子地图,仅使用 PVD 即可识别并重建交叉口;③该方法计算效率高,非常适合大数据时代的城市交叉口拥堵识别。

6.2.2 低频轨迹数据描述

本章通过北京市出租车上传的 6 个工作日 PVD 数据对所提出的方法进行了验证和分析。由于北京人口多、出行需求大,出租车大部分时间都处于载客状态。大约每分钟每辆出租车都会上传即时状态信息。出租车的渗透率(出租车与所有车辆的比率)约为 5%。所采用的数据为 2015 年 1 月 12 日—16 日共 5 个工作日的数据。由于载客的出租车行驶行为更接近于常规车辆,所以只考虑载客的出租车。

以某假设路网验证基于浮动车数据网格映射的城市路网交叉口拥堵识别方法,如图 6-11 所示。从左边缘到右边缘总长为 3500m,从上边缘到底边长为 2560m。所选区域包含多个交叉口、立交和典型的城市道路(如快速路、干道和支路)。快速路限速 80km/h,其他道路限速 60km/h。

6.2.3 基于轨迹数据的交叉口拥堵识别方法

如图 6-12 所示,该方法由两部分组成,即基于 PVD 与网格映射的交叉口重建和基于 PVD 的交叉口拥挤识别。具体地说,首先将市区进行了网格化处理,并根据通过交叉口的车辆通常表现出的固定位置的停行特征,识别出与交叉口中心相对应的网格。使用历史 PVD

▶ 交通大数据技术及其应用

在市区内建立与路网相对应的网络,然后识别交叉口连接车道相对应的网格。在交叉口重建后,利用本节所述方法可识别进入交叉口并沿转弯方向移动的车辆,并通过构建时空图可以分析车辆转弯的交通状况。历史的 PVD 可用于分析常发拥堵的交叉口,实时的 PVD 可监视交叉口交通状况。

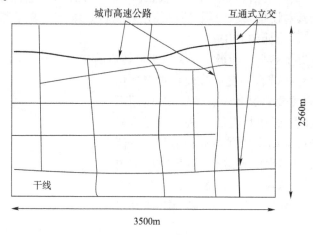

图 6-11 北京市的某选定区域

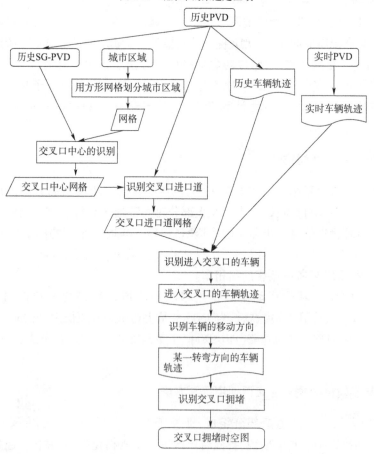

图 6-12 基于低频轨迹数据识别拥堵交叉口的流程图("SG-PVD"指的是具有停停走走行为的 PVD 数据)

6.2.4 基于低频轨迹数据及网格化的交叉口重建

6.2.4.1 城市区域网格化处理

这里采用了边长为 L 的均匀正方形网格对城市区域进行网格化处理,且 L 在经纬度上分别等于 L_{lon} 和 L_{lat}。因此,对于 $XL \times YL(XL_{lon} \times YL_{lat})$ 的面积,总共有 $X \cdot Y$ 个网络。边长 L 可大致设置为车道宽度。

将一个城市区域划网格化后,就可以将 PVD 映射到网格内,具体如下:

$$\begin{cases} x = \left\lceil \dfrac{G_{lon} - A_{left}}{L_{lon}} \right\rceil \in [1, X] \\ y = \left\lceil \dfrac{G_{lat} - A_{bottom}}{L_{lat}} \right\rceil \in [1, Y] \end{cases} \tag{6-1}$$

其中 (x,y) 是 GPS 点所属的网格,其经度和纬度分别为 G_{lon} 和 G_{lat};A_{left} 和 A_{bottom} 是选定区域的左边缘和底边;而 $\lceil \cdot \rceil$ 是指向上取整。对于本节所述案例,将网格的边长设为 5m,则所选区域的长度和宽度可划分为 700 个和 512 个网格。

6.2.4.2 交叉口中心的识别

(1)固定位置的交叉口交通。众所周知,停停走走是道路交通的一个典型特征。然而,信控交叉口的停停走走有两个主要特征:一是发生在固定的位置,二是通常具有较高的频率。基于此,可通过累积 PVD 来识别道路交叉口。即只保留速度大于"停止"速度且后续数据点的速度小于"行驶"速度的 PVD 点。然后,将满足上述条件的 PVD 点(简称 SG-PVD 点)归入相应网络中,去掉含有小于 SG-PVD 阈值的网格。由于该方法的阈值较难从理论上确定,因此可采用了试错法来确定。在本节案例中,将 SG-PVD 阈值设为 5,即任何含有少于 5 个 SG-PVD 点的网格将被移除。图 6-13 比较了"停车"速度为 1km/h 和"通过"速度为 20km/h、30km/h 和 40km/h 的结果。可以得出,大多数交叉口都能被识别,并且结果对"通过"速度阈值并不敏感。因此,这里选择 30km/h 进行试验,见图 6-13d)。

通过将图 6-13d)与图 6-11 所示区域的地图进行比较,可以发现图 6-13d)中缺少图 6-11 所示的一些"交叉口"。这种现象的产生主要是由于这些交叉口处的停停走走交通现象较少。同时,正因为没有停停走走的拥堵现象,表明了这些交叉口较为通畅。然而,我们关注的是拥堵的交叉口,所以不能准确识别出这些顺畅的交叉口,并不成为问题。

(2)交叉口中心的聚类与识别。由于 SG-PVD 网格主要出现在交叉口附近,因此可以采用聚类方法来定位与交叉口中心相对应的网格。为此,本节采用模糊 C 均值聚类方法(FCM)。通过 FCM,目标 SG-PVD 网格可以聚集成几个具有相似特征的组。然而传统 FCM 有两大缺点:一是必须事先人为设置聚类数,但是在没有先验信息下聚类数较难确定;二是由于 FCM 基于所有数据及其对应的隶属度来确定聚类中心,因此聚类中心的定位可能会在不同程度上受到噪声的影响。这些都会影响对交叉口中心的识别。

为克服上述缺点,我们提出了以下改进方法。为获得适当的聚类数(即交叉口数),计算不同聚类数下的 Davies Bouldin(DB)聚类有效性指标。为降低噪声,舍弃远离聚类中心的

SG-PVD 网格,用 d_i 表示 SG-PVD 网格与其最近的聚类中心 i 之间的距离,对于每个类别 i,从其原始目标数据中去除与聚类中心的距离大于 δ 倍的 SG-PVD 网格。需要注意的是,类中心可能不与交叉口中心严格一致,因为交叉口周围的 SG-PVD 网格可能分布不均匀。因此可进一步以类中心周围的 SG-PVD 网格作为子集,并将其聚类成几组,以便识别交叉口中心。

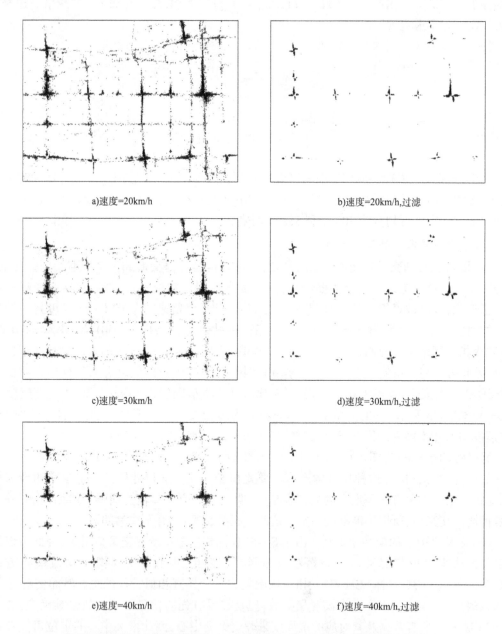

a) 速度=20km/h　　　　　　　　b) 速度=20km/h,过滤

c) 速度=30km/h　　　　　　　　d) 速度=30km/h,过滤

e) 速度=40km/h　　　　　　　　f) 速度=40km/h,过滤

图 6-13　SG-PVD 网格(速度小于 1km/h 被认为是"停止","行驶"速度阈值如图所示)

综上所述,交叉口中心识别过程具体如下:

S0:首先设定最大集群数 C,模糊因子 m,终止条件 ε 和最大迭代次数 T;

S1：将集群数从 2 到 C 的 DB 索引值最小的确定为最优集群数 c^*；

S2：将 FCM 应用于带有 c^* 个集群的原始目标数据，并求得集群中心 $V=\{v_i; i=1,2,\cdots,c^*\}$ 和隶属度 $U=\{u_{ki}; i=1,2,\cdots,c^*; k=1,\cdots,n\}$；

S3：去除噪声之后，将 FCM 应用于新数据集，更新集群中心 $V=\{v_i; i=1,2,\cdots,c^*\}$ 和隶属度 $U'=\{u_{ki}; i=1,2,\cdots,c^*; k=1,2,\cdots,n'\}$，其中 n' 是去除噪声后的 SG-PVD 网格数量；

S4：对于每个集群的子集，用 DB 索引确定每个集群的子集（交叉口连接车道）数量；

S5：在子集中应用 FCM 将 SG-PVD 网格聚集在每个集群内，并求得每个集群的子集中心；

S6：每个集群子集中心的中值即为交叉口中心位置。

对于本节案例，$C=20, m=1.5, \varepsilon=0.00001, T=5000$，基于噪声大小不能超过每个类别数据量的 15% 的假设，将 δ 设置为 0.85；图 6-14 显示了通过 SG-PVD 网格识别的交叉口中心对应的中心网格，两个放大交叉口分别标记为交叉口 1 和交叉口 2。

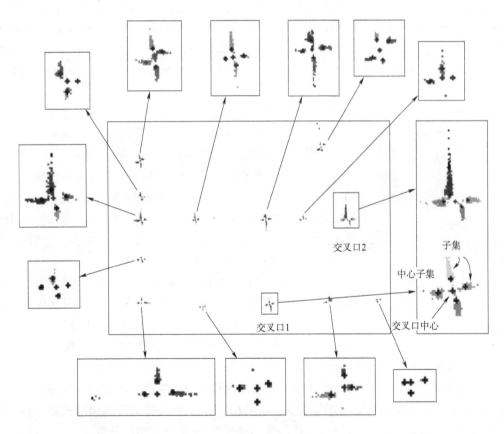

图 6-14 确定的交叉口中心

6.2.4.3 交叉口连接车道识别方法

(1)基于网格的路网重构方法。如果将包含浮动车数据的网格直接作为路网，虽然这样处理也能构建出路网，但是可能会包含大量噪声，如图 6-15a)所示。

交通大数据技术及其应用

a) 填满PVD的网络

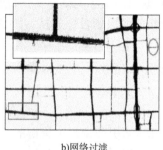
b) 网络过滤

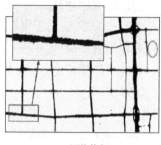
c) 网络修复

图6-15 城市道路网的重建

为了减少噪声,选取了包含浮动车数据点的数目大于或等于某一阈值的网格,并应用两种图像处理方法来修复网络中的空隙和毛刺,并去除含有小于PVD阈值的网格。对于本节案例,将浮动车数据阈值设为5,可获得所示的改进网格网络,见图6-15b);但是,从图6-15b)的放大子图中可以看出,仍然存在空隙和毛刺;因此,可以应用两种基于数学形态学的图像处理方法来修复:第一种是填充空隙,即如果某网格的3×3邻域网格中有5个或更多网格含有PVD,则将该网格作为路网的一部分;否则,删除网格。第二种是剔除毛刺,即如果某个网格其3×3邻域网格中没有或只有一个网格含有浮动车数据,则把该网格记录下来,对所有网格检查后,把属于此类的网格都删除掉。后文中出现的PVD网络都指修复后的PVD网络。

(2)确定交叉口连接车道的外边界。交叉口连接车道上的交通状况能够侧面反映交叉口的交通状态。因此,重构交叉口连接车道是识别交叉口拥堵的基础。为此,可用一个正方形,该正方形以交叉口中心为中心。设置正方形边界的大小时,应考虑两个相邻交叉口之间的距离,即正方形不应过大而包含其他交叉口。因此,对于交叉口密集的路网,正方形应尽量小些,如图6-16所示。

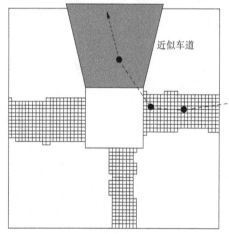

图6-16 使用梯形或矩形定义近似交叉口连接车道

(3)确定交叉口连接车道的数量。由于修复后的网络基本上没有空隙及噪声,因此可以确定交叉口连接车道数。具体地说,按顺序(顺时针或逆时针)检查外边界各条边上的网格。如果连续的空网格数大于极限值,则将前面所有未包含在集群中的浮动车数据网格看作一个集群。集群的数量即对应交叉口的连接车道数。对于本节案例,交叉口连接车道的阈值设置为5。如图6-17所示为某交叉口确定的连接车道。从图6-17b)中,可以看出PVD网络以清晰的簇形式存在,并且空网络的数量远远大于阈值,即识别结果对阈值并不敏感。因此,上述聚类方法能够很好地识别出进口道数目。

(4)确定交叉连接道的内边界。交叉口连接车道的内边界对应于交叉口的边缘。由于交叉口的大小普遍存在差异,所以不适合使用同等尺寸的正方形来描述内边界。因此,本节提出了一种自适应的确定交叉口连接车道内边界的方法。具体来说,仍以正方形来框选对应的交叉口,但为了确定正方形的大小,可以将正方形外边界从1开始逐步递增,并依次估计连接车道的数量,一旦估计的车道数等于沿外边界确定的车道数,则终止该过程并将当前大小作为内边界的尺寸。对于本节案例,图6-17a)中的方块表示交叉口的内边界。

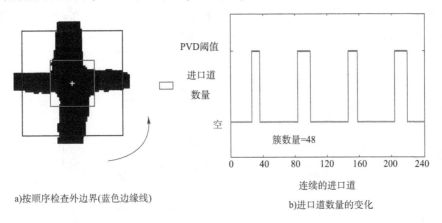

a)按顺序检查外边界(蓝色边缘线)　　b)进口道数量的变化

图6-17　确定交叉口连接车道的数量

(5)分离交叉口连接车道。由于交叉口连接车道的内外边界和车道数都已确定,因此可以将位于内外边界间的PVD网格通过聚类来识别出对应于交叉口各连接车道的PVD网格。车道数即簇的数量。在确定车道数之后,采用FCM聚类方法可对每个交叉口车道进行区分。识别出的与交叉口相连的各车道如图6-18所示。

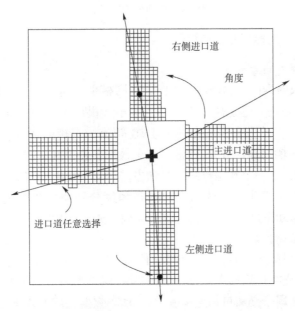

图6-18　交叉口进口道间关系的识别

(6)确定交叉口连接车道的关系。虽然已经识别出每个车道的网格,但仍不知道车道间的空间关系。为此,从每个车道中随机选择一个网格,如图6-18所示,并计算连接该网格到交叉口中心连线的角度,按照相应的角度按升序排列所有车道,最后即可确定交叉口车道的关系。

(7) 剔除属于高速公路的网格。虽然确定了交叉口连接车道对应的网络，但可能会有一些网格属于高速公路，甚至有些位于高架高速公路的下方，因此，需要将这些网格剔除掉。为此，首先利用高速公路的限速，判断网格是否属于高速公路。对于本节案例，城市高速公路限速80km/h，城市道路限速60km/h，故选用速度大于60km/h的浮动车数据填充网格，重构路网后，识别出北京市内的高速公路，如图6-19所示。

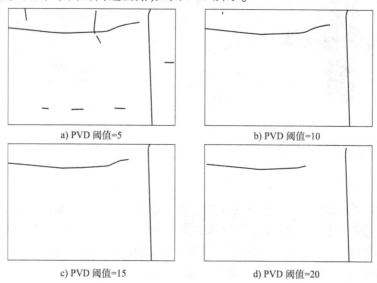

a) PVD 阈值=5　　　　　　　　b) PVD 阈值=10

c) PVD 阈值=15　　　　　　　　d) PVD 阈值=20

图 6-19　高速公路的标识

6.2.5　基于 PVD 的拥堵交叉口识别

6.2.5.1　进出交叉口车辆识别

通过将 PVD 点映射到网络，来确定 PVD 点和网格是否属于交叉口连接车道。但是，这种方法不能判断车辆是进入还是离开交叉口。本小节提出了一种判断 PVD 点是否进入还是离开交叉口的方法，但首先需要将车辆的 PVD 转换为车辆的轨迹。提出的识别方法如图 6-20 所示。确定车辆的移动方向；通常浮动车数据中包含方向；若没有，可以用当前浮动车数据点与其上一个或下一个数据点的连线和当前浮动车数据点与交叉口中心连线之间的角度代替（图 6-20 中带箭头的虚线）。然后，将角度分别加减 90°，若计算得到的角度在 180°范围内，则认为浮动车进入交叉口，否则认为该车离开交叉口。

6.2.5.2　车辆转向识别

识别完进出交叉口的车辆后，本节介绍一种确定转弯方向的方法。首先确定浮动车数据点是否落入或穿过交叉口连接车道，有直接和间接两种方法。直接方法：将浮动车数据点与网格匹配，如果网格属于交叉口相连车道，则浮动车数据点落入该车道；间接方法：计算浮动车数据点和交叉口中心连线的中间位置，并将其与网格进行匹配。如果网格属于交叉口相连车道，则认为浮动车数据点通过交叉口进口道；有时，由于浮动车数据的采样频率低，浮动车数据点可能跳过交叉口，而实际上浮动车是通过交叉口行驶的，如图6-21所示。利用上述方法，可以确定车辆轨迹的 PVD 点依次出现的进口道，并根据进出口道之间的关系得到车辆的转向。

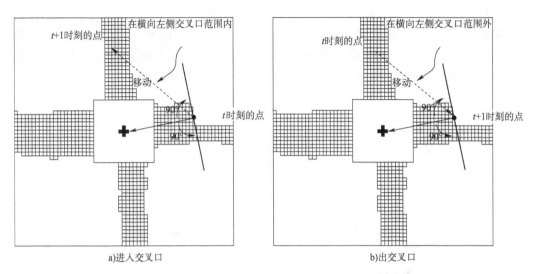

图 6-20 进出交叉口车辆的标识

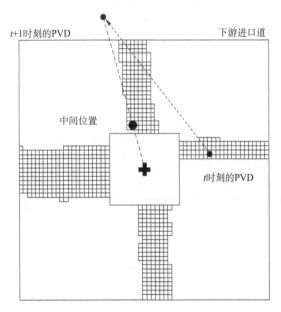

图 6-21 跳过交叉口出口道的低频数据点网格匹配示例

对于本节案例,中间点分别设置在交叉口中心到浮动车数据点的二分之一和四分之一处,以交叉口 1 和 2 为例,此处使用的 PVD 采集时间为 2015 年 1 月 20 日上午 6:00 至下午 12:00,图 6-22 和图 6-23 分别展示了识别不同转弯方向的车流。可以看出,大多数移动轨迹与预期的一致,少量的浮动车数据点明显地落在交叉口进口道之外,这可能是由于浮动车数据错误或是异常的驾驶行为(如离开交叉口后又立刻重新驶入交叉口)。

6.2.5.3 交叉口拥堵识别

在确定转向车流量之后,即可利用 PVD 来描述交叉口的交通状况。选择沿主要转弯方向进入交叉口的所有浮动车数据点,并直接将其绘制在时空平面图中。同时,根据瞬时速度对浮动车数据点进行着色,即用颜色来表示浮动车在该点的瞬时速度。因此,若观察到低速并且远离交叉口的浮动车数据点,便可推测出交叉口在其转向方向上排队较长。由于浮动车只是路网中车辆的一小部分,所以浮动车数据点可能不在队列的末尾,但可以表明队伍已经排到此位置。在给定实时 PVD 的情况下,可以实时监测城市道路网中的交叉口交通状态;在给定历史 PVD 的情况下,可以分析由于信号失配所导致的交叉口拥挤问题。

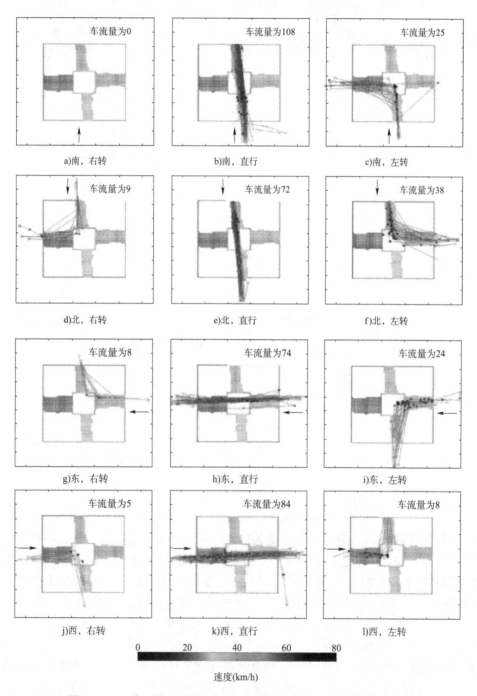

图 6-22 2015 年 1 月 20 日早 6 点至晚 12 点交叉口 1 处的直行与转弯车流量

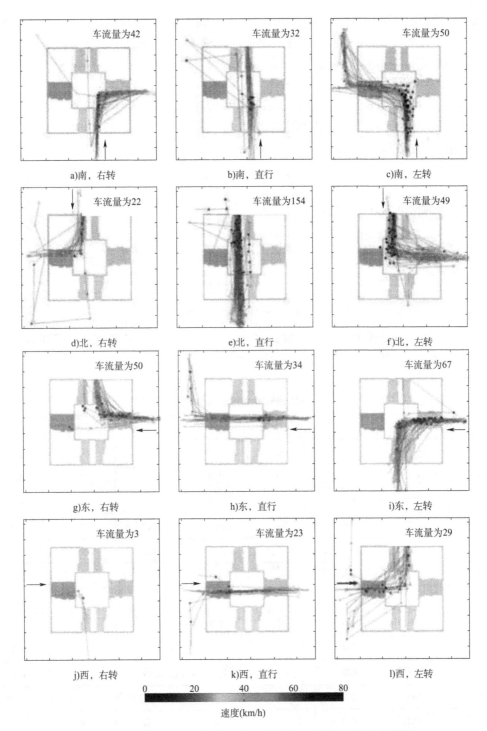

图6-23 2015年1月20日早6点至晚12点交叉口2处的直行与转弯车流量

6.2.5.4 交叉口重构方法的鲁棒性

为了证明前面提出的交叉口重建方法的鲁棒性,我们采用了另外两周工作日收集的数据,即1月19日至23日(简称为数据集B)和1月26日至30日(简称为数据集C)来重构交叉口

(注：方法和阈值都与第6.2.4节中的相同)。然后,用此重构结果与第6.2.4节中使用的数据集(即1月12日至16日,简称为数据集A)进行了比较。比较中选用了以下指标：

(1)重建交叉口的绝对网格数量差：

$$\Delta n_{\varphi,i} = |n_{\varphi,i} - n_{A,i}| \tag{6-2}$$

式中：φ——$\varphi \in \{B,C\}$数据集B或C,A表示数据集A；

$n_{\varphi,i}$——属于交叉口i的已识别网络的数目。

(2)绝对网络数差百分比：

$$P_{\varphi,i} = \frac{\Delta n_{\varphi,i}}{n_{A,i}} \cdot \% \tag{6-3}$$

(3)总绝对网络数差百分比：

$$P_{\varphi} = \frac{\sum_{i=1}^{N}\Delta n_{\varphi,i}}{\sum_{i=1}^{N}\Delta n_{A,i}} \cdot \% \tag{6-4}$$

式中：N——已识别的交叉口总数。

对比结果见表6-1。对于在不同周收集的数据集,最大的$\Delta n_{\varphi,i}$(绝对网络格数差)仅为11.3%(交叉点9,数据库B),而大多数$\Delta n_{\varphi,i}$值小于5%,表明所提出的交叉口重建方法对所选数据具有很强的鲁棒性。总的来说,PB = 3.1%,PC = 3.5%,进一步表明了该方法具有良好的鲁棒性。

基于三组不同数据集重构的交叉口对比结果　　　　表6-1

卡口序号	Jan 12-16(A)	Jan 19-23(B)			Jan 26-30(C)		
i	$n_{A,i}$	$n_{B,i}$	$\Delta n_{B,i}$	$P_{B,i}(\%)$	$n_{C,i}$	$\Delta n_{C,i}$	$P_{C,i}(\%)$
1	792	802	10	1.3	829	37	4.7
2	853	831	22	2.6	887	34	4.0
3	655	726	71	10.8	707	52	7.9
4	408	418	10	2.5	523	15	3.7
5	641	634	7	1.1	645	4	0.6
6	616	601	15	2.4	597	19	3.1
7	570	594	24	4.2	579	9	1.6
8	722	731	9	1.2	763	41	5.7
9	557	620	63	11.3	594	37	6.6
10	540	539	1	0.2	551	11	2.0
11	642	642	0	0	632	10	1.6
12	558	550	8	1.4	539	19	3.4
13	808	802	6	0.7	802	6	0.7
14	696	663	33	4.7	676	20	2.9

6.2.5.5 模糊 C-均值(FCM)聚类的选择

为了更好地展示 FCM 在交叉口网络聚类中的优势,这里将其与另外两种主流的聚类方法,即基于密度的带噪声应用空间聚类(DBSCAN)和 K-均值聚类,进行了比较(图6-24)。

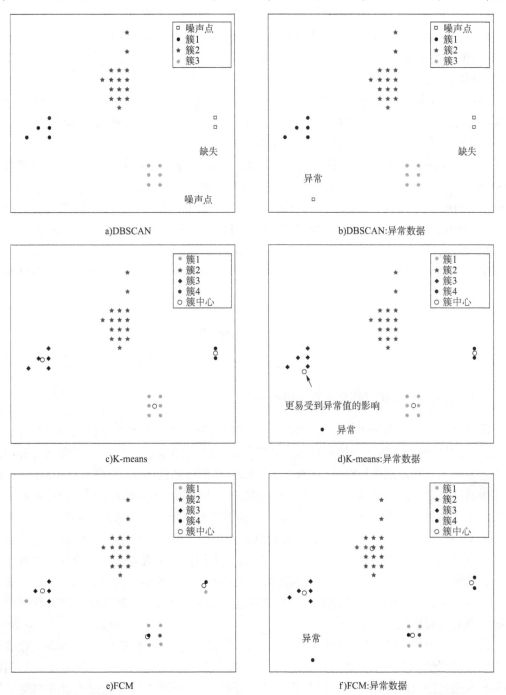

图 6-24 不同聚类方法的比较[以交叉口7(图9)为例,在b)、d)、f)中添加了异常值,e)、f)中颜色较深的表示较高的隶属度]

DBSCAN 是一种基于密度的聚类方法,由于其对参数敏感,应针对不同的数据集进行调整。因为属于不同交叉口车道的网格密度通常不同,所以很难为每个交叉口都确定相同的参数。图 6-24a) 和 b) 所示为错误分类(其中有些甚至被误认为是噪声)。此外,DBSCAN 不能直接输出簇中心(即交叉口连接车道的中心),需要额外的计算。

K-均值聚类(K-means)是聚类中一种较为简单且直观的方法。然而,作为一种硬聚类方法,K-均值聚类在计算聚类中心时忽略了数据与聚类中心的距离。因此,结果更容易受到异常值的影响,如图 6-24c) 和 d) 所示。

相反,FCM 是基于数据的隶属度的方法。通过给离群值分配较低的隶属度,FCM 通常比 K-均值更具鲁棒性。从图 6-24e) 和 f) 可以看出,FCM 不仅能够很好地分离交叉口[图 6-24e)],而且对于异常值并不敏感[图 6-24f)]。

本节介绍的基于低频 PVD 识别交叉口拥堵的方法可分为两部分:基于 PVD 的交叉口重建和基于 PVD 的交叉口拥堵识别。以北京市某典型城区为例,对该方法进行了实证分析。此外,该方法适用于大数据挖掘,主要是因为:在计算效率方面,虽然 FCM 的应用会消耗较多时间,但由于其与拥堵识别无直接关系,所以可离线进行运算;此外,在识别交叉口拥堵时,由于直接将 GPS 点映射到离散的二维空间,其运算速度也很高。上述方法中涉及的一些阈值主要取决于所使用的 PVD,因此在实践中可以根据试错法来确定。而且,从本节试验结果可以看出,上述方法对阈值并不敏感。

6.3 基于多源数据的路网运行状态判别

6.3.1 数据融合技术在交通领域的应用

数据融合是一个多层次、多方面的数据处理过程,其基本原理就是充分利用各个传感器资源,通过对这些传感器得到的观测信息进行合理利用,把在空间或时间上冗余和互补的多种传感器按照某种原则进行结合,以获得对被测对象的一致性描述,提高传感器的有效性。多传感器信息融合的本质性是其可以在不同维度、不同层次、不同时间段上出现,具有更为复杂的性质和更为接近人脑的智能化计算。目前各国都在投入大量的时间和资金研究数据融合技术,并把数据融合技术应用于交通信息处理当中。数据融合近三十年来取得了迅速发展,如今美、英、德、法、加拿大、俄罗斯、日本、印度等国都有学者和技术人员在开展数据融合技术的研究。这一领域的研究内容和成果已大量出现在各种学术会议和期刊上。随着国外数据融合技术研究的发展和计算机数据存储能力的大幅度提高,近几年我国对数据融合方面的研究日益重视。

在智能交通中,数据融合技术主要应用于路网检测和交通事件检测两个方面交通事件的检测。路网状况检测是指通过采集道路信息,判断路网的交通状况。一种方法是利用探测车技术通过路段的行程时间去判断路网的交通状态,另一种方法是通过安装在路侧的固定检测器获得道路负载数据。交通事件检测是指依据采集到的信息,对某一时间做出判断和与估计。如杨兆升等对高速公路的交通事件检测也进行了研究,应用神经网络算法,融合固定检测器和浮动车(GPS 检测数据)算法的交通事件检测效果都比单独使用固定检测器算法和浮动车算法的好,其检测结果均达到最优水平。由于单交通检测器在获取交通数据时存在很大的局限性,无法很好地掌握整个路网的交通信息,从而促进了数据融合技术在交通运输领域的发展。

在交通运输领域,目前数据融合主要在以下方面取得应用:①车辆定位中的应用:通过单源数据源获取车辆所在位置信息;②车辆身份识别中的应用:主要包括交通方式划分中的应用和越境车辆的安全运营状况确认;③车辆跟踪中的应用:通过对多源数据源获取的交通信息的融合处理对车辆行驶轨迹加以识别;④车辆导航中的应用:根据对车辆行驶轨迹的确认,并以现有道路网、车速、现状路网交通流参数、未来路网交通流状态参数估计等作为必要的边界条件来实现实时的车辆导航;⑤交通管制中的应用:通过交通检测器获取相关的交通流信息,并由交通管制器承担数据处理任务。随着交通量的增加将要求运用数据合成技术来使图像形成自动化,从而提高管制效率。

6.3.2 多源数据融合的交通状态识别流程

本节所建立的多源数据融合流程如图 6-25 所示。以浮动车数据、交调数据以及来自其他数据源的数据这三种交通流数据作为研究对象,建立一种面向道路交通运行状况的数据融合方法,在不同的道路情况下,分别采用数据级和状态级层次的融合方式。在多源数据特征分析的基础上,通过数据的覆盖时空范围分析进行数据匹配,接着对可适用的多源数据进行相应的预处理以便提高数据质量和融合质量,从时空两个角度出发,利用预处理好的多源数据进行融合处理。在数据融合时,分为数据级和状态级两个层次进行,如以速度参数为融合对象时,可视为是数据级融合,可利用诸如自适应加权等方法进行融合;而各种数据源单独所得到的状态识别,可利用 D-S 证据法等进行状态级融合。

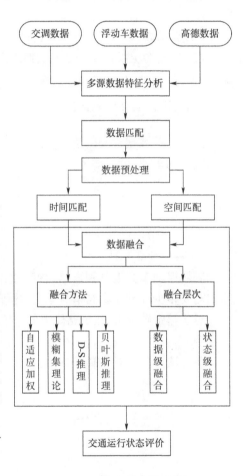

图 6-25 数据融合流程图

6.3.3 多源数据匹配处理

6.3.3.1 时间匹配

本项目现有的多源数据即浮动车数据、交调站检测数据和来自其他数据源的数据。这些数据虽然是在同一天,但是各类数据的采集周期不同,所以有必要依据一定的检测时间间隔挑选出对应时间范围的其他数据,这样多源数据在时间上取得统一,反映的是同一时间范围的交通流信息,才能进行融合。例如浮动车数据每 20s 上传一次数据,而交调站和路况数据每隔 5min 上传一次数据,因此按照交调检测时间范围(5min)对来自不同数据源的数据进行时间分区。

6.3.3.2 空间匹配

多源数据融合不仅要求融合的交通流信息是同一时间范围内,且必须反映的是同一道路的交通流信息。多源数据的空间匹配原则是依据交调数据的采集地点来挑选相应道路的路况数据和浮动车数据。具体的匹配处理如下:

(1)依据浮动车数据中表征数据采集地点的字段(即经纬度字段)的信息,在地图中进行标示。

(2)交调数据由交调站点的设备采集,依据交调站有经纬度信息,在地图中进行标示。

(3)在地图上找出交调数据、浮动车数据和状态数据采集地点共同所在的路段,然后依据浮动车数据中的路段信息,挑选出在这些共同路段的浮动车数据。

6.3.4 多源数据变换处理

由于交调数据检测的速度为地点车速,所以在进行数据级融合之前需将地点车速转换为区间平均车速,公式如下:

$$\bar{v}_s = \bar{v}_t - \frac{\sigma_t^2}{\bar{v}_t^2} \tag{6-5}$$

式中:$\bar{v}_s$——路段行驶速度;

$\bar{v}_t$——地点车速。

利用浮动车数据判别道路运行状态需要达到一定的样本量,本节运用概率理论,分析路网中需要多少浮动车参与信息采集,才能满足交通流参数估计的精确度要求。

对于给定路段 K,在该路段上的车辆速度视为随机变量 U,并设其服从正态分布。

令

$$E(U) = \mu, var(u) = \sigma^2 \text{ 即 } U \sim N(\mu, \sigma^2) \tag{6-6}$$

假设该路段上有 n 辆浮动车,其速度分别为 $v_1, v_2, \cdots, v_n$,浮动车速度平均值为:

$$\bar{v} = \frac{1}{n} \sum_{i=1}^{n} v_i \tag{6-7}$$

由正态分布的性质可得:

$$V \sim N(\mu, \frac{\sigma^2}{n}) \tag{6-8}$$

将其进行标准化得:

$$\frac{\bar{v} - \mu}{\sigma / \sqrt{n}} \sim N(0,1) \tag{6-9}$$

运用区间估计理论,对于给定置信水平 $1-\alpha$,有:

$$P\left(\left|\frac{\bar{v} - \mu}{\frac{\sigma}{\sqrt{n}}}\right| < z_{1-\alpha/2}\right) = 1 - \alpha, \text{ 即 } P\left(\bar{v} - \frac{z_{1-\frac{\alpha}{2}}\sigma}{\sqrt{n}} \leq \mu \leq \bar{v} + \frac{z_{1-\frac{\alpha}{2}}\sigma}{\sqrt{n}}\right) = 1 - \alpha \tag{6-10}$$

若给定速度允许的估计误差值为 $\pm d\text{km/h}$:

$$n = \left(\frac{z_{1-\frac{\alpha}{2}}\sigma}{d}\right)^2 \quad (6\text{-}11)$$

n 即所需的最少浮动车样本量数，一般来说：

$$n \geq \left(\frac{z_{1-\frac{\alpha}{2}}\sigma}{d}\right)^2 \quad (6\text{-}12)$$

引入平均速度估计允许的相对误差 $e(\%)$，n 的值可以表示为：

$$n = \left(\frac{z_{1-\frac{\alpha}{2}}\sigma}{e \cdot \bar{v}}\right)^2 \quad (6\text{-}13)$$

$$\left(\bar{v} + \frac{z_{1-\frac{\alpha}{2}}\sigma}{\sqrt{n}}\right) - \left(\bar{v} - \frac{z_{1-\frac{\alpha}{2}}\sigma}{\sqrt{n}}\right) = 2d \quad (6\text{-}14)$$

从而：

$$n = \left(\frac{z_{1-\frac{\alpha}{2}}\sigma}{d}\right)^2 \quad (6\text{-}15)$$

n 即所需的最少浮动车样本量数，一般来说：

$$n \geq \left(\frac{z_{1-\frac{\alpha}{2}}\sigma}{d}\right)^2 \quad (6\text{-}16)$$

引入平均速度估计允许的相对误差 $e(\%)$，n 的值可以表示为：

$$n = \left(\frac{z_{1-\frac{\alpha}{2}}\sigma}{e \cdot \bar{v}}\right)^2 \quad (6\text{-}17)$$

6.3.5 多源数据融合方法

很多学者从不同角度出发提出了多种数据融合技术方案。从方法上来分析，有可以单独使用的如贝叶斯推理法、表决法、D-S 推理法、神经网络融合法等，以及两种或两种以上方法相结合的如遗传算法、模糊逻辑及小波变换等。表 6-2 对常用的几种数据融合方法进行了比较总结。

数 据 融 合 方 法　　　　　　　　　　　　表 6-2

融合方法	信息表示	运行环境	信息类型	融合技术	适用范围
加权平均	冗余	动态	原始数据	加权平均	低层
D-S 证据理论	冗余互补	静态	命题	逻辑推理	高层
贝叶斯推理	冗余	静态	概率分布	贝叶斯估计	高层
卡尔曼滤波	冗余	动态	原始数据	卡尔曼滤波	低层
神经网络	冗余互补	静态	神经元	神经网络	高、低层
模糊推理	冗余互补	动静态	命题	逻辑推理	高层

6.3.6 交通调查数据与轨迹数据融合案例

由于路况数据是区间速度,而交调数据是点速度,因此,若要实现数据融合,首先需要将两者的车速进行相同性质的转换。试验中,将交调数据的点速度转换成区间速度。其次,路况数据是每个时间间隔(如5min)出一个值,因此,需要将交调设备在单位时间间隔内检测到的车速值求均值后,再与路况数据进行融合。在进行数据融合试验中,首先利用自适应融合方法完成数据级融合,再运用D-S证据推理法实现状态融合。在此,以某两条路段路况数据融合后的状态为例,表明融合前后的状态识别。

(1)路段 A 融合结果,见表6-3。

路段 A 状态融合   表6-3

时 刻	路况状态	交调数据状态	融合后状态
201602131720	畅通	畅通	畅通
201602140725	畅通	畅通	畅通
201602141315	缓慢	畅通	缓慢
201602141720	畅通	畅通	畅通
201602151705	畅通	畅通	畅通
201602151805	畅通	畅通	畅通
201602152030	畅通	畅通	畅通
201602152240	畅通	畅通	畅通
201602162330	畅通	畅通	畅通
201602170735	畅通	畅通	畅通
201602190830	畅通	畅通	畅通
201602191705	畅通	畅通	畅通
201602191905	畅通	畅通	畅通

(2)路段 B 融合结果,见表6-4。

路段 B 状态融合   表6-4

时 刻	路况状态	交调数据状态	融合后状态
201602131250	拥堵	拥堵	拥堵
201602131300	拥堵	拥堵	拥堵
201602131325	拥堵	拥堵	拥堵
201602131410	拥堵	缓慢	缓慢
201602131815	拥堵	拥堵	拥堵
201602141020	拥堵	拥堵	拥堵
201602141040	拥堵	缓慢	缓慢

续上表

时　　刻	路况状态	交调数据状态	融合后状态
201602141120	拥堵	缓慢	缓慢
201602141800	拥堵	拥堵	拥堵
201602150955	拥堵	拥堵	拥堵
201602151740	拥堵	拥堵	拥堵
201602161240	拥堵	拥堵	拥堵
201602171620	拥堵	拥堵	拥堵
201602191135	拥堵	缓慢	拥堵

数据级融合应用条件为，多源数据均能以区间平均速度表征公路运行状态。交调数据通过与路况数据的融合，单位时间间隔内的区间速度得到了细微的调整。状态级融合的应用条件为，多源数据不能都用区间平均速度表征公路运行状态。

6.4 基于深度学习的交通流短时预测

6.4.1 深度学习概述

深度学习(又称为深度结构学习或分层学习)是借鉴多层逐步抽象的思路，实现利用多层结构将复杂的表示或概念用较为简单的表示或简单的概念构建出来。长期以来，机器学习中往往需要利用专业知识实现特征的构建，不仅需要大量的时间和精力，而且很多情况下所构建的特征并不理想。深度学习能够快速有效地从原始数据中挖掘出良好的特征表示。例如：图像中的车辆识别就是从像素数据通过逐层抽象到边缘、轮廓，最后才能得出车辆的抽象感念。

机器学习通常是建立在特征表示与(概念或分类)输出之间的关系，而实际中往往是一些原始数据。例如，图像中的车辆识别是经过逐层抽象之后，从最基本最详细的像素数据挖掘出对事物的抽象认知。"深度"不仅是指计算模型具有多层结构的特征，更意味着从具体逐渐抽象地认知事物本质的过程。

深度学习的发展可追溯到20世纪40年代，但只是近几年由于其技术上的突破以及在各领域的成功应用，才重新获得人们的关注，其中很大部分应归功于大数据及计算能力的发展。传统上，对于深度学习的理解主要局限于神经科学观点。脑科学研究发现人的视觉系统具有逐层处理信息的机制；高层特征是低层特征的组合，随着层次升高特征表示越来越抽象(趋于表现语义)，抽象层面越高，不确定性就越低，有利于提高识别的精度。由此，产生了诸如自动编码器、深度信念网络、递归神经网络、卷积神经网络等具有鲜明人工神经网络特征的深度网络模型；但目前对于深度学习的观点已经超越了神经科学，并认为多层次组合这一普遍原理，也存在于其他机器学习的框架中，比如随机森林。

深度学习在20世纪90年代已有成功的商业应用，但当时只是认为其是一种专家才能实现的艺术。但随着大数据时代的到来，统计推断的负担得以有效地减轻，使得深度学习的性能凸显出来。在具有5000个标注样本上训练得到的深度学习模型已可以接受,但当样本量扩张到1000万时,其性能或将超过人类。另一方面,由于计算能力(如超算、云计算)的飞速提升,深度学习模型日趋增大,一些神经元的连接数量已达到和小哺乳动物(如猫)一样的数量级。

虽然,截至目前深度学习已包含了多种,但典型的深度学习算法都具有相同或相似的核心思路,即深度学习的关键在于其从原始检测数据中以一种非监督的学习范式下实现自动挖掘特征,也称为表示学习。这种非监督学习的基本思想是:从众多原始检测数据提炼出来的特征,应该具有在不损失(或损失较小)的情况下,表征出原本事物。什么样的特征是好呢?在深度学习领域中,主流观念认为:如果能在提取出来的特征基础上,通过某些变换,能利用这些特征把原始数据基本无损地复原出来,这样的特征就好的。因此,可以把原始数据既作为输入又作为输出,实现特征提取和还原的训练,再将特征单独拿出来。

目前,大多数深度学习模型可分为两部分,即特征学习和分类或预测,基本训练流程可归纳为:①利用无监督学习来提取特征;②利用有监督学习来训练分类器或预测模型;③最后将两者合并(也可再利用样本数据进行微调)。

深度学习使得计算机能够从经验中学习并以层次化的概念来理解世界,每个概念都由它与简单概念的关系来定义。通过从经验中获得知识,深度学习方法避免了以人工操作来给出计算机需要的所有知识。如果把这些借助彼此构建的概念用图形画出来,则这些图形是深度的(即有许多层),如图6-26所示。

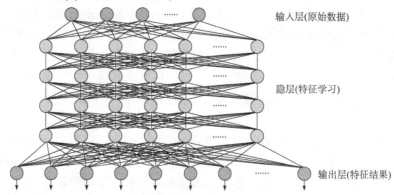

图6-26 典型深度学习的基本网络架构

深度学习明确突出了特征学习的重要性,通过逐层特征变换,将样本在原空间的特征表示变换到一个新特征空间,从而使分类或预测更加容易。与人工规则构造特征的方法相比,利用大数据来学习特征,更能够刻画数据的丰富内在信息。正如大数据可以简化模型的复杂度,而深度学习模型也是由许多简单的模型构成一个整体,从而解决复杂的问题。

6.4.2 交通流短时预测

6.4.2.1 交通流短时预测概述

作为智能交通系统的核心和关键部分之一,交通信息是实现科学交通管理和有效诱导的重要保障。道路交通是一个时变非线性的高度复杂开放系统,在系统演化过程中存在着许多不确定因素。尽管随着检测技术的不断提升,交通路况实时信息的应用也越来越广泛了,但是实时路况信息在支持交通管理与决策时缺乏先见性,对交通事件起不到主动预防作用。因此,只有掌握超前路况信息,才能及时准确地作出应对决策(例如,给出正确的路径诱导方案),从而尽可能地避免可能的不利交通事件。交通预测不仅是有效缓解交通拥挤、保证正确交通诱导的前提和关键,而且也对交通管理、城市规划、城市信息化建设等起到积极作用。

一般的,交通预测研究通常将预测时间划分为长时、中时及短时预测。长时预测的范围有设定为数小时、数天、数月,甚至是数年等,而中时预测的范围则以天计或是月计,那么短时预测的范围则通常短至30min以内,通常为5min或15min。在中长时预测中,由于其主要应用在交通规划、交通政策、或时期较长的交通管制等方面,因此在预测的粒度及精度上均有较低的要求,而短时预测常常用于临时交通管制或交通诱导,且关系到具体的每个交通参与者,故需要较高的预测精度。但是,交通流短时预测又因交通系统的高度复杂出现较强的随机性,是一个长期以来比较重要的科研难题,具有较强的挑战性。在交通流短时预测中,所预测的参数通常包括交通流量、行驶速度、行程时间等。

除了可以按照预测时长对交通预测进行分类外,还可以从预测所涵盖的范围来进行划分。

(1)城市道路交通预测。随着我国城镇化发展的步伐逐步加快,城市交通成了城市可持续发展的重要支撑和保障环节。由于城市经济的快速发展,城市交通问题日趋凸现,交通预测在城市规划、交通规划、交通管理等方面具有重要的参考价值。城市交通不同于公路交通,在城市交通系统中,交叉路口的信号灯控制系统在影响和调节城市路网的交通流量方面起着重要的作用。

(2)公路交通预测。公路承载着城市外部的交通,成为省际、城际及城乡交通的重要载体之一。城市间经贸活动的日趋频繁,相应的物流需求迅速增长,长期以来公路在货物运输方面承担着重要的角色。随着我国居民小汽车拥有量的快速增长,跨省市的自驾出行需求增长迅速,尤其是在重大节假日期间高速公路的拥堵问题十分突出。因此,交通预测在缓解公路拥堵和保障运输顺畅方面起到了积极的作用。

6.4.2.2 交通流短时预测分类

对于城市交通系统来说,交通预测还可分为路段和路网两种类型。其中,对路段进行交通预测时,主要针对的是基本路段上的交通参数,而一般不涉及交叉路口的交通情况。另一方面,在对路网上的交通参数(如行程时间等)进行预测时,就需要考虑交叉路口的影响,例如在预测行程时间时需要考虑交叉路口的延误。此外,由于路网中相邻路段(如被预测路段的上下游等)之间存在着一定的相关性,可以利用这种空间相关特性来进行预测。路网的交通参数可以先从各路段预测的交通参数通过集计的方式获得,但也可从宏观的角度通过分析相关的影响因素来预测未来时刻的交通参数。

目前,已有的预测方法可大致归纳为以下几种:

(1)基于统计理论。通过统计历史交通数据得出其固有规律,通常假设未来走向具有与历史数据相同的特性。代表性方法有历史平均模型、线性回归预测模型、时间序列预测模型、卡尔曼滤波模型等。大多数方法是建立在线性基础上,在时变性强的情况下,预测效果不佳。

(2)基于交通仿真。建立仿真模型进行预测。仿真模型可分为三种:基于连续性描述的流体力学模型,基于概率性描述的气体动力模型,基于离散性描述的跟驰模型和元胞自动机模型。从物理角度也可认为是宏观、介观及微观模型。宏观模型便于把握交通流的整体特性,简化后容易得出解析解,但不适于非线性强的情况。微观模型虽然捕捉到交通系统的离散性和非线性,但模型参量很难客观准确确定。介观模型在考虑交通整体特性的同时有所涉及系统中的离散个体,但是待定参数增多且确定繁琐。

(3)基于模式匹配。从历史交通数据中总结出一组模式,把当前采集的数据与历史模式进行比对,找到最为接近的一个或几个模式作为预测的依据。具有代表性的方法是非线性回归法。该方法不需要建立模型和先验知识,直接从历史数据中挖掘信息,因此较适合有特殊事件发生时的预测,但不易提炼总结潜藏中的规律,且需大量数据以便建立完整的数据库。

(4)基于神经网络。通过对历史数据学习确立网络模型,再利用建成的神经网络进行预测。因其具有自学习的特点,近年来得到广泛关注。不足之处在于:建模需要大量的历史数据;经学习确定的输入与输出关系不易被理解;由于利用经验最小化原理进行学习,因此不能实现期望风险最小化,这是其理论上的缺陷。

(5)基于非线性理论。此类方法是在混沌理论、耗散理论、协同论、分形理论等非线性理论的基础上形成的,其中研究的热点较集中在基于混沌理论的预测方法和小波分析预测法。此类方法对于短时内非线性较强的预测结果不错,但不适于中长时预测。

(6)组合预测方法。各种预测方法均有优缺点,综合预测方法试图借助融合技术综合多种不同预测方法,达到"取长补短"的效果。研究重点是如何有效地把多种方法结合起来,如何分配及调整各种方法的权重。

上述预测方法还可以按照是否建立模型分为两类:基于模型的预测方法,主要包括历史平均模型、线性回归模型、时间序列预测模型、卡尔曼滤波模型、仿真模型、模糊预测模型以及它们的组合预测模型等,此类方法通过建立近似模型进行预测,起到平滑作用的同时有助发现交通系统中的潜在规律,但需确定参数;无模型的预测方法,则主要包括非参数回归、小波预测法、基于混沌理论的预测方法及它们的复合预测方法等,无模型方法直接从数据中寻找信息,适于突发事件的预测,但需大量数据支持且抗干扰能力较差。

近年来,随着深度学习模型的快速发展,基于深度学习的交通流短时预测方法方兴未艾。为此,将在下节简要介绍一下与交通流短时预测直接相关的几种典型深度学习模型。

6.4.3 基于自动编码器的交通流预测方法

6.4.3.1 自动编码器概述

自动编码器(Autoencoder)是一种神经网络,是为了将输入尽可能地复现到输出的一种网络。也就是说,给定一个神经网络,我们假设其输出与输入是相同的,然后训练调整其参数,得到每一层中的权重。我们就得到了输入的几种不同表示(每一层代表一种表示),如图6-27所示。

将多个自动编码器按照上下一层一层堆叠在一起便可构成一个具有多层的深度学习模型。主要包括:自动编码器、稀疏自动编码器、降噪自动编码器。

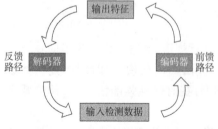

图6-27 自动编码器的结构示意图

有别于浅层网络,自动编码器采用了一种无监督式的逐层学习方法。也就是说,按照上下而上地,先从最底层开始训练并确定权重,如图6-28a)所示,再训练第二层,如图6-28b)所示,此时第一层的输出即第二层的输入,且其参数固定不变,以此类推。

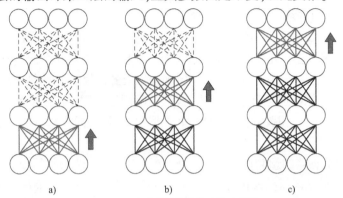

图6-28 自动编码器训练过程示意图

在每一层的参数训练时,遵循以下两个阶段:

(1)清醒阶段。认知过程,通过下层的输入和向上的认知权重产生每一层的抽象表示,再通过当前的生成权重产生一个重建信息,计算输入特征和重建信息残差,使用梯度下降修改层间的下行生成(Decoder)权重。

(2)休眠阶段。生成过程,通过上层概念和向下的生成权重,生成下层的状态,再利用认知权重产生一个抽象景象。利用初始上层概念和新建抽象景象的残差,利用梯度下降修改层间向上的认知权重。

试验及结果分析:为了检验本节所述两种典型的深度学习模型在短时交通流预测上应用的可行性,本小节特此设置了以下三个试验:深度网络与浅层网络的对比、深度网络的层数以及深度学习与传统预测方法的对比。在评价预测性能方面,本试验采用了以下两种指标。

平均绝对百分比误差(Mean Absolute Percentage Error, MAPE):

$$\text{MAPE} = \frac{1}{N}\sum_{i=1}^{N}\left|\frac{\tilde{y}(i) - y(i)}{y(i)}\right| \tag{6-18}$$

绝对百分比误差方差(Variance of Absolute Percentage Error, VAPE):

$$\text{VAPE} = \text{var}\left[\frac{\tilde{y}(i) - y(i)}{y(i)}\right] \tag{6-19}$$

式中:$\tilde{y}(i)$、$y(i)$——序列长为N的第i数据的真实值和预测值;

var——方差。

6.4.3.2 自动编码器方法实证

平均百分比误差主要是用于衡量预测值的误差程度,而绝对百分比误差方差则表明了相对误差的波动程度。也就是说,如果平均百分比误差小,而且绝对百分比误差方差也小,则说明了该预测方法不但能够准确地进行预测,而且其预测精度也具有较强的稳定性。

本小节所述试验采用了北京市2016年东四环相关路段从2014年4月14到2014年4月20日为期一周的微波检测器所采集的断面速度数据为基础,其检测频率为2min,即全天数据在完整的情况下应该有720条(但存在部分数据缺失的天数)。其中,前一天全部数据和当天的前320条数据作为训练样本,而当天后400条数据则作为测试数据。由于基于深度学习的预测方法采取了随机权重的初始化方法,因此所有试验结果都是独立运行100次后,取上述三个指标的平均值作为最后结果。

为了能够与传统浅层人工神经网络进行对比分析,本节所述的深度网络(下文中简称为"AutoEncoder")采用了多层由下而上的堆叠结构,其下层由单层或多层自动编码器构成,主要完成从原始输入中提取特征的工作,而顶层则由三层的前馈人工神经网络所构成,其主要完成预测功能。为了能够进行有效的对比,人工神经网络(下文中简称为"ANN")的隐藏层均采用了10个神经元,且相关的其他参数(如训练次数、神经元类型、训练截至条件等)设置均相同。

(1)基于自动编码器的预测试验。图6-29所示为基于自编码器的预测模型对东四环由北向南从东风北桥至东风桥路段的速度预测结果,其中图6-29a)是采用2014年4月14日至15日上午共约800个数据点为训练样本集的训练结果,而图6-29b)则是利用15日后400个点进行预测的结果。图中实线代表真实数据值,而虚线则分别代表训练估计值和预测值。从图中所示结果可以看出,无论是在训练阶段还是预测阶段,基于自编码器预测模型的输出值均与真实值呈现出较好的吻合关系,表明该预测模型具有较好的预测能力。

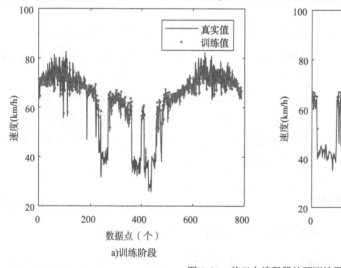
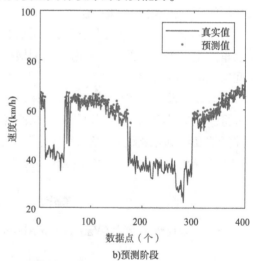

图6-29 基于自编码器的预测结果

(2)深度网络与浅层网络的对比试验。本试验选取东四环5条不同路段的两天数据作为训练及预测的基础数据。这5条路段分别为四元桥至宵云桥南天桥(简称为"路1")、东风北桥至东风桥(简称为"路2")、朝阳北路至朝阳公园桥(简称为"路3")、东四环的窑洼湖桥至大郊亭桥(简称为"路4")及四方桥至弘燕建材市场(简称为"路5")。在本试验中,基于自动编码器的预测模型含了一层自动编码器,而其顶层的预测模型与浅层网络预测模型的架构相同,都是三层的前馈人工神经网络且所有参数设置相同。

表6-5列出了深度学习网络与浅层网络在预测方面的统计指标,即100次独立实验的平均MAPE值和VAPE值。从表中所列结果可以看出,基于自编码器的深度网络相对于浅层网络所得到的MAPE值和VAPE值都要小,说明其预测精度及稳定性较好。

深度网路与浅层网络预测效果对比 表6-5

路　　网	MAPE		VAPE	
	AutoEncoder	ANN	AutoEncoder	ANN
路1	5.4038	5.4086	0.1982	0.2378
路2	5.6105	5.6825	0.4109	0.4311
路3	9.4526	10.1710	2.1166	2.3094
路4	7.8713	8.4733	0.5357	0.6779
路5	8.7518	11.9223	3.2656	5.8985

(3) 深度网络层数。在本试验中,选取了东四环由北向南从东风北桥至东风桥路段的一周微波数据作为试验基础,而自动编码器的层数由1层逐步堆叠到5层,并在每项试验中将100次重复试验所获得的MAPE及VAPE的平均值记录下来,见表6-6和表6-7。从表6-6所列的MAPE平均值结果可以看出,当深度网络的自编码器为1层时,所进行的预测均低于其他层。虽然,前4层当层数逐步增加时,并没有太大的变化,但却存在着略微的增长趋势,尤其是当层数增至5时,MAPE的平均值呈现出一个较大的跃升。从表6-7所列的VAPE平均值结果显示,当深度网络的层数逐渐递增时,整体上呈现出上升的趋势,但前四层的上升趋势并不明显,而当层数增至5层时有一个数量级上的跃升。显然,当层数为1时,深度网络的预测稳定性最好,而稳定性最差的则是当层数增至5时。

不同层数的自动编码器预测模型所得的MAPE平均值 表6-6

天　　数	1层	2层	3层	4层	5层
天1	5.3601	5.4880	5.5581	5.5215	13.3809
天2	5.6105	5.8545	5.9379	5.9273	12.3285
天3	4.1182	4.2382	4.2458	4.1497	11.6174
天4	5.3092	5.9846	6.3222	6.5756	11.3567
天5	5.4592	5.6409	5.5731	6.0133	11.0718
天6	4.4918	4.6199	4.6329	4.6496	7.5508

不同层数的自动编码器预测模型所得的VAPE平均值 表6-7

天　　数	1层	2层	3层	层4	5层
天1	0.4071	0.4109	0.4203	0.4155	3.9944
天2	0.4109	0.4182	0.4241	0.4169	3.1235
天3	0.3403	0.3570	0.3583	0.3645	1.7277
天4	0.7170	0.7359	0.7977	0.8427	2.5879
天5	0.5122	0.5304	0.5217	0.6162	2.2473
天6	0.2984	0.3272	0.3161	0.3149	2.0898

(4) 输入维数对预测的影响。在本试验中,输入向量的维数从2开始以2维为间隔逐步递增到20维时,对不同的输入维数进行了预测比较试验。而无论维数的高低,输入向量均是由历史数据构成。表6-8和表6-9分别列出了不同维数下自动编码器预测模型所得的

MAPE 平均值和 VAPE 平均值。从表 6-8 所列的 MAPE 平均值结果中可以看出,预测误差随着输入维数的增加整体上呈现出不甚明显的上升趋势,表明预测时刻的速度值与当前及较近的历史值相关性较大。类似的,表 6-9 所列出的 VAPE 平均值随着维数的增加也大体上呈现出较弱的上升趋势,说明预测的稳定性在逐渐变差。

不同维数的自动编码器预测模型所得的 MAPE 平均值　　　表 6-8

天数	2	4	6	8	10	12	14	16	18	20
天 1	5.1819	5.0367	5.1102	5.2696	5.3752	5.4579	5.4923	5.5217	5.6656	5.6239
天 2	5.6056	5.5890	5.5565	5.6011	5.7499	5.8198	5.8533	5.9634	6.2382	6.1096
天 3	3.8823	4.0971	4.0590	3.9957	4.2891	4.4688	4.6252	4.7024	4.6632	4.4428
天 4	6.0586	6.7905	6.8760	6.6998	6.9833	7.2176	6.7436	6.7361	7.3728	8.0353
天 5	5.4373	5.4389	5.5094	5.5675	5.7328	5.9026	6.1647	6.3807	6.5405	6.7204
天 6	4.2560	4.2808	4.2909	4.3024	4.4421	4.3130	4.4883	4.5676	4.8198	5.0003

不同维数的自动编码器预测模型所得的 VAPE 平均值　　　表 6-9

天数	2	4	6	8	10	12	14	16	18	20
天 1	0.4051	0.3886	0.3900	0.3985	0.4356	0.4456	0.4528	0.4451	0.4602	0.4467
天 2	0.4261	0.4071	0.4017	0.4121	0.4183	0.4203	0.4214	0.4389	0.4440	0.4633
天 3	0.3504	0.3929	0.3802	0.3597	0.3654	0.4302	0.4304	0.4200	0.4191	0.4238
天 4	0.7484	0.8565	0.9141	0.9030	0.9519	1.0237	0.9255	0.9198	1.0916	1.5143
天 5	0.5270	0.5397	0.5556	0.5574	0.5832	0.6009	0.6070	0.6408	0.6424	0.6650
天 6	0.2852	0.2880	0.3038	0.3128	0.3263	0.3275	0.3498	0.3669	0.3813	0.3678

(5) 基于自动编码器的预测方法与其他传统预测方法的对比。本试验选取了五种传统预测方法与基于自动编码器的预测方法进行对比实验。为了便于统一比较,这里将前面试验所涉及的前馈人工神经网络(ANN)也纳为一种传统预测方法,而且前馈人工神经网络也确实是一种典型的交通流短时传统预测方法。然而,其他四种传统预测方法分别为极端学习机(下文简称为"ELM")、基于最小均方误差(least squares boosting)的集成学习回归树(下文简称为"Boost")、基于装袋(有时称为自助聚集)的集成学习回归树(下文简称为"Bag")和基于卡尔曼滤波的预测方法(下文简称为"Kalman")。其中,极端学习机也是一种前馈人工神经网络,但它与一般的前馈人工神经网络(即本试验中所指的 ANN)所不同的是,这种只有一个隐藏层的三层网络中输入层与隐藏层的权重是随机确定的,而不像其他前馈人工神经网络的权重需要训练得到,此外隐藏层的输出权重则是由 Moore-Penrose 广义逆所确定。因此,极端学习机在学习过程中极大地提高了速度。而基于最小均方误差的集成学习回归树和基于装袋(有时称为自助聚集)的集成学习回归树都是非常典型的集成学习器。其中,基于最小平方误差的集成学习回归树在每一步训练一个新回归树时,总是以先前训练得到的集成树与训练样本值的差最小作为训练目标。基于装袋的集成回归树种的装袋(Bagging)是由 Bootstrap aggregating 的缩写而来,在集成树种的每一棵树都是从初始的训练集中随机地抽取若干个样本构成,即采用了有放回的随机抽样,而最终的预测是所有回归树输出

的平均值。而基于卡尔曼滤波的预测方法的理论基础则是卡尔曼滤波理论。显然,这四种传统预测方法的理论基础不同,但它们在机器学习邻域中都具有代表性,因此本试验选取了这四种预测方法作为比较对象。

表6-10和表6-11分别列出了所有测试预测方法对东四环东风北桥至东风桥路段6天的预测结果。从表6-10所列出的MAPE平均值可以看出,基于自动编码器的预测方法在整体上要优于其他预测方法,但也有极个别次优情况。虽然,传统浅层人工神经网络的预测误差与极端学习机基本相当,但相对于其他传统预测方法要略胜一筹。而两种基于集成学习的预测方法则表现最差。

基于自动编码器的预测方法与五种传统预测方法得到的 MAPE   表6-10

天　数	AutoEncoder	ANN	ELM	Boost	Bag	Kalman
天1	5.3601	5.5423	5.5104	5.9712	5.8991	5.8233
天2	5.6105	5.6825	5.6013	7.5441	6.2975	6.0842
天3	4.1182	4.3119	4.2573	5.3719	5.7596	4.0975
天4	5.3092	5.3584	5.4792	8.5792	8.6546	5.5103
天5	5.4592	5.5933	5.5527	8.3452	7.9677	6.3991
天6	4.4918	4.5470	4.4921	4.9869	4.9557	5.2442

从表6-11所列的VAPE平均值可以看出,整体上几种预测方法的稳定性相差不大,但基于自动编码器的预测方法除了第四天的预测外,其他天时的预测要略微优于其他方法,表明其预测的稳定性在被测的方法中最好。前馈神经网络和极端学习机的稳定性则基本相当。而其他三种预测方法的稳定性并无明显区别,可谓是难分伯仲。

基于自动编码器的预测方法与五种传统预测方法得到的 VAPE 值   表6-11

天　数	AutoEncoder	ANN	ELM	Boost	Bag	Kalman
天1	0.4071	0.4151	0.4172	0.4473	0.4192	0.4358
天2	0.4109	0.4311	0.4300	1.0960	0.5614	0.4349
天3	0.3403	0.3416	0.3413	0.3511	0.3433	0.4316
天4	0.7170	0.6427	0.6483	1.0115	1.0121	0.6137
天5	0.5122	0.5341	0.5339	0.5116	0.5214	0.5477
天6	0.2984	0.3451	0.3462	0.3978	0.3237	0.3386

6.4.4 基于LSTM的交通流预测

6.4.4.1 长短时记忆模型概述

长短时记忆模型(Long Short-Term Memory,LSTM)是循环神经网络的一种变体,因此,它也是深度学习的一种学习方式。长短时记忆模型由输入层、隐含层和输出层组成,能进行更深层次的训练及特征提取,该模型应用于预测时间序列数据时的效果较好。

循环神经网络(Recurrent Neural Network，RNN)在结构上是通过将前一时刻的输出再引入到输入,从而构成了循环结构体,也正因此结构,循环神经网络可以用来处理序列数据。在许多应用领域中,在当前时刻之前的系统状态会对当前的状态有所影响。例如,在交通系统中,由于交通系统的演变通常具有一定的惯性,即当前交通运行状态在很大程度上依赖于历史时刻的交通运行状态。因此,循环神经网络其本身就适用于对时间序列的预测。然而,当前时刻的系统状态对历史状态的关联程度并不一定严格地按照据当前时刻的远近而单调递增。也就是说,在当前时刻之前有些系统的状态对当前状态的影响作用较强,而有些则很弱,甚至几乎没有什么影响。因此,就需要对历史状态进行一定的筛选,将那些重要的状态记忆下来,而把没有什么影响作用的状态忘记,但这种记忆并不是按照时间的远近而逐渐衰退的。长短时记忆模型就是根据此思路,通过构建"门"结构来实现对某些信息的传递,而对另一些不相关信息的遗忘。

6.4.4.2 不同数据质量下基于长短时记忆模型的交通流预测

由于问题数据(如缺失、异常值等)是造成预测不准的一大主要因素,而异常天气或节假日也因可获得的时间序列数据有限,而严重地制约着交通流参数预测的精度。为此,本节从这两个角度出发,对长短时记忆模型进行了试验研究。

依次随机抽取缺失率为10%~90%的数据作为训练集,缺失部分用前一个值填补,重复20次预测。将20次预测结果取均值,如图6-30所示。缺失率对预测结果的影响较小,甚至随着缺失率的增加,预测精度有提高的趋势。

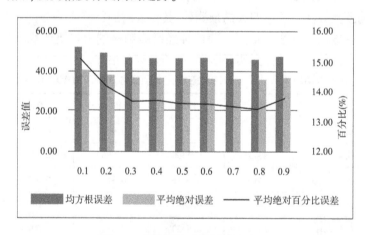

图6-30 缺失数据对预测结果的影响

依次随机抽取训练集中10%~60%的数据替换为异常高值,重复20次预测。将20次预测结果取均值,如图6-31所示。当异常高值的比例在10%~40%时,预测结果精度十分差,但是当异常高值达到50%时,预测精度呈现出变好的趋势。

随机用零值替换训练集中连续24小时的数据,重复试验20次,MAPE最高较正常情况增加约4%,平均MAPE增加2.41%。连续24小时不变的数据对预测精度影响较小,与用前项值代替缺失值有异曲同工之处。连续缺失时用前项值填补,也会造成一段时间范围的数据波动异常,如图6-32所示。

对以上预测结果进行总结,初步得到结论,见表6-12。

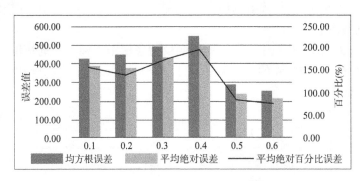

图 6-31 异常高值对预测结果的影响

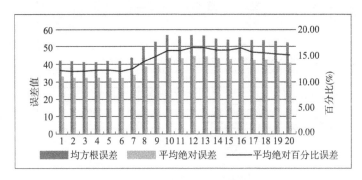

图 6-32 异常波动对预测结果的影响

预测结果总结 表 6-12

影响	缺失	异常高值	异常波动
影响 1	用前项数据填补缺失,预测精度变化小	训练集中的异常高值对预测结果有很大影响	训练集中包含连续 24 小时的异常波动数据对预测结果有影响
影响 2	试验显示缺失率达 90%时数据仍可用于 LSTM 模型预测	异常高值比例达 10%就已经严重影响预测结果	可作为数据缺失处理

6.4.4.3 不同情境下短时交通流预测

为了分析长短时记忆模型在不同情境下交通流短时预测的性能,本节选取了一般情景、节假日情景及异常天气情境,并选用了自回归移动平均模型(Autoregressive Integrated Moving Average model,ARIMA)和 K 近邻(K Nearest Neighbor,KNN)模型作为对比方法。

数据选择具体如下:选择北京市五环道路上铺设的交通调查设备在 2017 年采集的数据。①一般情境下的交通流预测选择 3 月 6 日至 3 月 19 日的数据作为训练集,而把 3 月 20 日(周一/无异常天气非节假日)的数据作为测试集;②节假日的交通流预测选择 4 月 17 日至 5 月 1 日的数据作为训练集,而把 5 月 1 日(法定节假日)的数据作为测试集;③异常天气下的交通流预测选择 6 月 8 日至 6 月 21 日的数据作为训练集,而将 6 月 22 日(当天大范围暴雨)的数据作为测试集;为排除数据质量对预测结果的影响,试验选择相应时间范围内数据无问题数据的站点。

分别将 ARIMA、KNN 和基于 LSTM 的预测模型应用于三种不同的情境,分析其预测结果。图 6-33 和 6-34 为 ARIMA 的预测结果,可以看出异常天气下,预测精度很低,节假日下的预测精度介于两者之间。

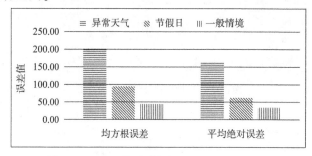

图 6-33　ARIMA 的预测结果(RSME 和 MAE 指标)

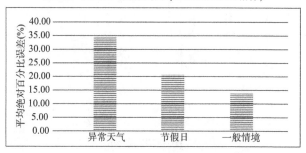

图 6-34　ARIMA 的预测结果(MAPE 指标)

图 6-35 和图 6-36 为 KNN 的预测结果,可以看出异常天气下,预测精度很低,节假日下的预测精度低于一般情境,但比 ARIMA 的预测精度高。

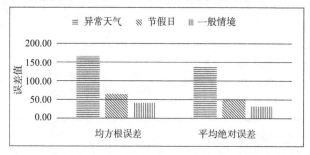

图 6-35　KNN 的预测结果(RSME 和 MAE 指标)

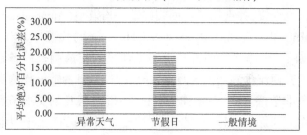

图 6-36　KNN 的预测结果(MAPE 指标)

图 6-37 和图 6-38 为基于 LSTM 的预测结果,可以看出异常天气下,预测精度很低,节假日下的预测精度略低于一般情境下的预测结果,但十分接近,比 ARIMA、KNN 的预测精度都高。这说明基于 LSTM 的预测模型对节假日的交通流有较好的预测性能。

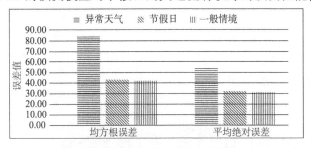

图 6-37　LSTM 的预测结果(RSME 和 MAE 指标)

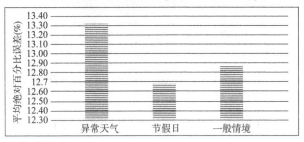

图 6-38　LSTM 的预测结果(MAPE 指标)

对以上预测结果进行总结,初步得到结论见表 6-13。深度学习 LSTM 模型在一般情况和节假日下的预测精度较好,KNN 在一般情况下的预测精度与 LSTM 接近,甚至略优于 LSTM 模型。

预 测 结 果　　　　　　　　　　　　　　　　　表 6-13

模 型 类 型	一 般 情 况	异 常 天 气	节 假 日
ARIMA	较差	差	差
KNN	好	较差	较差
LSTM	较好	较差	好

本章在对大量实测交通流数据的分析和资料研究基础上,首先介绍了对问题数据进行识别的方法;由于交通领域中随着各种检测手段的日益丰富,相关数据呈现出多元化的特征,因此本章在第二节中重点介绍了基于多源数据融合的路网运行状态识别方法;最后,介绍了基于深度学习的交通流短时预测方法,重点介绍了长短时记忆模型在不同情形下的短时交通流预测性能试验。

第 7 章 结语与展望

本章总结了本书所介绍我们在交通大数据应用方面所做工作,不仅涉及传统交通检测器及浮动车的数据处理技术,还涉及目前正在兴起的手机数据、公交一卡通等多种数据的提取及处理技术,并详细介绍了运用这些数据及相应技术在个体出行识别、群体出行分析、路网运行分析及预测等方面的工作,试图阐明交通大数据对传统"小"数据分析框架下的有力补充,如本书中所介绍的公交路径选择模型可以弥补传统非集计模型在集计过程中所遭遇的数据瓶颈,以及传统分析框架下无法动态反映全局演变趋势,同时本书所介绍的工作中也充分体现出交通大数据为机器学习等智能算法提供了良好的舞台,对于传统研究方法范式下需要严苛的机理模型给予了松弛,这些工作也是对新兴交通研究方法范式的一种有益探索。随着交通大数据宝藏的深入挖掘,交通研究范式也将迎来一个更加丰富的崭新时代。

7.1 结语

新时期下,随着空间与社会的变迁,以及科学技术的发展,传统交通研究范式,即调查—分析—预测—规划/优化,也将随之发生改变。其中,随着数据资源如井喷般地爆发,尤其是多源数据的迅速增长,促使交通系统分析在横纵层面上进行拓展,潜移默化地改变着传统交通系统分析思路。鉴于此,本书在总结作者课题组近年来在交通大数据分析方法与技术以及在多个方面的应用研究工作,以大数据关键支撑技术和重要应用实践为主线,阐述了新时期下大数据技术发展过程中的关键支撑技术,并探索了在出行需求机理、交通运行状态把脉等方面的重要应用。同时,在撰写上力求系统地展现交通大数据关键支撑技术,以及传统研究范式所不能及的重要应用。

本书第 2 章、第 3 章和第 4 章主要以大数据基础理论和关键技术、交通大数据采集方法及典型交通大数据提取技术等为主线,介绍了本书课题组近年来所取得的研究成果。为了

第7章 结语与展望

便于读者更好更系统地理解本书主要技术方法及应用,本书第2章重点介绍了位于交通系统分析最前端的交通数据采集技术,交通大数据背景下的分析基础以及交通大数据分析实现技术,这三部分是实现交通大数据分析的内外围保障技术,也是实现交通大数据成功应用的技术基础。首先,本书阐述了传统交通检测技术主要聚焦于车辆监测及在固定点的交通运行参数监测的局限性,并描述了现代大数据促进了交通检测逐步拓展到人、车、路及环境各个要素和综合感知的发展趋势。结合在出行行为感知的主要工作积累,第2章介绍了手机(移动终端)数据源、公交IC卡数据源以及互联网+交通众包数据等提取交通行为数据的关键技术。由于手机本身是为了移动通信而生成了大量具有时间戳的位置信息数据,如何利用这种非交通目的生成的数据来分析人们出行行为,不仅为原始数据的增值服务探索了一条行之有效的路劲,而且探索了交通行为检测向个体出行者维度的延伸。

鉴于此,第2章重点介绍了手机数据源采集原理及数据主要特征。原本用于计费的公交IC卡,由于其记录了乘客的上(下)车时间及地点等关键信息,这些信息经过加工后可被用来分析出行者的行为,因此在本书第2章中介绍了该数据源的主要特征及感知技术。随着互联网+的不断深入应用,交通众包数据成为可能,在第2章交通出行感知技术中还介绍了此数据源的一些基本特征和发展以及近年来的一些相关成果,由于互联网企业的不断渗入,其将成为交通领域中未来独树一帜的发展方向。另一方面,大数据背景也促进了传统交通检测分析技术的发展,本书第2章从磁频、博频、视频及射频等方面重点介绍了具有广泛应用的交通运行检测器的主要采集技术基础和特点,为理解后面的检测数据质量控制及多源数据融合下的交通运行状态识别奠定了基础。大数据分析离不开有效的分析方法,近年来随着机器学习等技术在大数据背景下获得成功应用,掀起了人工智能的新一波高潮。为此,本书也结合技术发展趋势,重点介绍了大数据背景下具有应用潜在价值的几类典型分析技术,为理解后续篇章内容奠定了基础。在第2章最后,介绍了实现交通大数据分析及应用的外围技术保障,包括分布式计算、云计算、数据安全及可视化技术等。

近年来涌现出多种非本源交通数据源,其大多作为附加产品为交通系统分析所应用,鉴于此类数据有别于传统交通检测数据,因此在第3章中重点介绍了如何从这类数据中提取交通数据(如出行者的轨迹数据等)。结合本书课题组的近年研究成果,第3章从手机数据源、公交IC卡数据源、浮动车等方面介绍了在结合各种数据源特征基础上,探索出来的主要数据提取框架及基本处理方法。针对本源的交通检测数据,本章重点介绍了大数据背景下数据质量问题及修复技术。

由于近年来数据源的不断丰富,使得追踪个体出行成为可能,但这些数据大多本身并不是为个体出行追踪而量身定做的,因此准确识别个人(群体)是实现个体出行行为的关键一环。为此,本书在第4章重点介绍了本课题组在基于时间地理学的个人出行画像、旅游人群识别、老年人群识别、公交人群识别分类以及公交出行路径选择分析等方面的研究工作。相对于传统交通技术,这些技术可以帮助我们实现个体或某特定群体出行识别及行为分析,充分体现出交通大数据背景下,交通系统分析在人因方面的深入细化,为制定精细化的交通管控措施奠定了基础。

本书的第5章和第6章集中介绍了本课题在交通大数据背景下的应用研究成果。为了便于系统性理解这部分内容,第5章归纳阐述了近年来我们在群体出行分析及预测技术方面的应用研究工作,首先介绍了区域出行时空特性分析方法,接着介绍了基于贝叶斯网络的城市区域出行需求稳定性分析技术、基于 IC 卡群体出行数据的公交网络关键节点识别技术,以及基于大数据的机场旅客城市端出行时空分析方法。这些应用充分说明了交通大数据的应用为挖掘交通问题本质和制定精细化管控措施奠定了基础。本书的第 6 章总结了近年来我们在路网运行层面上应用交通大数据的一些主要工作,包括利用车辆轨迹数据通过构建网格映射提取交通动态信息的方法、基于轨迹数据识别交叉口拥堵的方法、基于多源数据的路网运行状态判别以及基于深度学习的交通流短时预测。

本书从新时期数据源及处理技术发生变迁的背景出发,在作者科研积累的基础上,以大数据关键支撑技术和重要应用实践为主线,阐述了新时期下大数据技术发展过程中的关键支撑技术,并探索了在出行需求机理、交通运行状态把脉等方面的重要应用。

以上是本书从大数据关键支撑技术和重要应用实践为主线,汇报了作者近期在相关交通大数据领域方面的主要研究成果。虽然这些探索性成果仍存在着较大的提升空间,但为理解交通大数据对交通系统分析方法的跃迁开辟了一扇窗户。在继续探索交通大数据给我们交通系统研究所带来的美妙蹊径,同时也欢迎各位同行专家学者给予指导和交通,共同致力于交通大数据解决交通系统问题的美好未来。

7.2 展望

自从 2015 年两会上"大数据"被首次载入政府报告以来,各行各业都在积极探索大数据的应用与发展,交通领域也不例外。随着我国城镇化进程的不断推进,城市交通在经济和社会发展中起到了重要的支撑作用,然而也随着日益繁荣的城市,交通相关的顽疾却越来越凸显,其复杂性业已超越了传统交通分析范式所能及的范畴。

自上古以来,智慧的人们在生产生活中不断探索描述事物的记录方式,尤其是在近代科学技术发展澎湃中不断涌现出先进的信息量化与记录手段,使得我们进入了一个完全崭新的数据时代。据互联网数据中心估算,数据以每年 50% 的速度增长(大数据摩尔定律),也就是说人类在近两年产生的数据量相当于有史以来所产生的全部数据量。而这种井喷式的数据增长随着新兴的无人驾驶和智能网联技术发展将迈向新的高度。无人驾驶车辆所配置的传感器,每秒钟可生成 1GB 的数据。大数据是新资源、新技术和新理念的综合体,为我们解决问题提供了一种全新的资源观和思维角度。应用大数据将成为解决城市交通顽疾的一把利器,也推动交通研究方法向新的范式转变,大数据的高维透视将使我们了解交通现象更加全面,基于大数据的交通事件回溯探究将变为可能,多源数据中挖掘萃取的价值将更纯粹,数据驱动的平行世界能够演绎出更具真实性的交通规律,措施推演将不再一味地局限于模型的准确性。

城市交通中所涉及的大数据具有种类繁多、异质性、时空尺度跨越大、动态多变、随机性强、局部性和有限生命周期等特征,探索更加有效地集成交通大数据,满足高时效性和知识牵引等城市交通智慧化需求,仍将是未来发展的一大挑战。

未来交通大数据发展趋势可从以下几方面进行概括:

(1)数据采集。从单一数据来源向多部门数据整合发展。人的出行与用地、活动密切相关,大数据为出行规律的挖掘、土地合理开发、交通资源优化配置、信息引导及精准服务提供了机遇,同时为创新出行服务模式、土地商业价值洞察及媒体有效信息发布提供了可能。

从路况信息采集向更注重出行源头及全过程的感知。传统交通数据采集聚焦于交通运行过程,无疑对于我们了解交通运行状态及演变趋势提供了强有力的数据支撑,然而产生这样交通现象的根本原因却无从获知,因为未来将在数据链路中朝着源头和全过程深入延伸。

更加重视人、车、路、环境的同步采集。城市交通是一个复杂开放的非线性系统,缺乏系统观点的数据采集不利于从系统角度去分析和探究交通现象背后的成因,这也给未来交通大数据的采集指明了发展方向。

(2)数据存储与处理。从数据拥有者的分别存储向公有云存储转化,由单中心向去中心化发展。交通大数据存储面向的数据总量可达 TB、PB 甚至 EB 级,且交通数据多样性、异构化且数据之间的关联关系也十分繁杂。多源交通数据挖掘的价值催生了数据共享与交换,随之带来了数据存储由原生自产自管的方式向第三方云存储方式转变,然而随着中心化的风险积聚以及区块链技术发展,推动了去中心化的发展路径。

交通大数据处理的更高实时性要求,海量、多源、非结构化、半结构化数据的实时处理,也是未来发展的主要瓶颈之一。

(3)数据分析及决策支持。从基础数据统计及统计推断,向城市交通问题致因分析、深度学习、滚动挖掘及智能化决策支持发展。

可视化助力交通系统分析。交通大数据不仅在时间表达层面上可以以不同的颗粒度为时间横轴,而相应的纵轴可反映交通运行状态(如流量、速度、拥堵指数等),也可以反映出拟周期的规律性。以轨迹数据为基础的时空表达,结合建成环境因素(如兴趣点),仍将是未来解读各种出行行为(如日常活动链、旅游出行)的一大工具。此外,随着虚拟现实技术的发展,基于典型场景开发的可视化系统无疑将给交通细节分析注入新的活力。

(4)信息发布。从普通查询服务向全面个性化、兼顾多重喜好服务发展。目前信息查询还趋向于点对点及交通模式信息查询,随着 MaaS 理念的深入发展,不久的未来将为客户提供针对个性化兼顾个体偏好的多模型全链条出行信息查询服务。

单向信息发布向交互及反馈的发展。目前的查询方式可谓"单工"模式,即信息发布单向传播且主要面向大众的广播式为主。开放的信息发布平台将允许和鼓励用户上传信息,实现"我为人人、人人为我"的共享众包信息服务体系。未来的信息发布,本身就是一种感知个体出行计划的感知器,并结合用户查询行为经历,推理生成用户出行计划画像,为制定个性化信息服务奠定基础,更为重要的是,这种兼顾发布与感知双重功能的信息服务模式为交通系统分析与预测、个体最优向个体与系统利益协同发展,以及制定更加精准的需求诱导及调控开辟了一条新路径。

(5)服务提供。从政府引导逐步向与互联网企业融合。例如:百度实时路况信息,包含了各路段的实时路况、途经线路路况展示、实时展示各类交通事件;高德导航系统,实现了基于网页的路径规划、换乘查询,基于手机的路径导航;中国联通开发的公交车定位监控应用,目前已覆盖全国三分之一的公交车,完成十几万辆公交车视频设备装载。交通大数据的生产、管理与应用业已从交通管理部门拓展到互联网等多种类型企业,为促进由政府管理走向交通同共同治理奠定了基础。

参 考 文 献

[1] 杨东援,段片宇.大数据环境下城市交通分析技术[M].上海:同济大学出版社,2015.

[2] 杨东援.透过大数据把脉城市交通 面向未来的交通出版工程[M].上海:同济大学出版社,2017.

[3] Sariel Harpeled, Dan Roth, Dav Zimak. Constraint classification for multiclass classification and ranking[C]. International Conference on Neural Information Processing Systems. MIT Press, 2002.

[4] Everitt, Brian. Cluster Analysis [M]. 5th edition. Wiley, 2011.

[5] Kriegel Hans-Peter, Kröger Peer, Zimek Arthur. Subspace clustering[J]. Wiley Interdiplinary Reviews Data Mining & Knowledge Discovery, 2012, 2:351-364.

[6] Filipovych R, Resnick S M, Davatzikos C. Semi-supervised cluster analysis of imaging data [J]. Neuroimage, 2011, 54(3):2185-2197.

[7] Armstrong J S. Illusions in Regression Analysis[J]. Social ence Electronic Publishing, 2012, 28(3):689-694.

[8] Bishop C. Pattern Recognition and Machine Learning[M]. New York:Springer-Verlag New York, 2006.

[9] Tofallis C. Least Squares Percentage Regression[J]. Social ence Electronic Publishing, 2009, 7(2).

[10] 蒋盛益,李霞,郑琪.数据挖掘原理与实践[M].北京:电子工业出版社,2011.

[11] Alpaydin, Ethem. Introduction to Machine Learning[M]. Cambridge:MIT Press. 2004.

[12] 杨东援.大数据:城市交通系统的感知—认知—洞察[J].交通与港航.2015(06):4-7.

[13] 石建军.交通行为控制原理[M].北京:人民交通出版社,2009.

[14] 赖见辉.基于移动通信定位数据的交通信息提取及分析方法研究[D].北京:北京工业大学,2014.

[15] 邹文杰,翁剑成,周翔,等.基于浮动车数据的宏观路网运行状态评价研究[J].公路交通科技,2009,26:35-38.

[16] 王彦博.基于浮动车的城市道路交通运行态势识别[J].公路交通科技(应用技术版),2016,12(09):234-236.

[17] 童亮,李隐,谷云秋,等.基于微型地感线圈检测器在交通流量调查系统中的研究与应用[J].公路交通科技(应用技术版),2015,11(04):271-272.

[18] 张润初.基于视频的交通流参数提取方法及系统实现研究[D].广州:华南理工大学,2015.

[19] 李东.基于视频图像的车流量统计算法研究[D].大连:大连海事大学,2016.

[20] 胡云鹭.基于视频的车流量及车速检测系统研究[D].西安:长安大学,2017.

[21] 吴雨露,张德贤.基于深度学习的目标检测算法综述[J].信息与计算机(理论版),2019

(12):46-48.

[22] 楚翔宇. 基于深度学习的交通视频检测及车型分类研究[D]. 哈尔滨：哈尔滨工业大学, 2017.

[23] 施辉, 陈先桥, 杨英. 改进YOLO v3的安全帽佩戴检测方法[J]. 计算机工程与应用, 2019, 55(11):213-220.

[24] 王福建, 张俊, 卢国权, 等. 基于YOLO的车辆信息检测和跟踪系统[J]. 工业控制计算机, 2018, 31(07):89-91.

[25] Drummond T, Cipolla R. Real-time visual tracking of complex structures[J]. Ieee transactions on pattern analysis and machine intelligence, 2002, 24(7):932-9.

[26] 宋璐. 基于手机定位数据的交通OD分布研究[D]. 南京：东南大学, 2015.

[27] 戚新洲, 马万经. 手机信令数据动态OD矩阵提取与时空特征分析；第十三届中国智能交通年会大会论文集[C]. 中国智能交通协会, 2018.

[28] 丘建栋, 林青雅, 李强. 基于手机信令数据的居住和出行特征分析—以深圳市为例；2018世界交通运输大会论文集[C]. 中国公路学会, 2018.

[29] 杜亚朋, 雒江涛, 程克非, 等. 基于手机信令和导航数据的出行方式识别方法[J]. 计算机应用研究, 2018, 35(08):2311-2314.

[30] 方珊珊, 陈艳艳, 刘小明, 等. 基于手机信令数据的快递人员辨识方法[J]. 北京工业大学学报. 2017, 43(03):413-421.

[31] GRAELLS-GARRIDO E, CARO D, PARRA D. Inferring modes of transportation using mobile phone data[J]. Epj Data Science, 2018, 7.

[32] KUJALA R, ALEDAVOOD T, SARAMAKI J. Estimation and monitoring of city-to-city travel times using call detail records[J]. Epj Data Science, 2016, 5.

[33] 龙瀛, 张宇, 崔承印. 利用公交刷卡数据分析北京职住关系和通勤出行[J]. 地理学报, 2012, 67(10):1339-1352.

[34] 李燕. 基于多因素影响的居民出行方式选择研究[D]. 大连：大连交通大学, 2017.

[35] LAI J H, Y C A W. Identification method of residence and employment locations based on cellular phone data[J]. Journal of Networks, 2014, 9(8):2183-2188.

[36] 陈绍辉, 陈艳艳, 尹长勇. 基于特征站点的公交IC卡数据站点匹配方法研究[J]. 北京工业大学学报, 2012, 38(06):885-889.

[37] 陈绍辉, 陈艳艳, 赖见辉. 基于GPS与IC卡数据的公交站点匹配方法[J]. 公路交通科技, 2012, 29(05):102-108.

[38] 陈绍辉, 陈艳艳, 刘帅, 等. 基于公交IC卡数据的车辆运行方向相似性测量研究[J]. 交通运输系统工程与信息, 2012, 12(01):63-70.

[39] 翁剑成, 荣建, 余泉, 等. 基于浮动车数据的行程速度估计计算法及优化[J], 北京工业大学学报, 2007, 33(5):459-464.

[40] 张德干, 王晓晔. 规则挖掘技术[M]. 北京, 科学出版社, 2008.

[41] 肖云华. 双峰隧道围岩稳定性非线性系统研究[D]. 长春：吉林大学, 2009.

[42] 夏晓静. 老年人出行行为研究[D]. 北京：北京交通大学, 2010.

[43] 张政,毛保华,刘明君,等.北京老年人出行行为特征分析[J].交通运输系统工程与信息,2007,7(06):15-24.

[44] 汤长猛,廖海明,吴乃星,等.基于手机数据的城市功能区识别算法[J].计算机知识与技术 2018,14(25):285-289.

[45] Yan XY, Han XP, Wang BH, Zhou T. Diversity of individual mobility patterns and emergence of aggregated scaling laws[J]. Sci Rep,2013,3:1-5.

[46] Calabrese F, Diao M, Di Lorenzo G, Ferreira J, Ratti C. Understanding individual mobility patterns from urban sensing data: A mobile phone trace example. Transportation Research Part C,2013,26:301-313.

[47] Marta C. Gonza'lez CAHA-LB. Understanding individual human mobility patterns[J]. Nature,2008,453(5):779-82.

[48] Yan XY, Zhao C, Fan Y, Di Z, Wang WX. Universal predictability of mobility patterns in cities[J]. Journal of the Royal Society Interface,2014,11(100).

[49] Yang C, Yan F, Ukkusuri S V. Unraveling traveler mobility patterns and predicting user behavior in the Shenzhen metro system[J]. Transportmetrica,2018,14(7-8):576-597.

[50] Liu X, Gong L, Gong Y, Liu Y. Revealing travel patterns and city structure with taxi trip data[J]. Journal of Transport Geography, 2015,43:78-90.

[51] Kim M, Kim S, Sohn H. Relationship betweenSpatio-Temporal Travel Patterns Derived from Smart-Card Data and Local Environmental Characteristics of Seoul, Korea[J]. Sustainability. 2018,10(787).

[52] Brockmann D, Hufnagel L, Geisel T. The scaling laws of human travel[J]. Nature,2006,439(7075):462-465.

[53] Song C, Koren T, Wang P, Barabási AL. Modelling the scaling properties of human mobility[J]. Nature Physics,2010,6(10):818-823.

[54] Alexander L, Jiang S, Murga M, et al. Origin-destination trips by purpose and time of day inferred from mobile phone data[J]. Transportation Research Part C Emerging Technologies,2015,58:240-250.

[55] Zhong C, Manley E, Müller Arisona S, Batty M, Schmitt G. Measuring variability of mobility patterns from multiday smart-card data[J]. Journal of Computational Science, 2015, 9: 125-130.

[56] 刘德平.北京公交车辆 IC 卡数据分析及应用[D].北京:北京理工大学,2016.

[57] 黄爱玲,关伟,毛保华,等.北京公交线路客流加权复杂网络特性分析[J].交通运输系统工程与信息,2013,13(06):198-204.

[58] 左磊.基于复杂网络的城市公交网络特性分析[D].南京:东南大学,2015.

[59] 王海燕.基于复杂网络的城市轨道交通网络形态分析[D].北京:北京交通大学,2014.

[60] A González-Gil, Palacin R, Ba Tty P, et al. A systems approach to reduce urban rail energy consumption-Science Direct[J]. Energy Conversion and Management,2014,80:509-524.

[61] Yang X, Li X, Gao Z, et al. A Cooperative Scheduling Model for Timetable Optimization in

Subway Systems[J]. IEEE Transactions on Intelligent Transportation Systems,2013,14(1):438-447.

[62] Sen A,Smith T E. Gravity Models of Spatial Interaction Behavior[M]. Berlin:Springer Berlin Heidelberg,1995.

[63] 刘志杰. 基于 BP 神经网络客运量的分析及预测[J]. 贵州工业大学学报:自然科学版,2005,34(6):60-63.

[64] C. Tominski,H. Schumann,G. Andrienko and N. Andrienko. Stacking-Based Visualization of Trajectory Attribute Data[J]. IEEE Transactions on Visualization and Computer Graphics,2012,18(12):2565-2574.

[65] JiangXiaorui,Zheng Chunyi,Jiang Li,Liang Ronghua. Visual analysis of large taxi origin-destination data[J]. Computer-Aided Design and Computer Graphics,2015,27(10):1907-1917.

[66] Herrera J C,Work D B,Herring R,et al. Evaluation of Traffic Data Obtained via GPS-Enabled Mobile Phones:The Mobile Century Field Experiment[J]. Transportation Research Part C,2010,18(4):568-583.

[67] Feng Y,Hourdos J,Davis G A. Probe vehicle based real-time traffic monitoring on urban roadways[J]. Transportation Research Part C:Emerging Technologies,2014,40(40):160-178.

[68] Sun Z,Hao P,Ban X J,Yang D. Trajectory-based vehicle energy/emissions estimation for signalized arterials using mobile sensing data[J]. Transportation Research Part D:Transport and Environment,2015,34:27-40.

[69] Hamerslag R,Taale H. Deriving road networks from floating car data[C]In 9th World Conference on Transport Research. Korea,2001:1-18.

[70] 任福田,刘小明,孙立山. 交通工程学[M]. 3 版. 北京:人民交通出版社股份有限公司,2017.

[71] 刘莹,王宝树,马建峰,等. 模糊聚合及遗传算法在多传感器数据融合中的应用[J]. 电子科技,1998(01):28-34.

[72] 姜桂艳,郭海锋,吴超腾. 基于感应线圈数据的城市道路交通状态判别方法[J]. 吉林大学学报:工学版,2008(S1).

[73] 王扬,陈艳艳. 短时交通信息智能预测理论及方法[M]. 北京:人民交通出版社股份有限公司,2016.

[74] 王均,关伟. 基于 Kalman 滤波的城市环路交通流短时预测研究[J]. 交通与计算机,2006,24(5):16-19.

[75] 邵捷,王坚,马云龙. 城市高架道路交通实时仿真及预测[J]. 机电产品开发与创新,2008,21(2):13-14.

[76] 乔德华,张开禾,范耀祖. 多模型交通流预测优化[J]. 交通标准化,2007(4):207-209.

[77] 史亚星. 基于深度学习的车流量预测方法研究[J]. 计算机与数字工程,2019,47(05):1160-1163.

[78] 杨兆生,朱中.基于卡尔曼滤波理论的交通流量实时预测模型[J].中国公路学报,1999,12(3):63-67.

[79] 薛泽龙.基于多模型长短时记忆和时空关联的短时交通流预测[D].广州:华南理工大学,2019.

[80] Shi Q,Abdel-Aty M. Big data applications in real-time traffic operation and safety monitoring and improvement on urban expressways[J]. Transportation Research Part C:Emerging Technologies,2015,58(Part B):380-394.

[81] Dong H H,Wu M C,Ding X Q,et al. Traffic zone division based on big data from mobile phone base stations[J]. Transportation Research Part C:Emerging Technologies,2015,58(Part B):278-291.

[82] Lv Y S,Duan Y J,Kang W W,et al. Traffic f low predic tion with big data: a deep learning approach[J]. IEEE Transactions on Intelligent Transportation Systems,2015,16(2):865-873.

[83] Li L,Su X N,Wang Y W,et al. Robust causal dependence mining in big data network and its application to traffic flow predictions[J]. Transportation Research Part C:Emerging Technologies,2015,58(Part B):292-307.

[84] 熊刚,董西松,朱凤华,等.城市交通大数据技术及智能应用系统[J].大数据,2015,1(04):81-96.

[85] He Z,Zheng L,Chen P,et al. Mapping to Cells:A Simple Method to Extract Traffic Dynamics from Probe Vehicle Data[J]. Computer-aided Civil & Infrastructure Engineering,2017,32(3):252-267.

[86] He Z,Qi G,Lu L,et al. Network-wide identification of turn-level intersection congestion using only low-frequency probe vehicle data[J]. Transportation Research Part C:Emerging Technologies,2019,108(2019):320-339.